KB172699

한국인의 성(性)풍속

이명수 지음

한국인의 기질을 상징하는 말은 '은근'과 '끈기'이다. 이 말은 겸손하고 속으로는 간절하다는 뜻으로 해석할 수 있다. 한국인들은 격정이 치밀어 올라도 쉽사리 노기를 띄지 않고, 우스워도 크게 웃음을 터뜨리지 않는다. 그러면서 속으로는 분노할 줄 알고 웃을 줄 안다. 은근과 끈기를 지닌 한국인은 본능 표현에 있어서도 은유와 비유적인 수법을 사용했다. 이를테면 춘화(春畵)를 놓고 보더라도, 같은 동양권의 일본에 비하여 천박하지 않으면서 해학과 낭만을 담고 있다. 또 한국인은 성을 지혜롭게 풍속문화로 승화시키고 있다.

지성문화사

■ 책머리에

옛부터 우리는 5천년의 유구한 역사와 전통을 지닌 순수한 단일민족으로 자부하며 살아 왔다. 건국 이래 수많은 외침과 고난을 겪으면서도 민족정신과 문화의 명맥(命脈)을 굳건히 잘 보존하여 왔으며, 때로는 웅대한 기상으로 만주(滿洲) 저 넓은 대륙에까지 영토를 확장하였다. 또한 바다 건너 일본의 역사와 문화를 형성하는 데 우리의 선현들은 크나큰 족적을 남겼다.

그러다가 근세에 들어 미처 세계 열강과의 개방 내지 교류를 꾀하지 못한 정책으로 말미암아 우리 민족사에 씻을 수 없는 역사의 흐름을 남기게 되었다.

강압으로 이 땅을 점령한 일제(日帝)는 한반도를 영구히 식민지화시키기 위하여 대대적인 작업을 획책했다. 그에 대한 첫작업은 민속이나 전통문화를 샅샅이 조사한 후, 이를 단절시키는 데 주력했다. 민간신앙을 미신으로 몰고, 오랜 세월 축적된 생활양식 및 우리 민족 최대 명절인 음력설을 미개한 민족이 지내는 명절이라고 강요한 까닭은 우리 민족의 전통을 단절시켜 뿌리 없는 민족을 만들기 위해서였다.

역사와 전통은 그 민족을 보존시키고 발전시키는 가장 강력한 힘이며, 민족정기의 원천이다. 이 힘을 잃으면 민족정기는 말살 된다. 고대 로마의 전성기에 살았던 사람들은 방

대한 식민지에서 흘러 드는 부(富)에 겨워 자신들의 민족정기가 퇴폐해 가는 것을 지각하지 못했다. 그 결과 결국 대로마제국은 모래성처럼 무너져 버렸다.

그러나 로마에 예속되었던 게르만민족은 온갖 수모와 강압을 당하면서도 로마 문화에의 예속을 거부하고 자신들의 전통을 끈질기게 지켰다. 그리하여 로마가 멸망한 후, 우수했던 로마 문화를 도입하여 자신들의 고유 문화에 동화시켜 찬란한 유럽 문화를 이룩해 낸 것이다.

고금 동서(古今東西)가 말해 주듯이 역사와 전통을 안다는 것은 민족의 자긍심을 갖는 일이다. 물론 한없이 복잡하게 발전해가는 세계화시대의 현대사회에서 시대에 동떨어진 국수주의(國粹主義)를 주장할 수는 없다. 그러나 외래문물을 받아들이는 우리의 주체적 문화의 지향점이 없다면, 우리의 민족정신은 정처없이 방황하는 국제적 미아가 될 것은 자명하다.

필자는 오랫동안 한국문화원연합회의 기자로 일하면서 우리의 전통문화 뿌리찾기에 나름대로 심혈을 기울였다. 전국 159개 지역에 설립된 지방문화원을 순회하고, 방방곡곡에 산재되어 있는 향토사의 현장을 답사하면서 우리 민족의 정신문화의 근간을 알고자 노력했다.

다년간 수집하고 취재한 자료를 정리하고 해석하면서 필자는 우리 문화의 중요한 특색을 깨닫게 되었다. 그것은 지배계급(양반)과 피지배계급(상민)이 서로 상반된 생활과 문화와 가치관을 지니고 살았다는 역사적 사실이다. 또한 시대가 요구하는 유행의 물결에 따라 문화 및 가치관이 끊임없이 부침(浮沈)했다는 것이다.

문화는 시대의 그림자적인 성격을 가지기 때문에 절대적인 것은 없다. 남존여비(男尊女卑) 같은 불평등 사상도 시대의 그림자일 뿐, 5천년 역사 속에서 항상 그랬던 것만은 아니다. 우리의 역사를 보면 6~7세기에 무사도, 즉 '화랑도'라는 인간상이 정립된 때도 있었고, 8~14세기까지 불교가, 15세기부터 유교의 문치주의(文治主義)와 선비도가 모든 인간관계의 구심점이 된 시대도 있었다.

우리가 흔히 말하는 '동방 예의지국(東方禮儀之國)'이란 것도 유교사상에 투철했던 양반 문화의 산물이지 모든 민중을 포함하는 말은 아니다. 따라서 지배계급의 논리로만 우리의 문화와 정신을 이해하려 한다면 많은 오해와 무리가 따른다. 왜냐하면 국민의 절대 다수를 차지했던 것은 언제나 상민이었고, 이들에게는 이들만의 문화가 따로 있었기 때문이다.

민족성은 민중들의 정서와 심리, 행동 양태에서 기인된다. 민족의 오랜 정서를 대변하는 전통문화, 그 가운데서도 민속문화는 민중들에 의해서 이어졌다. 이들은 개인의식보다는 집단의식이 강하고, 문자에 의한 행동양식보다는 말에 의한 행동양식에 더 지배되었으며, 정신적 생산활동에 종사하기 보다는 직접적인 생산현장에서 일해왔다.

한국 전통사회 지배계급은 학문적이고 이상적인 삶을 추구한데 반하여 피지배계급은 현실적이고 본능적인 삶을 영위했다. 이런 차이가 한국 문화를 양분시켰는데, 전통사회의 정신문화를 바르게 알기 위해서는 이 두 가지 문화에 대한 이해가 절대 필요하다.

성(性)은 인간의 근원이며, 본질적으로 숭고하다. 우리가 인간으로 존재할 수 있는 것이 성으로부터 비롯되었다는 것을 상기한다면 이론의 여지는 없다.

그러나 성은 가장 숭고하면서도 가장 추악하게 소모될 수 있는 속성을 지닌다. 성이 합법적으로 사용될 때 그것은 아름답고 창조적인 것이지만, 성이 불법적으로 사용될 때는 인간의 마음과 육신을 썩게 만든다.

이런 이유 때문에 성은 모든 나라에서 조심스럽게 취급했다. 성의 표현에 관한 한 옛날 한국인들은 지나칠 정도로 이를 철저히 금기시하였다. 이는 유교 윤리의 영향임은 두말할 나위가 없다. 그러나 유교 윤리는 실제 생활에서 실현하기에는 너무나 엄격하고 고상하여 일반 서민들은 다양한 방법으로 본능을 표출하고 해소시켰다.

이러한 경향은 한국의 속담·민속·민요·미술·설화·패사(稗史) 등을 통하여 찾아볼 수 있는데, 바로 여기에 진솔한 한국 정신이 투영되어 있다.

한국인의 기질을 상징하는 말은 '은근'과 '끈기'이다. 이 말은 겸손하고 조용하지만 속으로는 간절하다는 뜻으로 해석할 수 있다. 혹자는 이와 같은 기질을 한국인의 단점이라 하고, 어떤이는 장점이라고 말하기도 한다.

어쨌든 은근과 끈기를 지닌 한국인은 본능 표현에 있어서도 은유와 비유적인 수법을 사용했다. 이를테면 춘화(春畵)를 놓고 보더라도, 중국이나 일본에 비하여 천박하지 않으면서 해학과 낭만을 담고 있다. 또 한국인은 성을 지혜롭게 풍속문화로 승화시키고 있다.

이 책은 필자가 10여년 동안 수집하고 취재한 자료 중에서 성과 관련된 내용을 간추려 한 데 묶었다. 우리의 선조들이 애써 터부시했던 부분으로 과감히 접근하는 것이 가장 진솔한 한국인의 성격을 읽을 수 있다는 생각 때문이었다.

그러나 원고를 정리하고 보니 필자 자신의 부족한 역량을 생각하지 않고 의욕이 앞섰다는 생각이 들어 부끄럽다. 꼭 써야 할 부분은 빠뜨리고 쓰지 말았어야 할 부분이 삽입되었다는 느낌도 떨칠 수 없다. 또 부분적으로는 본의 아니게 어슷비슷한 이야기가 겹쳤으며, 어줍잖은 필자의 주관에 치우친 면이 적지 않다는 것을 실토하지 않을 수 없다.

아무쪼록 이 책이 우리 민족 정신의 한 단면을 이해하는 데 자료로 활동되기 바라며, 끝으로 필자가 잘못 알고 있는 내용이나 충고가 주어 진다면 언제라도 고맙게 받아들여 수정・보완할 것을 약속 드린다.

檀紀 4329年 2月 15日

頭輪山房에서 李明洙

차례

한국인과 에로스

신화와 전설 속의 에로스

풍속문화 속의 에로스

계색론과 열녀문

양생론과 방중술

1

신화와 전설 속의 에로스

에로스에 대하여

에로스(eros)를 말함에 있어서 플라톤(platon)을 간과하고 말할 수는 없다. 이 말에 최초로 철학적인 의의를 부여한 인물이 바로 그이기 때문이다.

'에로스'란 말은 본디 그리스 신화의 에로스 신(神)에서 유래된 이래 '사랑'의 뜻으로 널리 쓰이는데, 보통 아가페(agape)라는 말과 비교되어 후자가 정신적인 사랑을 가리킴에 반하여 에로스는 육체적 정열, 즉 성적(性的)인 사랑을 뜻하는 경우가 많다.

그러나 이 말의 본뜻은 관능적인 미(美)에서 출발하여 예지적(叡智的)인 미로 나아가는, 이데아 추구의 심기(心機)를 말한다. 따라서 에로티시즘이란 생물로서의 인간의 육체적 욕망이나 생식행위보다는 본질적으로 심리적인 연유에서 발생한다. 그러므로 인간의 모든 문화적 전통·신화·풍속·종교·예술 속에 뿌리를 깊이 내리고 있다. 필자는 이 점에 주안점을 두고 이 책을 쓸 것이다.

고대 그리스의 신들이 모이는 올림포스산은 고대인들의 성생활을 그대로 반영하고 있고, 《구약성경》의 아담과 하와 이야기도 남녀 사이의 에로티시즘이 문화나 노동 발생의 근원이었다는 것을 보여주고 있다. 또한 폼페이의 벽화 등에서 볼 수 있듯이 고대인의 성생활은 극히 자유로운 것이었고, 그 조형적(造形的)인 표현도 개방적이었다.

> 지으신 모든 것을 보시니 보시기에 심히 좋았더라.
> (창세기 1 : 31)
> 아담과 그 아내가 벌거벗었으나 부끄러워 아니 하더라.
> (창세기 2 : 24~25)

《구약성경》에서 성은 하느님의 창조 사역의 일부이자 축복이기 때문에 부끄럽거나 수치스런 것이 아니라고 명문화되어 있다.

이러한 관념은 고대 소설에도 잘 나타나 있다. 그리스의 고전 중에 《다프니스와 크로에》라는 목가적(牧歌的)인 사랑 이야기가 있다. 롱고스(Longos)라는 그리스 사람이 기원 3세기경에 쓴 작품이라고 하는데, 한 목동과 양치는 소녀와의 연애를 아름다운 자연을 배경으로 하여 그리고 있다.

이 소설의 줄거리는 자연아(自然兒)인 다프니스와 크로에가 차차 성(性)에 눈뜨고, 그 성에 관하여 숱한 것을 배우면서 서로 결합한다는 내용이다.

그런데 이 소설의 묘미는 두 남녀의 성행위가 조금도 추하거나 더러운 느낌을 주지 않는다는 점에 있다. 자연아인

두 남녀는 성이라는 것에 일말의 죄의식이나 불순함을 갖지 않고 있다. 마치 꽃그늘에 펼쳐진 그리스의 푸른 하늘처럼 밝고 맑은 눈으로 에로스의 세계를 바라보고 있는 것이다. 마치 에덴동산의 벌거숭이 남녀 아담과 하와처럼.

이 목가적인 이야기는 에로스란 것이 아직 어두운 그늘을 띠지 않고, 죄의 냄새도 풍기지 않고, 정말 거리낌없이 밝고 천진하게 받아들여지던 시대에 쓰여진 이야기이기 때문에 추하다는 감정을 느낄 수 없는 것인지도 모른다.

역사학적 인류학적 여성학적으로 볼 때 그 무렵의 에로스에는 음탕하고 이지러진 뜻이 담겨 있지는 않았었다. 섹스란 것을 웬지 천하고, 더럽고, 부끄러운 것으로 여기기 시작한 것은 훨씬 뒤의 일이다.

플라톤의 〈심포지움〉이라는 대화편에 '철학자와 시인의 싸움'이라는 표현이 나온다. 여기에서 철학자는 근본적으로 이성을 사용하여 로고스와 지혜를 추구하는 사람으로, 시인은 파토스를 추구하는 사람으로 그려지고 있다. 이런 관념의 차이 때문에 철학자와 시인간의 논쟁이 불을 뿜기 시작한다.

철학자는 이성 · 영혼 · 금욕을 찬양하는데 반하여 시인은 감성 · 육체 · 성욕을 찬미하는데, 결국 철학자의 논리가 시인의 논리를 공박하는 것으로 귀결된다.

이렇게 육체를 멸시하는 희랍 사상은 후에 기독교에 흡수되어 성에 관한 기독교 윤리관의 기초를 이루게 된다. 앞에서 잠시 언급했던 것처럼 《구약성경》에 나타난 히브리 사상은 성을 아름답고도 숭고한 것으로 여기고 있다. 그런데 성에 대한 수치스럽고 부끄러운 감정은 인간의 타락 이후에 생긴 것으로 설정하고 있다.

성에 관한 기독교의 입장은 시대에 따라 견해를 달리해 왔으며 교파에 따라서도 차이가 있다. 그렇지만 성행위가 합법적일 때는 남성과 여성간의 훌륭한 사랑이 될 수 있을 뿐더러 커다란 기쁨을 안겨 준다는 것에는 아무도 이의를 제기하지 않는다.

아무튼 성을 말하거나 글로 쓰는 것에 대하여 떳떳하지 못한 감정을 갖게 하고, 일말의 두려움마저 느끼게 하는 것은 서양에서는 기독교가, 동양에서는 불교와 유교가 생기고부터라고 봐도 큰 무리가 없을 것이다.

사회의 질서 유지 및 종교적인 영향으로 말미암아 에로스 본능이 필요 이상으로 혐오시·죄악시한 결과 파생된 문제도 적지 않다.

프랑스의 작가 쥴리앙 그린은 《모이라》라는 작품을 통하여 그런 문제를 심도 있게 그리고 있다. 청교주의(淸敎主義)였던 그린은 뒤에 카톨릭으로 개종했는데, 죽음에 시달리는 혼(魂)을 집요하고 어둡게 묘사한 심리적, 환시적(幻視的)인 신비 작가로 알려져 있다.

《모이라》의 주인공 조셉은 성직자(목사)를 꿈꾸는 청년이다. 그런 꿈을 안고 고향을 떠나 북아메리카의 어느 소도시에 있는 대학에 진학한다.

그런데 즐거워야 할 학교 생활은 첫날부터 환멸과 혐오감만을 자극한다. 조셉은 같이 하숙하는 학생들이 무질서한 생활을 하고 음탕한 이야기를 즐겨 말하는 것을 보고, 죄악의 근원이라고 생각하여 못견뎌 한다.

그는 밤에 잠자리에 들 때도 자신의 나체를 보지 않으려고 신경을 쓴다. 종교적인 영향으로 말미암아 그는 육체란 인간을 죄악으로 빠뜨리는 함정이라 생각하고 있기 때문이다.

이렇듯 지나치게 성을 혐오하는 조셉은 강의시간에도 고통과 수치스러움을 느낀다. 교재로 쓰이는 셰익스피어의 희곡에 그려진 연애 장면조차 그를 당황하게 만드는 것이다. 문학작품을 읽는 것조차도 그로서는 옳지 못한 범죄를 저지른 듯이 느껴졌기 때문이다.

조셉은 무척 고민하기 시작한다. 왜냐하면 그가 에로스의 세계로부터 눈을 돌리려 하면 할수록 도리어 성이라는 문제가 머리에 달라붙기 시작한 것이다.

그런데 조셉이 하숙하는 집에 매혹적인 딸이 있다. 그 딸의 이름이 소설의 제목인 '모이라'이다. 자유분방하고 매혹적인 모이라는 조셉을 보는 순간 어떤 충동에 사로잡힌다. 그리하여 그녀는 단순히 허영심과 장난으로 조셉을 유혹하려고 마음 먹는다.

조셉은 모이라의 오염한 자태와 자유분방한 행동에 와락 겁을 먹는다. 모이라의 연갈색 피부와 검은 머리, 야수처럼 빛나는 눈은 성경에 나오는 악의 여인 하와를 연상시켰기 때문이었다.

모이라는 적극성을 띠고 조셉에게 접근한다. 조셉은 모이라의 유혹에 넘어가지 않으려고 무진 애를 쓴다. 모이라의 유혹에 넘어가는 것은 곧 악의 세계로 빠져드는 것이라고 조셉은 믿고 있었던 것이다.

그러나 조셉이 피할수록 모이라는 더욱 집요하게 그에게 접근한다. 어느 눈 내리는 겨울 밤, 모이라는 대담하게 조셉의 방에서 그의 귀가를 기다린다. 외출했다가 집으로 돌아온 조셉은 자기의 방에 홀로 앉아 있는 모이라를 보고 와들와들 몸을 떤다.

"왜, 왜 왔소?"

조셉이 떨리는 목소리로 묻자 모이라는 눈가에 야릇한 미소를 머금고 대답한다.

"그대와 놀려고……."

"나가시오."

"나가라고요? 호호, 나를 내보내려면 이 열쇠를 빼앗아 봐요."

모이라는 뇌쇄적인 웃음을 날리며 손에 들고 있던 열쇠를 자기의 가슴에 떨어뜨렸다. 열쇠는 그녀의 살짝 들여다보이는 풍만한 젖가슴 골짜기 속으로 숨는다.

이와 같은 모이라의 노골적인 유혹에 조셉은 태풍처럼 거센 감정에 휩싸였다. 그리하여 그는 미친듯이 그녀를 덮친다.

아침이 되었을 때, 조셉은 자기의 곁에서 잠든 모이라를 보고 소스라치게 놀란다.

"나는 엄청난 짓을 저지르고 말았다. 엄청난 죄를 범해 버렸다!"

조셉은 머리칼을 쥐어뜯으며 고통으로 몸을 떨었다.

"이 여자 때문이다. 이 악마 같은 여자가 나를 타락하게 만든 것이다."

조셉은 부지불식간에 살의를 느끼고 잠든 모이라의 목을 조른다. 그녀를 벌한다기보다는 자기가 범한 죄에 대한 공포를 잊기 위하여 살인을 저지른 것이다.

이것이 《모이라》라는 소설의 줄거리이다. 독자들도 한번 읽어 보면 좋을 것이다.

필자는 문학청년 시절에 이 소설을 읽었다. 이 소설의 마지막 페이지를 읽고 한동안 깊은 생각에 잠겨들 수밖에 없었다. 조셉의 비극은 도대체 어디에서 연유되었는가?

오랜 생각 끝에 필자 나름대로의 생각을 정리했다. 에로스의 세계를 너무 경멸했기 때문에, 너무나도 혐오시하고 죄악시했기 때문에 비극이 잉태된 것이라고 보았다. 《모이라》의 저자인 그린도 그 점을 파헤치고 경고하기 위하여 이 작품을 썼을 것이다.

원래 사랑이란 육체와 영혼을 분리시켜 생각할 수 있는 성질의 것은 아니다. 플라톤의 〈심포지움〉과 인디아의 에로틱한 그림 등은 육체적인 사랑 이상의 지혜를 추구하는 것이었다. 기독교에서 에로스와 더불어 아가페를 말하는 이유도 여기에 있다.

그러나 기독교적인 정신에서 보면 플라토닉 러브는 완전한 것이 아니다. 플라토닉 러브에 구체적이고 육체적인 사랑이 더하여야 비로소 사랑은 완성되는 것이다. 사랑은 언제나 구체적인 것으로 '인카아네이트'하는 것이기 때문이다.

너무나 당연한 말이지만, 인간이란 단순히 정신만으로 이룩된 것이 아니다. 정신과 더불어 육체로 이루어져 있고, 그런 관계로 어느 한쪽만을 존중하면 예기치 못한 문제가 생기게 되는 것은 오히려 당연하다 하겠다.

《모이라》라는 소설이 우리에게 가르쳐 주는 것은 극단적인 육의 공포, 성의 멸시는 비극적인 종말을 부를 수도 있다는 사실이다. 에로스의 세계를 너무 경멸하는 것, 죄악시하는 것은 정신과 육체라는 두 요소로 이룩된 인간성을 파괴하는 데 지나지 않을 것이다. 파괴라는 말이 좀 지나치다면 최소한 인간의 평형(平衡)을 잃게 만든다고 해도 좋으리라.

분명코 성이나 육체를 너무 혐오하거나 극단으로 죄악시해서는 안 된다. 그렇다고 해서 이 에로스 본능을 마음과 떼어놓고 남용해도 좋다는 말은 성립될 수 없다.

필자는 성문제에 대하여 이야기하는 것을 수줍어하는 것은 당연한 일이라고 생각한다. 그러나 필요 이상으로 경멸하여 은폐시키는 것에는 반대한다. 조심스러우면서도 신중하게 밝은 곳으로 이끌어내어 자유롭게 토론하고, 그러한 가운데 올바르게 성을 인식하는 것이 절대 필요하다고 생각한다.

성이란 강력한 충동이기 때문에 인간이 성에 관심을 가지는 것은 매우 정상적인 일이다. 그런데 성에 관한 관심은 무척 강한 반면 성에 대하여 진솔한 이야기를 주고받는 일은 많지 않기 때문에 성에 대한 그릇된 생각들이 횡행하고 있다. 또한 홍수처럼 쏟아지는 각종 잡지 및 영상매체의 홍보 등으로 인하여 성이 조작되고 왜곡되어 상품화됨으로써 에로스의 세계는 더욱 이즈러졌다.

필자는 성개방 풍조에 물든 변태적인 성충동 심리가 만연되어 있는 우리 사회를 안타깝게 생각한다. 그래서 한국적 에로스의 세계를 담담히 거닐어 봄으로써 우리의 정신구조 속에 깔려있는 근간이 무엇이며, 전통적인 성 가치관과 오늘날의 성 가치관을 독자들 스스로 비교 분석하기를 바라면서 이 글을 썼다. 오늘날의 성풍속을 생각하면서 읽는다면 바람직한 에로스적 가치관 정립에 적잖은 도움을 줄 수 있을 것이다.

성이 가지는 힘이라는 것은 좋든 나쁘든 무척 강렬한 것이기 때문에 그 힘을 책임을 가지고 쓰도록 노력해야 한다. 그리고 책임을 가지고 행동하기 위해서는 그 사람이 성에 관련된 이해 가능한 모든 적절한 지식을 가질 필요가 있다. 왜냐하면 과오는 너무 많은 지식 때문이 아니라 지식이 너무 부족한 데서 생겨나기 때문이다.

인간의 기원

인간의 조상은 누구인가?

생물학자들은 원숭이가 인간의 조상이라고 주장한다. 인류와 원숭이는 공통의 조상으로부터 진화해 왔다는 것이 학계의 일반적인 이론인데, 상당히 신빙성이 있다.

아닌게 아니라 인간과 원숭이는 닮은 구석이 많다. 원숭이를 관심 깊게 살펴보면 그 생김새에서부터 하는 짓 하나하나가 인간을 닮고 있다.

인간을 제외한 동물의 암컷 중에 월경(月經)을 하는 동물은 원숭이밖에 없으며, 원숭이의 성행위를 모방하여 48 가지의 성교체위가 생겼다는 설(說)이 있다.

3대 유인원 중의 하나인 오랑우탄은 말레이시아의 토어로 '숲의 사람', '산에 사는 사람'이란 뜻이다. 오랑우탄은 각종 과일로 술을 만들어 마실 정도로 지능이 통찰적이며, 상상을 초월한 48 가지의 절묘한 테크닉으로 성생활을 즐긴다.

그것을 원주민들이 모방하여 전파한 것이 오늘날 현대인들이 활용하는 48가지의 성교체위라는 것이다.

원숭이가 인간의 조상이라는 학계의 이론에 종교인들은 크게 반발한다. 그 이유는 천지창조신화가 전면적으로 부정되기 때문이다.

진화론과 천지창조신화 중 어느 쪽이 진리에 가까운가? 참으로 모호하기 때문에 엄밀하게 정의를 내리는 것 자체가 불가능하다. 그리고 무리하게 정의를 내리려고 하면 도리어 혼란이 가중될 따름이다.

세상에는 불가사의한 일이 많고 과학이 명쾌하게 설명할 수 없는 부분이 존재한다. 인간 존재의 근본과 관계되는 것이 대표적인 그것인데, 합리적 설명이 불가능한 세계는 신화에 의존할 수밖에 없다.

인간의 기원을 신화 속에서 찾아보면 참으로 흥미진진하다. 《구약성서》에 의하면, 최초의 인간 아담은 하느님에 의해 흙으로 빚어진 뒤, 하느님이 생명의 숨결을 그 코 속에 불어넣은 것으로 되어 있다. 그런 다음 깊이 잠든 아담의 갈빗대 하나를 뽑아 그것으로 최초의 여자 하와를 만들어 부부로 짝지어 주었다.

비슷한 신화는 동양에도 있다. 중국 신화를 보면 창조신 여와(女媧)가 황토를 재료로 하여 인간을 만들었다고 기록하고 있는데, 그 내용이 기발하고 재미 있다.

여와는 황토를 반죽하여 정성껏 손으로 주물러서 인간들을 만들기 시작했다. 그런데 수십 명의 인간을 만들다보니 싫증이 났다. 손쉽게 많은 인간을 만들어 낼 방법을 생각하던 그녀는 궁리 끝에 한가지 계책을 생각해 냈다.

여와는 먼저 황토를 묽디묽게 반죽했다. 그 속에 거친 새끼를 집어넣어 질척하게 휘저은 다음 적당한 때를 보아 새끼를 꺼냈다. 그러자 새끼에 묻은 흙탕이 땅에 떨어지며 엉긴 것을 그대로 인간으로 만들었다. 이를테면 얼렁뚱땅 인간을 대량 생산한 것이다. 그러니 처음에 정성을 다하여 만든 인간과 나중에 성의 없이 만든 인간과는 자연히 됨됨이가 달랐다. 인간의 우열이나 빈부의 격차, 신분의 차이 등이 생기는 것은 그것이 원인이라는 것이다.

중국의 창조신화는 《구약성경》의 인간창조에 비하면 보다 윤리적이고 합리적이다. 《구약성경》은 아담과 하와만을 창조함으로써 근친상간에 의한 인류의 생성을 의미하고 있는데 반하여 중국의 창조신화는 한꺼번에 다양한 인간을 만듦으로 해서 근친상간이라는 비윤리적인 요소를 피하고 있는 것이다.

우리나라 신화는 동굴 속에서 최초의 인간이 생겨난 것으로 하고 있다. 단군신화가 바로 그것이다. 천제(天帝)의 아들인 환웅이 하늘에서 지상으로 내려와 곰을 여자로 변하게 했다. 그 장소가 동굴이다.

지나친 논리의 비약이 될는지는 모르지만, 동굴은 '여자의 구멍', 즉 자궁을 상징한다. 따라서 우리나라 최초의 인간은 '여자의 구멍'에서 생겨났다는 것인데, 논리적으로 그럴 법하다. 태국이나 메라네시아의 신화도 동굴에서 최초의 인간이 태어난 것으로 되어 있다.

성행위의 기원

고대 그리스의 철학자 플라톤은 《향연(饗宴)》에서 이렇게 말하고 있다. 즉 인간의 조상은 구형(球形)인 안드로기 노우스(androgynous; 양성을 구비한 남녀일체)였으나 신의 노여움을 샀기 때문에 남자와 여자 둘로 나뉘었고, 그 뒤 서로를 추구하여 옛날처럼 한몸이 되려고 한다는 거이다. 이것이 성에 관한 가장 오래된 생각이다.

여기에서 섹스(Sex)라는 말이 비롯된 것 같다. 성(性), 즉 섹스는 라틴어의 '세크타스'가 어원인데, 이 말은 '떼어내다', '끊어 갈라놓다'라는 뜻으로 분리를 의미한다.

동물의 성행위는 종족보존본능에 의한 자연계의 한 흐름이다. 일반적인 포유동물의 성주기(性周期)는 1년에 한 차례이며, 대체로 암컷이 수컷의 시각이나 후각을 자극하여 유인하는 것이 보통이다.

이를테면 발정한 암소는 아무것도 모르는 황소의 주변을

맴돌며 의도적으로 자신의 성기를 살짝살짝 황소에게 보여준다. 암내난 돼지나 말, 코뿔소 등의 포유동물도 비슷한 행동을 취한다. 암내난 암퇘지는 자신의 성기를 수퇘지의 코와 입 앞에 바싹 대고서 자꾸만 뒤로 후진한다. 그리고 얼룩말과 코뿔소 암컷은 마음에 든 수컷에게 자신의 음부를 보여줄 뿐만 아니라 성기의 입구를 개폐(開閉)시켜 반짝반짝하는 신호를 보낸다. 이것을 동물에서 전광(lightning)이라고 부른다.

이렇듯 포유동물의 암컷은 발정했을 때 자신의 성기에 수컷의 시선이 와 닿게끔 특별한 포즈나 냄새를 풍기는데, 그것으로 인하여 평온하던 수컷은 몹시 흥분하여 미친듯이 암컷에게 덤벼들게 된다.

동물들은 그 누구에게 배우지 않더라도 때가 되면 본능적으로 교미를 할 줄 안다. 그러나 인간의 경우는 다르다. 누군가에게 배우지 않고서는 성행위를 행사할 수 없다. 다시 말해서 성욕은 본능이나 성행위는 본능이 아니라는 말이다.

그렇다면 성행위는 무엇인가?

진화된 인간에게 있어서 성행위는 학습에 의하여 비로소 깨닫게 되는 지식이라 할 수 있다. 학자들의 주장에 따르면, 원시적인 호모사피엔스는 동물의 본능에 의하여 성행위를 가졌다고 한다. 그런데 재배기술(栽培技術)의 발달과 함께 기아의 공포에서 벗어나게 되면서부터 성행위의 본능이 퇴화되어 버리고 성에너지의 충족욕으로만 존재하게 된 것이라고 한다.

어쨌든 문명인의 성행위는 학습의 소산이다. 배우지 않고는 정상적인 성행위가 무척 힘들어진다. 신화에 따르면 동물의 성행위를 모방하여 인간이 최초로 성교를 가진 것으로 되어 있다.

타이완[臺灣]의 아미족(族) 신화는 다음과 같다.

최초로 하늘에서 두 신이 지상으로 내려왔다. 그들은 배가 고파 먹을 것을 찾다가 감자를 발견하고 그것을 먹기 위해 쭈그리고 앉았다. 그때 서로의 성기(性器)를 보게 되었는데, 각기 그 모양이 달랐다.

"왜 모양이 다를까?"

"글쎄……?"

두 신은 그 차이에 놀라서 유심히 살펴보며 신기하게 생각했다. 이때 어디선가 할미새 한쌍이 날아와 꼬리를 상하로 흔들었다. 그것을 보고 흉내를 내어 성교방법을 깨달았다고 한다.

일본 오키나와의 신화도 대만의 그것과 비슷하다. 하늘에서 내려온 최초의 인간 남녀는 새들이 꼬리를 움직이는 것을 보고 성교방법을 알았다고 하며, 암수의 메뚜기가 포개지는 것을 보고 흉내를 내었다고도 한다.

혼인의 기원

혼인 제도의 기원은 원시시대의 습관에서 발달한 것만은 확실하다. 그러나 인간의 기원이나 성행위의 기원과 마찬가지로 명쾌하면서도 합리적인 설명을 할 수 없는 영역에 속한다.

19세기 중엽까지는 혼인 형태가 학문의 연구대상이 되지 않았다. 그러다가 1861년 스위스의 J. J. 바흐오펜이 그의 논문 《모권론(母權論)》을 통하여 원시시대에는 난교적(亂交的) 성관계가 이루어져 '모권제'가 형성되었다는 학설을 제창하였다. 이른바 '원시난교제설(原始亂交制說)'이 그것인데, 핵심은 세대의 장벽 없이 모든 남녀가 무차별적으로 성관계를 가졌다는 것이다.

그러나 '원시난교제설'은 19세기 말에 생겨난 반(反)진화주의학파에 의하여 정면으로 부정되었다. 그들은 일부일처제가 원시시대 인류사회에도 있었다고 주장했는데, 오늘날에는 이 '원시단혼제설(原始單婚制說)'이 인류학계의 주류를 이루고 있다.

우리나라에 있어서의 혼인의 변천은 인류 혼인사의 테두리 안에서 변천했다. 혼인 풍습에 관한 가장 오래된 문헌자료는 《삼국지》의 〈위지동이전(魏志東夷傳)〉이다. 이에 따르면 삼국시대 이전부터 일부일처제였으며, 모처·부처제(母處·父處制) 거주 규정을 가졌다.

부여(夫餘)시대에는 일부일처제가 원칙이었으나 실제에 있어서는 일부다처제(一夫多妻制)였고, 강샘이 많은 여자와 간통한 여자는 죽이는 습관이 있었다. 옥저(沃沮)에서는 여자 나이 10세가 되면 장차 남편이 될 소년의 집으로 가서 그곳에서 성장한 뒤 혼기가 차면 일단 집으로 돌아와 일정한 대가(代價)를 받고 부부가 되는 일종의 매매결혼에 의한 민며느리제였다. 삼한(三韓)에서는 몇 쌍의 부부가 공동세대를 이루었다는 기록이 있으며, 고구려에서는 남자가 여자의 집에 가서 기거한 다음 낳은 자식이 크면 비로소 아내를 데리고 집으로 돌아온다고 하는 모계씨족사회의 유풍이 있었다.

오늘날과 마찬가지로 고대사회에서도 혼인의 상대로 금기시되는 것은 가까운 친족이었고, 이는 근친상간에 대한 금기로써 각 사회의 보편적으로 존재했던 것 같다.

그러나 사회가 점차 계층화되면서 다소 예외적인 현상이 생기기도 했다. 이를테면 근친결혼이 그것인데, 삼국시대에서부터 고려시대까지의 우리나라 왕실과 고대 이집트왕국 등의 예가 여기에 속한다. 혈통을 중요시하는 사회에서 순수한 피를 유지한다는 뜻에서 근친결혼이 행해진 것이다.

《삼국사기》, 《삼국유사》 등의 기록에 따르면 신라 왕실에

13 건의 근친혼이 있었고, 이것이 고려왕조에도 이어져 전고려사를 통해 63 건의 동족혼이 있었다.

근친혼을 본격적으로 금하기 시작한 것은 고려 말기 주자학 전래와 이에 따른 명률(明律)의 보급에 영향을 받아 동성동본 불혼제도가 도입되었다.

이처럼 다양한 혼인 풍습이 조선시대로 들어와서는 유교의 윤리관에 의해 전통적 혼인 제도로 여겨지는 중매혼이 성립되었다.

매음의 기원

술집에 가면 보통 팝콘을 기본안주로 내놓는데, 그와 관련된 이런 우스갯소리가 있다.

팝콘과 마누라의 공통점 3가지는?

첫째, 공짜다.

둘째, 습관적으로 집어먹는다.

셋째, 다른 안주가 나오면 거들떠보지도 않는다.

필자는 누군가로부터 이 우스갯소리를 듣고 썩 재미있다고 생각했다. 그래서 써먹을 기회를 노리고 있다가 문우(文友)들과의 술자리에서 멋드러지게 이 골계를 써먹었다. 한바탕 웃음이 터졌다.

그런데 소설가 김아무개씨가 음흉스런 미소를 눈꼬리에 달고 이렇게 내뱉었다.

"그것이 어째서 공짜란 말이오?"

팝콘도 술값에 포함되고 마누라도 공짜는 아니라는 것이

그의 말이었다. 몇몇 작가들이 맞장구를 쳤다.

"그렇다. 마누라는 공짜가 아니다. 엄밀히 따지고보면 마누라처럼 비싼 여자가 어디에 있는가?"

남자치고 마누라에게 돈을 벌어 갖다주지 않는 사람은 없고……, 그래서 부부관계를 일종의 매음이라는 궤변이 그날 술자리에서의 진리였다.

각설하고, 본론으로 들어가서 매춘의 기원을 살펴보자.

보통 여자가 돈을 받거나 어떤 대가를 약속 받고 남자에게 몸을 파는 행위를 매음이라 하는데, 흔히 '매춘'이라고 한다. 매음의 역사는 고대 인도의 무희(無姬)가 사원(寺院)의 참배자에게 전 여성의 대표로서 몸을 맡기고 보수를 받은 풍습에서 비롯되었다고 한다. 고대 이집트 · 페니키아 · 아라시아 · 페르시아 등에도 같은 형태의 풍습이 있었다. 이를 총칭하여 사원매음(temple prostitution)이라고 한다.

고대 그리스시대에는 매음의 형태가 다양해졌다. 아테네에는 문학과 정치를 논하는 '타이레'라는 이름의 고급 창녀에서부터 최하급 매춘부에 속하는 '디크테리아데스'에 이르기까지 몇 단계의 매음녀 집단이 있었다. 하급 매춘부는 아테네 근교에서 집단으로 거주하는 공창(公娼)이었는데, 이들은 위정관(爲政官)에 등록하여 세금을 바쳤다.

고대 로마도 그리스의 매음 형태를 답습하였다. 전성기에는 호모가 등장하거나 매춘부들이 호화로운 차림으로 당당하게 거리를 활보했으며, 공동목욕탕에서 마사지를 하는 매음부도 나타났다고 한다.

중세 그리스도교 시대에는 매음을 금지했으나, 현실적으로는 사창만을 금지했고, 공창의 매음은 세금을 바치는 대신에 보호를 받았다. 십자군원정 등 전쟁 때에는 대규모의 매음부부대가 조직되기도 했다.

매음의 역사는 나라와 시대에 따라 다양하게 나타나는데, 매춘부들을 죄악시·천대시하는 것이 일반적인 경향이었다. 또 그녀들에게 지불하는 화대(花代) 또한 보잘것 없었다. 15세기 독일의 매춘부는 달걀 한 개 값에 몸을 팔았고, 머리에 방울을 달거나 파랑색 끈이 달린 노랑 망토를 의무적으로 입게 함으로써 일반 여성들과 구별되도록 하였다.

우리나라의 고대나 고려시대에 어떠한 매음이 있었는지는 알려지지 않고 있다.

어느 역사학자는 신라의 원화설화(源花說話)에서 매음의 시초를 찾고 있다. 576년(진흥왕 37) 봄에 처음으로 원화를 만들기로 되었는데, 나라에서 인재를 등용하는 데에서 비롯하였다.

당시에는 누가 품행이 방정하며 인품이 우수한지를 잘 파악할 수가 없었기 때문에 인재 등용에 애로가 생겼다. 임금과 신하들이 고심하다가 고안해 낸 것이 원화제도였다.

원화제도란 아름다운 처녀 두 사람을 골라서 또래 집단과 질탕나게 놀게 함으로써, 암암리에 인물됨을 평가하는 제도였다.

처음으로 원화에 뽑힌 사람은 남모(南毛)와 준정(俊貞;《삼국유사》에는 姣貞으로 되어 있음)이었다. 그런데 최초의 두 여인 사이에 시새움이 생겨 서로 굉장히 미워하였다. 그러다가 준정이 남모를 유인하여 술을 먹여 취하게 한 후 강물에 던져 죽였다. 이 사실이 동요를 통해 알려져 남모의 시체를 북천에서 찾아내자 준정도 죽음을 당하고 원화는 곧 폐지되었다.

이러한 비극이 있고부터 여자는 쓰지 아니하고 양가의 사내를 뽑아 명칭을 화랑(花郞)이라 고쳤다.

단체의 두령(頭領)을 아름다운 여자로 했다는 사실이 흥미롭다. 사내들의 인물됨을 여색으로 평가했다는 얘기가 되는데, 이것으로 미루어보아 원화는 최초의 기생이나 창녀 역할을 했다고 보아도 크게 틀리지 않을 것이다.

역사적으로 매음의 형태는 고려 이후 조선시대에 시작된 것으로 되어 있다. 조선시대에 들어와서 상류계급의 양반들에게 소실(小室) 등 축첩(蓄妾) 제도가 공인되었고, 지방관아에 관기(官妓)를 두어 사또나 관원들의 수청을 담당하는 매음제도를 두었다.

《춘향전》이나 《소춘풍전》 등의 고전을 보면 관기 출신의 여자들이 경영하는 술집이나 평양 등지의 고급 술집에서 매음이 행해지는 경우가 있었음을 알 수 있다. 지방에서는 주막집의 주모나 작부들이 중류·하층 계급에 대하여 매음하였으며, 남사당(男寺黨) 등 지방을 순회하는 예능인들이 공연이 끝난 뒤에 매음을 하였다. 또한 무당들도 매음에 동참했다는 것을 문헌에서 살펴볼 수 있다.

조선 영조 때의 음악가 김천택(金天澤)이 편찬한 《청구영언(靑丘永言)》에 다음과 같은 구절이 나온다.

"아랫녘 주탕(酒湯)들과 간나희, 개성 통직(開城通直)이와 덩덕꿍 치는 무당년들이 날 모른다 할 이 누가 있으리."

주탕·간나희·통직이는 모두 창부를 뜻하는 옛말인데, '덩더꿍 치는 무당년'들이 이들과 동류로 치부되고 있는 것이 주의를 끈다. 이것은 창무(娼巫)가 옛부터 있었다는 것을 시사하고 있다.

무당이 음란 행위를 했다는 기록은 고려시대에도 있다. 고려 제19대 왕 명종(明宗) 때의 안남 도호부사(安南 都護府使) 현덕수(玄德秀)는 미신 타파에 앞장 섰던 사람이었다. 그가 하루는 여무당과 그 남편을 동헌 뜰에 잡아다 놓고 무섭게 심문하였다. 많은 백성들이 그 광경을 구경하고 있었는데, 현사또가 여무당을 추궁하는 말투가 심히 괴이했다.

"네 이놈! 네놈의 죄를 네가 알렷다? 네놈이 최진사댁에 드나들며……."

현사또는 여무당을 이놈 저놈하며 마치 남자 다루듯 하였다. 그것을 지켜보고 있는 사람들은 저마다 영문을 모르겠다는 표정을 지으며 이상하게 생각하였다.

"사또께서 왜 저러실까? 여무당을 마치 남자 다루듯이 하는군 그래?"

"그래, 참으로 이상한 일이야!"

"혹시, 사또의 머리가 갑자기 이상해진 것이 아닐까?"

"글쎄……."

구경꾼들은 이렇게 수군거렸다. 그러자 현사또는 목청을 가다듬고 크게 호령했다.

"네놈이 사내이면서 계집 행세를 하여 여염집 부녀자들과 사통한 사실을 냉큼 실토하렷다!"

현사또의 추상같은 호령에 여무당은 금방 울것만 같은 표정이 되어 몸둘 바를 몰라했다. 누가 보더라도 여무당의 모습과 행동은 여자가 분명했다.

"허어, 괴이하기 짝이 없는 일이다. 어떻게 남편이 있는 여무당을 사내라고 말한단 말인가?"

"사또의 머리가 돈 것이 틀림없어."

"쯧쯧……. 어쩌다가……."

구경꾼들은 현사또와 여무당 부처를 번갈아보면서 저마다 한마디씩 중얼거렸다. 그 순간 현사또의 눈빛이 섬광처럼 불을 뿜었다. 얼굴은 노기가 충만하여 벌겋게 달아 올랐다. 불끈 거머진 두 주먹은 부들부들 떨고 있었다. 그런 모습으로 동헌 뜰에 꿇어앉은 여무당을 뚫어져라 내려다보고 있던 현사또는 갑자기 자리를 박차고 일어서며 벼락치듯 소리쳤다.

"여봐라, 당장 저놈의 옷을 벗겨라!"

포졸들이 머뭇거리다가 반항하는 여무당의 옷을 벗겼다.

"아니 저럴 수가!"

구경꾼들의 입에서 이구동성으로 토해낸 말이었다. 놀랍게도 옷을 벗은 여무당의 요처에 누구의 것처럼 거대한 양물이 달려 있는 것이었다.

그 무렵 계집처럼 곱상하게 생긴 박수무당들이 여장(女裝)을 하고, 그 여장을 은폐하기 위해 다른 박수무당과 공모하여 부부로 위장하고서 여염집 부녀자들에게 손쉽게 접근했던 것이다.

이러한 사례로 미루어보면 고려시대에 이미 다양한 형태의 매음이 있었음을 짐작할 수 있다. 여장한 무당들이 여염집 부녀자와 통간(通姦)한 사례는 의외로 많다.

일반적으로 창무들은 무당들이 모시는 귀신 가운데서는 가장 악독한 귀신들을 골라 모신다고 한다. 이를테면 사람을 당장에 죽일 수 있는 무서운 '살(煞)'이 끼었다고 위협하는데, 급살에 해당하는 주당살(周堂煞) · 대감살(大監煞) · 상문살(喪門煞) 등이 그것이다.

창무들이 이처럼 무서운 살이 끼었다고 말하는 것은 오직 인객(引客)을 위해서였다. 사정없이 겁을 줘야 벌벌 떨며 무당에게 매달리게 되는 것이다.

창무들은 교묘한 말과 온갖 섹시한 행동으로 손님의 마음을 뒤흔든다. 그리고 결정적인 순간에 이르러 살을 빼야 살아날 수 있다면서 육체적인 접근을 하는 것이다. 여기에서 '살(煞) 뺀다'라는 말은 노골적인 성행위를 상징하는 말인데, 지금도 지방에 따라서는 성행위를 '살빼기' 또는 '살풀이'라는 은어로 표현한다.

키스의 기원

사람의 얼굴에서 입이나 입술은 애정, 음식물에 대한 미각, 언어 등을 표현하는 기관으로써 지극히 본능적인 감정을 나타낸다. 인상학에서는 자손의 유무, 즉 성적(性的)인 부분과 운기(運氣)의 강약을 판단한다.

입이 성과 관련이 있다는 것—특히 여성에게 있어서—은 의학자들도 그 맥을 같이 한다. 아닌게 아니라 미관상으로도 입의 모양과 수액(睡液)은 성기(性器)의 복사판이라 할 수 있다.

섹스란 물리적으로는 점막(粘膜)과 점막의 접촉이다. 그런 의미에서 성애(性愛)로서의 키스는 바로 준(準) 섹스라 할 수 있다. 여성의 점막 부분에는 성감대가 집중되어 있다. 그리고 그곳이 남성의 점막에 의해 자극되면 키스도, 인서트도 생리적으로는 같다고 할 수 있다.

따라서 많은 여성들은 남성에게 성애로서의 키스를 허락

한다는 것은 곧 몸을 허락하는 것과 같은 의미를 부여한다. 일반적으로 창녀들은 키스를 허락하지 않으며, 싫은 사람과 키스를 할 적에 이빨을 악무는 것은 세계 여성의 공통적 거부반응이라고 한다.

정신분석학의 창시자 프로이드는 인간 성욕의 가장 초보적인 단계로서 구순기(口脣期), 즉 입술 단계를 들고 있다. 갓난아기가 엄마의 젖꼭지를 물고 있으면 마음이 놓이는 것과 같이 입안에 무엇인가를 넣고 있으면 성적으로 흥분을 느낀다는 것이다.

키스에 관한 전문서적을 보면 키스의 종류는 30가지도 넘는다. 인사나 존경의 뜻을 내포한 의례적인 키스에서부터 성애(性愛)의 키스까지 다양하다.

키스의 어원은 산스크리트의 '껴안는다'는 뜻을 가진 '쿠스(kuś)'에서 유래되었다고 한다. 기원에 대해서는 여러가지 설이 있는데, 용기(容器)가 없는 시대에 어머니가 입으로 물을 머금어 어린아이에게 물을 먹여준 데서 비롯되었다는 것이 가장 널리 알려진 키스의 기원이다.

의례적인 키스는 동양에서 고대 로마로 건너간 것으로서 손이나 발에다 하는 키스가 있다. 그것은 존경과 복종을 표시하는 것인데, 특히 발에 키스하는 것은 최상의 경의를 표시하는 뜻으로 11세기에는 교황에게만 적용되었다.

섹스와 밀접한 관계가 있는 성애로서의 키스는 범세계적인 현상이지만, 동양인에 비하여 서양인의 키스가 더 개방적이고 방법도 다양하다. 또한 키스의 효능을 과학적으로 연구하는 전문가도 있을 정도이다.

성문제 전문가들이 광범위한 실험을 거쳐 내놓은 사람들

의 키스 형태를 보면 남녀 사이에 매우 흥미로운 차이를 발견하게 된다. 그것은 키스를 할 때 대부분의 여자들은 분위기에 완전히 빠져 눈을 감는데 반해 남자들은 호기심으로 눈을 뜨고 상대방을 관찰하다는 것이다. 이점에 대하여 어느 사회학자는 원시시대의 습성이 이어져 내려온 것이라고 말했다. 말하자면 언제 어디에서 나타날지 모르는 적으로부터 대응하기 위하여 남자는 항상 눈을 뜨고 있어야만 했다는 것이다.

조금 쑥스러운 이야기가 되겠지만, 필자가 총각시절에 만났던 여성 중에 키스할 때 끊임없이 중얼거리는 여성이 있었다. 그녀와의 첫키스를 잊을래야 잊을 수가 없다. 마구 떨리는 가슴을 애써 진정시켜 대단한 황홀감에 휩싸여 입맞춤을 했는데, 느닷없이 그녀가 앵무새처럼 지껄이기 시작했던 것이다.

'엉? 이게 무슨 소리인가!'

필자로서는 그런 경험이 그때가 처음이었기 때문에 적지 않게 놀라면서도 한편으로 신기하여 유심히 관찰해 보았다. 그랬더니 키스가 끝날 때까지 계속 알쏭달쏭한 소리를 지껄이는 것이었다.

나중에 권위 있는 심리학자를 통해 알게 된 사실이지만, 키스할 때 지껄이는 타입의 사람은 정신과 육체가 항상 끈으로 이어져 있는 사람이라고 한다. 육체적 욕망과 그러한 행동에 대한 지적 자제력 사이에서 갈등을 느끼기 때문에 그러한 현상을 나타낸다는 것이다. 다시 말해서 그녀는 본능과 이성이 싸우는 형태의 인간형인데, 자존심이 강한 반면에 자신을 학대하는 경향이 강했다.

키스의 의학적 측면을 연구하고 있는 미국의 버논 박사의 말에 따르면, 성애로서의 키스를 많이 하는 사람이 그렇지 못한 사람에 비하여 평균 5년 정도의 수명이 길다고 한다. 버논 박사는 그 이유를 이렇게 설명하고 있다.

"사랑에 빠진 사람들은 흔히 '말로는 표현할 수 없는 어떤 느낌', 혹은 '무엇에 홀린듯한 기분'이라는 말로 사랑의 달콤함을 얘기한다. 그러나 이것은 착각의 소산만은 아니다.

사랑하는 남녀의 키스는 체내의 강렬한 충동을 일으켜 심장을 빨리 뛰게 하고, 맥박을 두 배로 빨리하며 혈압을 올려 췌장에 인슐린을 분비하고 부신은 아드레날린을 배출한다. 또한 성적충동을 받아 서로의 혀를 주고받는 순간 체내에서 아미노산 복합물인 뉴러펩티드와 같은 화학물질이 배출된다. 이것은 진통제의 일종으로 모르핀의 2배 정도로 핏속의 백혈구의 활동을 활성화시켜 발병의 기회를 차단하는 역할을 한다. 뿐만 아니라 열정적인 성애의 키스 한 번은 3.8 킬로칼로리의 에너지를 연소시키기 때문에 체중을 줄이는 데도 크게 도움이 된다."

버논 박사의 말을 액면 그대로 믿는다면, 장수와 날씬한 몸매를 위해서라도 성애로서의 키스를 많이 할 일이다.

우리나라에서 언제부터 키스를 하기 시작했는지는 기록에 남아 있지 않기 때문에 알 수 없다. 그러나 인간의 조상이라고 알려진 원숭이가 교미에 앞서 입맞춤을 한다는 사실을 보면 태고적부터 성애로서의 키스가 있었음을 짐작할 수 있다.

중국 최고의 성서(性書) 《소녀경(素女經)》을 보면 성애로서의 키스가 구체적으로 묘사되어 있다. 그것을 요약하면 다음과 같다.

“처음으로 성교를 할 때는 남자는 좌측, 여자는 남자의 우측에 앉는다. 그런 다음 남자가 여자의 허리를 껴안고 부드럽고 정성스럽게 몸을 어루만지면 여자는 마음이 편안해져서 친밀한 태도를 나타낸다. 그러면 두 사람은 하나의 마음이 되어 힘차게 포옹하며 입을 벌린다. 남자는 여자의 아랫입술을 빨고 여자는 남자의 윗입술을 핥듯이 빤다. 동시에 서로 상대의 수액(침)을 빨아들여 마시면서 혀를 가볍게 물거나 혹은 입술을 부드럽게 잘근잘근 씹는다…….”

키스의 테크닉은 중국의 다른 성서(性書)에도 많이 나온다. 우리나라가 중국 문화의 영향을 많이 받았다는 역사적 사실을 두고 볼 때 다양한 성지식도 중국으로부터 전래되었을 가능성이 크다.

옛부터 중국에서는 자연의 리듬에 맞춰서 바른 섹스를 하면 질병에 걸리지 않는다고 했다. 남성은 양(陽), 여성은 음(陰)이기 때문에 음양을 교환해야 비로소 균형이 잡혀 건강하고 자연스러운 상태가 된다는 믿음을 가지고 있었다.

그래서 성교는 애정이 절정에 이른 최고의 도(道)라고 생각했다. 이러한 사상은 쾌락만을 좇는 성행위와는 완전히 다르다. 섹스란 건강법으로서의 사랑의 기교를 말하는 것이다.

신화 속에 나타난 한국의 남성과 여성의 기질

웅녀(熊女)의 후예인 고대 한국 여성들은 그 기상이 무척 담대하고 활달했으며, 섹스에 있어서도 무섭도록 능동적이었던 같다. 고구려 여성은 말을 달리고 활을 쏘며 호연지기를 키웠고 신라의 여성들은 당당한 여왕으로서의 만천하에 여성 파워를 유감없이 떨쳤다. 그리고 인격과 용맹의 표상이라 할 수 있는 무사도, 즉 화랑도의 전신이 원화제도(源花制度)였다는 사실을 보더라도 그 당시 여성의 힘을 짐작할 수 있다.

고대 한국의 여성들이 얼마나 섹시하고 적극적이었는가는 여러 문헌 속에 잘 나타나 있다. 모두가 알고 있듯 《삼국사기》와 《삼국유사》는 우리나라 고대의 민속을 고스란히 전하고 있는 민속의 보고(寶庫)이다. 그 속에 담겨 있는 신화·전설·민담 등은 당시의 민속을 말해주고 있으며, 그것을 통해 우리는 그 시대의 시대상을 추론해 볼 수 있다.

고구려의 시조 주몽(朱蒙)의 어머니는 물을 다스리는 신 하백(河伯)의 딸 유화(柳花)이다. 그녀는 부모의 허락없이 해모수와 사통하여 임신한다. 그 사건으로 인하여 쫓겨난 유화는 북부여의 왕 금와(金蛙)의 왕비가 된 후에 주몽을 낳고, 아들인 그를 고구려의 건국 시조로 키워낸다.

신화 속에 등장하는 유화부인은 열정적이면서도 지혜롭고 모성애가 남달랐던 것 같다. 처음 만난 해모수와 즉시 사랑에 빠져 성행위를 갖고 주몽을 잉태했다는 것은 불길처럼 뜨거운 열정이 있었음을 의미한다.

(신화에 현대적인 해석을 한다는 것 자체가 난센스가 되겠지만), 어쩌면 유화는 인간의 딸이었을 가능성도 있다. 인간의 딸인 그녀가 대범하게 낯선 남자와 정을 통하여 사생아를 낳았는데, 아들을 훌륭히 길러 건국 시조로 만들었기 때문에 신격화(神格化)된 것은 아닐까?

신화 속에 숨겨진 진실과 당시의 풍속으로 미루어보면 그럴 개연성은 충분하다. 부여와 고구려 사람들은 해마다 추수를 마친 10월 상달에 '숫신', 즉 곡모신(穀母神)에게 추수감사제를 지냈다. 축제를 지내는 대상인 곡모신이 바로 고구려의 시조인 고주몽과 그 어머니인 유화부인의 혼백이다.

여기에서 우리는 다음 사항을 주목해 볼 필요가 있다. 왜 천제(天帝)의 아들이며 고주몽의 아버지로 명명한 해모수를 축제를 통한 경배의 대상에서 따돌렸을까? 추론해보면 그 시대가 혈통이나 상속 관계가 어머니를 중심하여 이루어지던 전형적인 모계중심사회(母系中心社會)였을 가능성도 있다. 정말 그렇다면 모권이 부권을 앞섰기에 해모수가 아무런 실권 없는 존재로 묘사된 것은 오히려 자연스럽다.

만약 그렇지 않다면 해모수는 변명할 여지 없이 무책임하고 파렴치한 남자로 전락한다. 순결한 처녀 유화를 웅신산 및 압록강가의 집으로 유혹하여 임신시켜놓고 어디론가 사라져 끝끝내 나타나지 않고 있는 것이다. 그런 파렴치함 때문에 건국시조의 아버지를 철저히 무시했을 가능성도 있다.

어쨌든 유화는 명색이 왕비의 신분으로 사생아를 낳았음에도 불구하고 꿋꿋하게 살아남는다. 어찌 생각하면 뻔뻔스럽다고도 말할 수 있는데, 죽지 않고 살아남았다는 것이 지극한 모성애의 모티브로 작용한다. 사생아를 낳았다는 수치심, 그리고 그 과정에서 필연적으로 따랐을 모멸감을 참고 견딜 수 있었던 힘이 모성애에서 비롯된 것이라고 신화는 강변하고 있는 것이다.

유화는 자신의 실수로 태어나 북부여 왕실의 천덕꾸러기로 자라는 아들에게 온갖 정성을 다한다. 주몽의 아버지 해모수가 천제의 아들이라고 말한 것도 유화부인이 아들에게 자존심과 용기를 북돋우어 주기 위해서 꾸며낸 말인지도 모른다.

유화부인의 성품이나 지혜로 보아서 그런 거짓말을 꾸며낼 가능성은 충분히 있다. 그녀는 금와왕의 일곱 왕자가 주몽의 뛰어난 재주를 시샘하는 것을 경계하여 항상 아들의 신변을 지킬 정도로 눈치가 빨랐고, 선견지명도 있었다. 말먹이꾼이 된 주몽에게 가장 훌륭한 말의 혓바닥에 은밀히 가시를 꽂아 두게 한 것은 그녀의 지혜가 어느 정도이었는가를 단적으로 말해 주고 있다.

말의 혓바닥에 가시를 꽂아 두면 말은 엄청난 통증으로 말미암아 먹이를 못 먹게 된다. 먹이를 못 먹는 말은 야위게 마련이다. 통통하게 살찌고 큰 말은 다른 왕자들이 차지하고, 비루먹은 것처럼 앙상하게 마른 말은 자연히 왕실의 눈치꾸러기인 주몽에게 돌아간다. 이처럼 치밀한 계산에서 그런 술책을 꾸민 것이다.

과연 유화부인의 선견지명은 그대로 적중한다. 왕자들의 무서운 음모로 인하여 위기에 처한 주몽은 그 말을 타고 도피하여 고구려를 건국한 것이다.

부전자전(父傳子傳)—아버지의 기질을 그 아들이 받는다는 뜻으로 쓰이는 말인데, 상당히 일리가 있다. 고주몽의 아버지인 해모수가 무책임했던 것처럼 그 아들인 주몽 또한 야속한 남자였다. 주몽이 도피할 때 그의 아내 예씨(禮氏)는 잉태한 몸이었다. 주몽은 돌아올 기약 없는 길을 떠나면서도 아내에게 아무런 약속의 말을 하지 않는다. 다만 아들을 낳거든 일곱 모가 난 돌 위의 소나무 아래 감춰둔 신표를 찾아낸 자가 자기의 아들이라는 말만 남기고 훌쩍 떠나버린 것이다.

주몽의 이 말은 아내인 예씨부인의 입장에서 보면 참으로 무정한 말이 아닐 수 없다. 성공하면 데리러 오겠다는 말은 고사하고, 뱃속의 자식마저 아들이면 인정하겠다는 몰인정한 말을 한 것이다. 이것으로 미루어 보면 벌써 그때 남아선호사상이 있었음을 짐작할 수 있다.

아무튼 생과부가 된 예씨부인은 아들인 유리를 헌헌장부로 길러 그 아버지가 숨긴 신표를 찾게 한 후 고구려로 보내 왕위를 계승하게 한다.

여기에서 잠시 '임신(姙娠)'에 대하여 생각해 보자. 임신의 '임(姙)'자는 여자〔女〕에게 맡긴다〔任〕는 뜻의 글자다. 아기가 생기는 원인은 남자에게 있지만, 그 결과에 대해서는 전적으로 여자에게 맡긴다는 얘기가 아닌가?

고대 한국의 여인들은 결코 삼종지도나 칠거지악으로 길들여진 규방 여인들은 아니었다. '망부석 설화'의 원형이 된 박제상(朴堤上, '삼국유사'에는 김제상으로 되어 있음)의 아내 국대부인의 이야기를 보더라도 외향적이고 적극적인 여인상이 잘 나타나 있다. 그녀는 남편이 집에 들르지도 않고 미해(美海) 왕자를 구하려고 일본으로 떠난다는 소식을 듣고, 지체없이 말을 타고 채찍질을 하여 바닷가로 달려간다. 감정을 억제하며 앉아서 기다리는 내성적인 여인상이 아니라 붙잡으려고 쫓아가는 능동적인 여인상인 것이다.

그녀는 떠나 버린 남편에게 돌아오라고 목메어 울부짖는다. 배가 사라지자 모래벌을 뒹굴며 길게 울었다고 기록되어 있다. 그리고 오죽이나 그녀의 마음이 뜨겁고 격렬했기에 그 몸이 돌로 변했겠는가!

이렇듯 고대 한국 여인들은 뜨겁고도 능동적인 기질을 지니고 있었다.

고주몽의 어머니 유화부인이나 유리의 어머니 예씨부인은 모두 그 아들들을 위하여 헌신적인 모성애를 쏟았다. 비록 남편의 도움이 없더라도 훌륭하게 자녀를 양육하여 어머니로서의 책무를 다한 것인데, 바로 이런 기질이 맥맥이 이어져 한국의 어머니상을 만든 것이라 여겨진다.

역사 속의 사생아들

우리나라의 신화나 전설을 보면 아버지를 모르는 자식들이 많다. 고구려의 시조 고주몽이 그렇고, 후백제의 시조 견훤이 그렇다. 또 백제의 제 30대 무왕을 비롯하여 신라 말기의 중 도선국사(道詵國師), 고려 장군 김통정(金通精), 경주 최씨의 시조 최치원(崔致遠) 등도 아버지가 불분명하다.

《삼국유사》에 의하면, 백제 제 30대 무왕의 본이름은 장(璋)이다. 과부였던 그의 어머니는 서울 남지변(南池邊)에 집을 짓고 살다가 그 연못 속에 살던 용과 교통(交通)하여 무왕 장을 낳은 것으로 되어 있다.

무왕의 어릴 때 이름은 서동(薯童)이라 했는데, 집이 가난하여 항상 마를 캐다 팔아서 생활했기 때문에 마을 사람들이 붙여준 이름이다. 서동이 신라 진평왕의 셋째 딸 선화공주를 유혹하여 아내로 삼은 이야기는 유명하다.

선화공주님은
남 몰래 얼어두고
맛동이(서방동)을
밤에 몰래 안고 간다.

서동이 미모의 공주를 아내로 삼기 위하여 퍼뜨린 동요이다. 여기에서 '얼어두고'라는 말은 정을 통했다는 뜻으로 해석된다. 결국 이 동요가 대궐에까지 알려져 선화공주는 귀양을 떠나다가 서동을 만나 부부의 연을 맺는다. 이렇게 교묘한 동요를 퍼뜨린 서동은 아마도 그의 아버지가 과부를 호리는 재주가 능란했기 때문에 그도 여자를 유혹하는 아버지의 재능을 그대로 물려받은 것은 아닐까?

후백제의 시조 견훤에 관한 옛날 기록을 보면 그의 아버지가 지렁이다.

옛날 한 부호가 광주 북촌에 살고 있었다. 그에게는 무남독녀 외동딸이 있었는데, 자태가 곱고 행실이 단정하여 부모와 동네 사람들의 귀여움을 독차지했다.

어느 날 딸은 수심이 가득 찬 얼굴을 하고 아버지에게 엄청난 이야기를 했다.

"아버지, 밤마다 자줏빛 옷을 입을 어떤 남자가 제 방으로 들어와 자고 갑니다."

"뭐라고? 그게 사실이냐?"

아버지는 기가 막혔다. 아직 시집도 안 간 딸의 방에 밤마다 낯선 남자가 드나든다는 것은 보통 일이 아니었다. 만약 소문이라도 퍼지면 집안 망신일 뿐만 아니라 딸의 장래도 불행해질 것이 뻔했다.

너무 놀란 아버지는 조용히 딸에게 일렀다.

"애야, 그건 정말 해괴망측한 일이구나. 오늘 밤 긴 실타래에 바늘을 꿰어 두었다가 그 사내가 또 오거든 몰래 옷자락에 꽂아 놓거라."

그날 밤 딸은 아버지의 말대로 했다. 날이 밝자, 아버지는 그 풀려 나간 실을 따라가 보았다. 실은 북쪽 담 밑으로 이어져 있다가 땅속으로 들어갔다.

"정말 이상한 일이구나!"

아버지는 담 밑을 파 보았다. 거기에는 커다란 지렁이 한 마리가 꿈틀대고 있었다. 그런데 실이 달린 바늘은 그 지렁이의 허리에 꽂혀 있었다. 이렇게 해서 태어난 아이가 바로 견훤이다.

고려 원종 때의 반장(叛將) 김통정의 아버지도 역시 지렁인데, 견훤의 출생담과 줄거리가 비슷하다. 또한 최치원은 금빛 돼지의 아들이라는 신화가 있고, 도선국사는 처녀였던 그의 어머니가 물에 떠내려오는 오이를 먹고 잉태하여 도선을 낳았다는 기록이 있다.

이런 이야기들을 어떻게 이해해야 할까? 처녀나 과부가 용이나 지렁이, 금빛 돼지 등과 관계를 맺고 잉태했다는 것은 참으로 허무맹랑한 이야기가 아닐 수 없다.

그렇다면 어찌하여 그토록 황당무계한 이야기가 만들어졌을까? 이런 가정을 해볼 수가 있다.

어쩌다 만난 두 사람의 남녀가 눈이 맞아 불꽃이 피어올랐다. 그들은 처녀 총각일 수도 있고, 유부남이나 과부일 수도 있다. 또한 신분상의 차이로 인하여 정상적으로는 도저히 맺어질 수 없는 관계였을 경우도 있다.

인간의 속성상 못하게 하면 더욱 그것을 하려고 한다. 특히 남녀관계에 있어서는 이루어질 수 없는 사랑이 더더욱 안타깝고 애련하다. 그래서 두 사람은 사모의 정을 가누지 못하고 남의 눈을 피해 은밀한 장소에서 만난다. 피가 뜨거워지는 것은 물론이다.

사람이 격정적인 감정에 사로잡히면 한치 앞을 못본다. 뒤에 따르게 될 일은 미처 생각하지 못하고, 아니 생각을 했더라도 설마하고 일을 저질러놓고 본다. 그런데 그것이 덜컥 임신으로 이어진 것이다. 이 얼마나 창망한 일인가!

그 시대에 피임약이 있었을 턱이 없다. 원하건 원하지 않건 간에 잉태하여 달이 차면 아이를 낳아야 한다. 불륜의 씨앗, 누구에게 터놓고 말할 수도 없는 아이를 만든 두 사람은 엄청난 근심 걱정에 사로잡힐 것이다. 만약 종이 주인집 딸이나 과부 며느리를 건드렸다면 목숨을 부지하기가 어려울 것이다. 그래서 궁리 끝에 황당무계한 이야기를 꾸며낸 것은 아닐까?

그럴 가능성은 크다. 옛 문헌을 보면 인간인 여자가 귀신과 정사하여 아이를 낳았다는 기록이 심심찮게 나오는데, 의가(醫家)에서도 이 귀신의 아이를 '귀태(鬼胎)'라 하여 정식으로 인정했다. 그래서 귀신을 아버지를 둔 아이는 '귀동(鬼童)'이라는 음을 따서 '귀동(貴東)' 또는 '귀녀(貴女)'라는 이름을 붙였다.

귀신과의 정사로 인하여 아이를 낳은 가장 유명한 이야기는 《삼국유사》에 실려 있는 도화녀(桃花女)와 비형랑(鼻荊郎)

에 대한 것이다.

신라 제25대 사륜왕(舍輪王)의 시호는 진지대왕(眞智大王)이다. 서기 576년에 즉위한 사륜왕은 4년 동안 나라를 다스렸는데, 정사에 힘쓰기보다는 성품이 방탕하여 주색을 일삼으며 지냈다.

어느 날 왕은 사냥을 나갔다가 사량부에 사는 아름다운 한 여인을 보게 되었다. 도화랑이란 이름을 가진 그 여인은 서민의 아내였다.

"참으로 아름다운 여인이로다!"

사륜왕은 도화랑의 아름다움에 끌려 그녀를 궁중으로 불러 사통하려 하였다. 그러나 도화랑은 이미 출가한 몸이기 때문에 함께 지낼 수 없다고 말했다.

일언지하에 거절당한 왕은 도화랑을 위협했다.

"죽어도 내 말을 따르지 못하겠느냐?"

도화랑이 대답했다.

"거리에서 목이 잘리는 형벌을 받을지언정 남편 아닌 다른 남자의 요구는 들어줄 수 없습니다."

"그렇다면 네 남편이 없다면 내 말대로 할 수 있겠느냐?"

왕의 말에 도화랑은 고개를 끄덕였다.

"그때는 되겠습니다."

그런 약속을 한 후에 왕은 도화랑을 돌려보냈다.

바로 그 해에 사륜왕은 왕위에서 쫓겨나 죽고 말았다. 그 후 2년이 지나자 도화랑의 남편도 병들어 죽었다.

도화랑의 남편이 죽은 지 백일째 되던 날 밤, 사륜왕의 혼령이 도화랑을 찾아왔다. 옛날 살아 있을 때와 똑같은 모습이었다.

"지금 네 남편이 없으니 옛날 약속을 지켜라!"

사륜왕은 도화랑에게 자기의 생전에 했던 약속을 지키라고 요구했다. 도화랑은 이미 예전에 왕과 약속을 했기 때문에 거역할 수 없었다.

그리하여 사륜왕은 도화랑의 집에서 7일간을 머물러 있었다. 왕의 혼령이 머무는 동안 도화랑의 집은 항상 오색 구름이 지붕을 덮고 향기가 방안에 가득했다.

7일이 지난 후 사륜왕의 혼령은 연기처럼 사라져 버렸는데, 이때부터 도화랑에게 태기가 있었다.

도화랑은 달이 차서 아기를 낳으려는 데 갑자기 하늘이 깜깜해지며 천지가 진동했다. 그 사이에 도화랑은 한 사내아이를 낳았다. 이 아이의 이름을 비형(鼻荊)이라 했다.

사륜왕의 뒤를 이어 신라 제26대 왕이 된 진평왕이 비형에 대한 사연을 듣고 궁궐로 데려와 길렀다. 자라면서 비형의 행동거지가 괴이하고 신비했다. 밤이면 밤마다 궁궐로 데려와 길렀다. 자라면서 비형의 행동거지가 괴이하고 신비했다. 밤이면 밤마다 궁궐 밖으로 나가 귀신들의 우두머리가 되어 놀다가 새벽녘 절의 종소리가 들리면 돌아왔다.

이러한 사실을 알게 된 진평왕은 비형을 불렀다.

"비형아, 네가 밤마다 귀신들을 거느리고 논다는 것이 사실이냐?"

"네, 그렇습니다."

왕은 몹시 놀라워하면서 그에게 한 가지 명령을 내렸다.

"그렇다면 네가 귀신들을 부려 신원사 북쪽 개천에 다리를 놓도록 하여라."

비형은 진평왕의 명령을 받들어 그가 거느리는 귀신들을 불러 모아 하룻밤 사이에 큰 다리를 놓았다. 귀신들의 손으로 이루어진 이 다리를 그후 '귀교(鬼橋)'라고 불렀다.

감탄한 진평왕는 비형에게 또 물어보았다.

"귀신들 가운데서 인간으로 현신하여 조정의 정사를 도울 만한 자가 있느냐?"

"네, 길달이란 자가 있습니다."

진평왕은 다음날 길달을 데려오라 하여 집사라는 관직을 주었다. 과연 길달은 비형의 말대로 충직하게 일을 잘했다.

그때 각간(角干)이란 벼슬자리에 있던 임종(林宗)에게 아들이 없었다. 왕은 그에게 길달을 주어 양자로 삼게 했다.

양아버지 임종은 길달에게 홍륜사 남쪽에 문루를 세우게 하고, 길달을 매일 밤 그 문루 위에서 자도록 했다. 그래서 사람들은 그 문을 '길달문(吉達門)'이라 불렀다.

그러던 어느 날, 길달은 여우로 변하여 도망을 쳤다. 화가 난 비형은 힘센 귀신을 시켜 길달을 잡아 죽였다.

이때부터 귀신들은 비형을 매우 무서워했다. 귀신은 비형의 이름만 들어도 달아났다 하는데, 사람들은 이 사실을 노래로 지어 불렀다.

성제의 혼이 낳으신 아들
비형 도령의 집 바로 여길세
날고 뛰는 귀신의 무리들아
이곳에 함부로 머물지 말아라.

훗날 사람들은 이 가사를 문에 써붙여 귀신을 물리쳤다.

《용천담적기(龍泉談寂記)》에 의하면 성번반(成蕃胖)의 하녀도 귀신과 정사하여 잉태한 것으로 되어 있다. 또 같은 책에 귀신과의 정사에 관한 기기묘묘한 이야기가 많이 나온다.

자의건 타의건 수절하는 과부가 누군가에게 몸을 허락하여 아이를 밴다든지, 또 처녀가 임신을 했을 때는 시대적인 윤리관에 입각하여 엄청난 비난과 무서운 형벌을 피할 수가 없다. 이때 '귀태'나 다른 불가사의한 일로 인하여 잉태를 했다는 것은 핑계로선 안성맞춤이었을 것이다. 그 시대의 사람들은 귀신의 존재를 철석같이 믿었으니까…….

또한 수태의 책임을 풍수(風水) 탓으로 돌리기도 했다. 옛 한국인들은 집터·묏자리의 방위·지형 등의 좋고 나쁨이 인간의 화복에 절대적 관계를 가지고 있다고 믿었다. 그래서 풍수에 따라 고을이 자리잡고 절이 들어섰다.

한국의 전형적인 마을은 뒷산을 등지고 앞내를 내려다보는 배산임수(背山臨水)의 지리를 갖춘 곳에 형성되어 왔고, 묏자리와 절터 역시 그러하다. 좌청룡 우백호 북현무 남주작이란 좌우에서 보호 받을 뒷산을 의미하며, 앞에 냇물이 흘러들면 복록이 들어온다고 해석되어 명당(明堂)으로 삼았다. 옛 절터를 보면 마치 여성의 국부 언덕과 같이 뒷산의 보호를 받되, 그 정기가 이어져 맺힌 언덕에서 아래를 내려다보는 곳에 자리를 잡고 있다.

《경남 사적명승지총(慶南史蹟名勝誌叢)》을 보면 풍수 탓에 고을을 옮긴 사례가 나와 있다. 경남 창원(昌原)의 옛 고을은 의창(義昌)이었는데, 그 고을에 부임한 수령의 딸이 처녀의 몸으로 수태한 사건으로 말미암아 창원으로 고을을 옮긴 사건이 생긴 것이다.

의창의 남쪽에 솟아 있는 연산(連山) 중턱에 마치 개들이 흘레하는 형상의 바위가 있다. 수령의 딸이 매일 그 바위를 보면서 소일한 까닭에 수태를 하게 되었다는 지관(地官)의 말에 따라 관아를 창원골로 옮겼던 것이다.

이런 것을 놓고 볼 때 신화나 전설 속의 여성들은 처녀고 과부고간에 정조관념이 희박했다는 것을 엿볼 수 있다. 그러나 대체로 어머니의 역할은 충실히 했던 것 같다. 사생아를 낳아 역사적인 인물로 키웠으니까.

한국의 연애 전쟁

호메로스의 시에 나오는 '트로이전쟁'은 헬레네(Helene) 라는 아름다운 여자 때문에 발발하여 10년 간이나 계속 된 것으로 되어 있다. 스파르타의 왕비 헬레네가 트로이의 왕자 파리스(Paris)에게 유괴당하자, 왕비를 빼앗긴 스파르타왕 메넬라오가 형인 미케네왕 아가멤논을 움직여 트로이를 공격한 것이다.

이를테면 '연애 전쟁'이라 할 수 있다. 한국에서도 트로이전쟁을 방불케 하는 '연애 전쟁'이 있었다. 그 전쟁의 주인공은 고구려 제 22대 안장왕(安藏王)과 백제 처녀 한주(韓珠)이다.

안장왕은 문자명왕(文咨明王)의 맏아들로 휘는 흥안(興安)이며, 498년에 태자로 책봉되었다. 그는 지혜롭고 무용(武勇)이 뛰어났다. 태자로 책봉된 후 손수 군사를 이끌고 신라와 백제를 자주 침공하여 국위를 떨쳤다.

태자 홍안은 일찍부터 삼국통일의 대망을 품고 있었다. 그래서 변복(變服)을 하고 백제와 신라에 몸소 잠입하여 정탐하기를 즐겼다.

한번은 백제의 국경선에 잠입하여 정탐하다 백제 병사들에게 발각되었다.

"저놈을 잡아라!"

백제 병사들이 벌떼처럼 홍안을 쫓았다. 홍안은 몸을 솟구쳐 도망하지 않을 수 없었다.

"잡히면 마지막이다."

홍안은 필사적으로 도주하여 가까스로 백제 병사들의 추격을 벗어날 수 있었다. 그러나 백제를 벗어나지 못했기 때문에 언제 잡히게 될지 몰라 불안했다.

몸에 기운이 빠지고 배가 고파 곧 쓰러질 지경에 달한 홍안은 무작정 어느 집으로 들어갔다.

"지금 저는 도적들에게 쫓기고 있습니다. 부디 저를 잠시만 숨겨 주십시오."

홍안은 이렇게 말한 후에 탈진하여 쓰러져 버렸다.

그 집은 한씨(韓氏)의 집이었다. 한씨는 계백현에서 장자(長者) 소리를 듣는 인물이었다.

"비범한 사나이가 분명하다!"

한씨는 이렇게 생각하고 홍안을 안채 깊숙한 방에 은신케 하였다. 그런 후 여러날을 두고 홍안의 일거수 일투족을 살폈다.

'반드시 귀한집 자손이 분명하다.'

한씨는 이런 결론을 내리고 홍안을 융숭하게 대접하였다. 그에게는 주(殊)라는 이름의 아름다운 딸이 있었는데, 그 딸로 하여금 홍안의 시중을 들게 하였다.

자연스럽게 홍안과 한주 사이에 사랑이 싹트게 되었다. 시간이 흐를수록 뜨거워지던 두 사람의 사랑은 국경과 신분을 초월했다.

"주낭자! 낭자에게 고백할 일이 있소."

홍안은 한주에게 모든 사연을 자세히 고백하였다. 한주는 홍안의 말을 듣고 적이 놀랐다. 그가 귀한집 자손이라는 것은 짐작하고 있었지만, 적국 고구려의 태자인 줄은 꿈에도 생각하지 못했던 일이었다.

그러나 두 사람의 사랑은 이제 뗄레야 뗄 수 없을 정도로 깊었다. 그래서 그들은 굳게 혼인을 맹세하고 육신과 영혼을 태우게 되었다.

518년의 어느 날, 홍안은 약혼녀 한주를 두고 표현히 백제를 떠나 고구려로 돌아왔다. 고국으로 돌아온 홍안은 부왕께 전후 사연을 고백하고 주청하기를 백제를 쳐서 약혼녀 한주를 데려오고 싶다고 했다.

문자명왕은 태자 홍안의 영특함과 무용을 지극히 사랑했기 때문에 흔연히 승락했다. 그런데 문자명왕은 그해 겨울 갑자기 병을 얻어 자리에 누웠다가 이듬해 세상을 뜨고 말았다.

태자 홍안이 보위를 물려받았다. 이때부터 안장왕은 신하들과 더불어 한주를 빼어오는 계획을 세우기 시작하였다.

"경들은 백제의 계백현을 치고, 그곳에 사는 장자 한씨의 딸을 모셔오도록 하시오. 그녀는 우리 고구려의 왕후가 될 사람이오."

왕명을 받은 고구려 장수들은 병력을 동원하여 백제의 국경을 침습했다. 백제도 만만치 않았다. 백제의 국경 방비가 워낙 굳세었기 때문에 고구려군의 공격은 번번이 실패를 거듭할 뿐이었다.

백제 공략이 쉽지 않자 안장왕의 가슴은 한주에 대한 그리움으로 빠개지는 것만 같았다.

"아아, 주낭자는 나를 얼마나 원망하고 있을까!"

번민과 고뇌의 나날은 사정없이 흘러가기만 하였다. 그러나 안장왕은 정탐을 놓아 계백현의 사정을 속속들이 듣고 있었다.

안장왕 5년(523) 어느 초여름, 왕은 정탐으로부터 충격적인 보고를 들었다. 계백현에 새로 부임한 태수(太守)가 한주의 미모에 혹하여 혼인을 종용하고 있다는 보고였다.

안장왕의 가슴은 더욱 쓰라리고 아팠다. 날이 갈수록 정탐의 보고는 불길해지기만 하더니 끝내는 한주가 하옥(下獄)되었다는 보고가 들어왔다.

"계백현 태수는 한주 낭자가 적국의 군왕과 내통한 밀정이라 하여 하옥시켰습니다."

이 말에 안장왕의 가슴은 파열될 것만 같았다.

"그녀를 꼭 구해오고 말리라!"

안장왕은 그해 8월 마침내 여러 중신과 장군들을 어전에 모아놓고 분연히 백제와의 대규모 전쟁을 선포했다.

"경들은 들으시오. 백제의 계백현은 본시 우리 고구려의 영토였소. 모든 군사를 동원해서라도 계백현을 점령하시오. 이번 전쟁에서 큰 공을 세운 장수에게는 천금의 상금과 만호후(萬戶侯)를 봉하겠소."

안장왕은 직접 1만여 명의 병사를 인솔하여 친정(親征)에 나아갔고, 을밀(乙密)장군은 수군 5천명을 거느리고 수로(水路)로 계백현을 향하여 진격했다. 한편 특별히 왕명을 받은 날쌘 장사 50여 명은 행상(行商)으로 가장하여 계백현으로 침투했다.

고구려 대군의 파상공격을 받은 계백현은 오래 버티지 못하고 함락되었고, 한주는 왕이 특파한 장사들에 의하여 무사히 고구려에 도착하게 되었다.

이리하여 한주는 안장왕의 왕후가 되었고, 그 전투에서 큰 공을 세운 을밀장군은 왕의 누이동생 안학공주를 맞이하여 해로했다.

안장왕 5년(523) 8월에 있었던 고구려와 백제의 이 전쟁이 한국 최초의 연애전쟁이었다.

섹시했던 신라 여인 수로부인

앞에서 말했지만, 고대 한국 여성들은 무척 섹시하고 피가 뜨거웠던 것 같다. 옛 문헌을 고찰하면 현대 여성 빰치고도 남을 만큼 성문제에 대담한 여인들의 이야기를 많이 접할 수 있다. 그녀들 중의 대표주자는 단연 수로부인(水路夫人)이라 할 수 있다. 《삼국유사》에 그녀의 행적에 대하어 이런 이야기가 전한다.

신라 제33대 성덕왕(聖德王) 때다. 강릉태수로 부임하던 순정공(純正公)이 바닷가에 이르러 점심을 먹었다. 그 옆에는 높이가 천길이나 되는 벼랑이 마치 병풍처럼 둘러 있고, 그 위에는 눈이 부시도록 아름다운 철쭉꽃이 만발해 있었다.

그 광경을 본 수로부인은 꽃을 갖고 싶은 욕망이 솟구쳐 올라 곁에 있는 사나이들에게 청한다.

"누가 저 꽃을 꺾어다 주겠소?"

아무도 나서는 사람이 없다. 철쭉꽃은 천길 낭떠러지 꼭대기에 피어 있고, 그래서 그 꽃을 꺾으려면 목숨을 걸어야 하기 때문이다.

그때, 암소를 끌고 지나가던 한 노인이 부인의 말은 들었다. 노인은 조금도 주저하지 않고 꽃을 꺾어다 주고 노래까지 지어 바쳤다.

질붉은 바윗가에
잡고 가는 암소를 놓으시고
나를 부끄러워하지 않는다면
꽃을 꺾어 바치 오리다.

노인이 수로부인에게 바친 이 노래를 후세 사람들은 '헌화가(獻花歌)'라고 하는데, 음미할수록 의미심장한 뜻을 내포하고 있다.

옛부터 꽃은 여자를 상징하며, 성행위를 은유적인 표현으로 '꽃을 꺾는다'고 한다. 수로부인이 꽃을 꺾어 달라고 앙탈을 부린 것은 프로포즈로 해석할 수 있다. 그것도 버젓이 남편이 곁에 있는데도 불구하고 다른 사내들에게 대담하게 꼬리를 치고 있는 것이다.

이 설화에서 철쭉꽃이 깎아지른 듯한 천길 낭떠러지 꼭대기에 피어 있다는 것과 노인이 그 꽃을 꺾었다는 사실은 매우 흥미롭다. 전자는 (그 시대에) 유부녀와 간통하는 것은 목숨을 걸어야 할만큼 위험한 일이라는 것을 암시하고 있는 듯하다. 후자는 수로부인의 아름다움의 반한 노인이 죽음을 무릅쓰고 위험을 감수했다는 것으로 해석할 수 있다.

그렇다면 왜 다른 젊은 사내들은 수로부인의 유혹을 받아들이지 않았을까? 이 점이 매우 난해한 대목인데, 아름다움의 인식에 대한 차이 때문은 아닐까? 즉 현실적인 면에만 매어 있는 종자(從者)들이나 세상 물정에 경(輕)한 젊은 이들은 도저히 심오한 미(美)를 알아볼 수 없다. 심오한 아름다움은 지혜롭고 세상 경험이 풍부한 사람이라야 알아볼 수 있다는 것을 말하려고 노인을 등장시킨 것은 아닐까?

만약 그렇다면, 수로부인은 내면의 아름다움과 외면의 매력을 동시에 지니고 있었고, 노인은 여자 중의 여자를 가려내는 날카롭고 예리한 감정가의 눈을 가진 인물이었으리라.

이 노래의 작자를 흔히 실명노인(失明老人)이라 하는데, 국문학과 교수로 있는 필자의 친구는 실성노인(失性老人)이라고 빈정댔다. 멀쩡한 젊은이도 못해낸 일을 노인이 거뜬히 해냈으니, 어디 제정신으로 했겠느냐는 얘기이다.

어쨌든 수로부인이 꼬리를 치자 노인은,

"나를 부끄러워하지 않는다면 꽃을 꺾어 바치오리다."

하고 그녀의 유혹에 대한 화답을 보낸다. 그 후 그들은 어떻게 했는가!

'헌화가'와 연결되어 전해지는 것이 '해가사(海歌詞)'인데, 그 내용은 이렇다.

수로부인과 노인이 만난 날로부터 이틀 후에 사건은 발생된다. 순정공 일행은 바다에 연해 있는 임해정(臨海亭)이란 곳에서 점심을 먹고 있는데, 불현듯 해룡(海龍)이 나타나 수로부인을 납치하여 바닷속으로 들어가 버린다. 순정공은 깜짝 놀라 발을 구르며 안타까워했으나 어쩔 도리가 없다.

그때 한 노인이 나타나 말한다.

"옛말에 여러 사람의 입은 쇠도 녹인다고 했습니다. 그러니 바다의 짐승이라 하더라도 어찌 여러 사람의 입을 두려워하지 않겠습니까? 이 고장의 백성들을 모아서 노래를 지어 부르고 막대기로 언덕을 치면 부인을 찾게 될 것입니다."

순정공은 노인이 일러주는 대로 했다.

거북아 거북아 수로를 내놓아라.
남의 아내를 앗은 죄 그 얼마나 큰가.
네가 만일 어기어 내놓지 않으면
그물로 잡아서 구워 먹으리.

많은 사람이 모여 이 노래를 부르며 막대기로 언덕을 치자, 용이 수로부인을 데리고 바다에서 나왔다.

순정공은 부인에게 바닷속에서 있었던 일을 물었다. 수로부인은 꿈을 꾸는 듯한 목소리로 대답한다.

"일곱 가지 보배로 지은 훌륭한 궁전이 있었습니다. 그곳의 음식은 달고 맛있고 향기롭기가 이루 말할 수 없어서 이 세상에서는 찾아볼 수 없는 것이었습니다."

이렇게 말하는 부인의 옷에서는 인간 세상에서 맡아 볼 수 없는 이상한 향내가 풍겼다.

수로부인이 어디론가 납치된 것은 그뿐만이 아니었다. 그녀는 이 세상 누구와도 견줄 수 없을 만큼 아름다워서 깊은 산이나 큰 못을 지날 때마다 번번이 신물(神物)들에게 납치되어 지내다가 돌아오곤 했다.

용(龍)은 상상의 동물이다. 그리고 임금을 상징하기도 한다. 임금이 앉는 자리를 용상(龍床)이라 하고, 임금의 얼굴을 용안(龍顔), 집무시에 입던 옷을 용포(龍袍)라고 한다.

'해가사'에서 말하는 용은 혹시 임금이나 왕족(王族)이 아닐까? 그래서 그 막강한 힘에 대항하는 방법을 '여러 입(여론)'에 의존하지 않았을까? 옛부터 '민심은 천심'이라 했던 것을 상기해보면 전연 엉뚱한 추측은 아닐 것이다.

용이 수로부인을 납치한 것은 그녀의 미모에 혹(惑)해서이다. 다시 말해서 섹스가 주목적이다.

그런데 외간 남자의 품에 안겨 간통을 하고 돌아온 그녀의 태도는 어떠한가. 죄책감은 조금도 느끼지 않고 오히려 강한 미련을 버리지 못하고 있다.

"일곱 가지 보배로 지은 훌륭한 궁전, 음식은 달고 맛있고 향기롭기가 이루 말할 수 없어서……."

부인은 이런 말로 황홀했던 섹스 체험을 대담하게 고백하고 있는 것이다. 그것도 남편에게 자랑스럽게.

또 부인의 옷에서 향내가 물씬 풍겼다는 것도 역시 섹스를 상징하는 대목이다. 향기는 인간의 정신을 고양시킨다. 때문에 향수와 향은 어느 시대, 어느 문화를 막론하고 성욕과 연결되고 있다.

그리고 여러 차례 '신물(神物)'들에게 납치당했다는 것은 그녀의 방종한 성품을 말해주고 있다. 여러 남자와 문란한 섹스를 즐겼다는 것을 의미하는데, 이런 것들을 따져 볼 때 수로부인은 정조관념이 거의 없는 신라 최고의 플레이걸이 아니었을까?

처용의 아내

서울의 밝은 달밤에
밤 깊도록 놀다가
들어와 잠자리를 보니
다리가 넷이로구나
둘은 내 아내 것이고
둘은 누구의 것인가
본디 내 것이었지만
빼앗긴 것을 어찌하리.

〈처용가(處容歌)〉는 대담한 신라 여인의 탈선을 고발하고 있다. 미모가 빼어났던 처용의 아내는 외간 남자를 집으로 끌어들여 보란듯이 정을 통한다. 그 광경을 남편이 목격한다. 그때 처용의 심정은 어떠했을까? 만일 당신의 눈으로 당신의 아내가 외간 남자와 정을 통하고 있는 광경을 목격했다면, 과연 당신은 어떤 행동을 취할 것인가!

처용은 아내가 외간 남자와 얽혀 있는 현장을 보고도 분기탱천하지 않았다. 심증적으로 미루어 그 심정은 형용할 수 없을 정도로 참담했겠지만, 또 피가 역류하여 참을 수가 없었겠지만, 처용은 간통한 두 사람을 죽이네 살리네 하지 않았다.

처용은 '빼앗긴 것을 어찌하리' 하면서 체념의 노래를 부르고 있다. 그렇게 용서할 수 없는 부정을 용서한 처용의 관용은 처용무(處容舞)를 만들었고, 액막이민속 타추희(打芻戱)를 만들었다.

처용의 슬픔은 인간의 역사가 있는 곳에서는 계속되어 왔다. 다음의 이야기는 오래전 필자의 동네에서 있었던 실화이다.

이발사 김상운(金相雲) 씨는 현대판 처용이었다.

그의 아내는 얼굴이 제법 반반했다. 호리호리한 몸매에 콧날이 날카롭고 눈매가 강렬했다. 그런 외모처럼 성격도 냉정하여 동네 사람들과 친화하지 못했다.

김상운은 몸집이 왜소하고 빈상(貧相)의 얼굴을 소유한 사나이였다. 동네 아이들에게는 한없이 무서웠지만, 그 아내를 비롯한 동네 어른들에게는 무시당하고 살았다.

필자가 소학교 4학년 때까지는 꼭꼭 김상운의 이발소에서 이발을 했다. 그런데 그의 이발 실력은 별로였다. 그가 이발을 해주면 마음에 들지 않아 불만이 컸다.

그래서 한번은 이웃 마을 이발소에서 이발을 하고 오는데, 그가 나를 붙잡고 머리에다 꿀밤을 먹였다.

"왜 때려요!"

나는 항의했다.

"이놈아, 옆에 이발소를 놓고 멀리까지 가서 이발을 하라고 느그(너희) 어미가 시키더냐, 앙!"

김상운은 다시 나에게 꿀밤을 먹였다. 그때 나의 외삼촌이 그 광경을 보았다. 외삼촌을 본 순간 나는 큰소리로 울기 시작했다. 내가 울자 풍채가 당당하고 성격이 괄괄한 외삼촌은 눈을 부라리며 성큼성큼 다가왔다.

"당신, 애를 왜 때려!"

외삼촌의 호통에 김상운은 꼼짝도 못했다.

"삼촌, 저 아저씨가 무지하게 아프게 꿀밤을 먹였어. 다른 이발소에서 이발을 했다고 하면서……."

나는 일부러 더욱 서럽게 울었다. 울면서 고자질했다.

"느그 어머니가 그렇게 시키더냐고 하면서 막 때렸어. 왜 죄 없는 우리 엄마를 들먹여……."

외삼촌은 자기 누님의 일이라면 물불을 가리지 않는다. 나는 그것을 잘 알기에 외삼촌의 성질을 자극시켰다.

아니나 다를까. 외삼촌은 불처럼 화를 냈다.

"당신이 정말 그랬어? 내 누님을 들먹거리면서 내 조카를 때렸어?"

"그, 그게 아니라……."

외삼촌의 서슬에 질린 김상운은 우물쭈물 변명을 하려고 했다. 그러나 나이에 비하여 몹시 영악스러웠던 나는 그가 변명하는 것을 허락할 수 없었다. 억울하게 꿀밤을 먹은 것이 너무도 분했기 때문이었다.

"아저씨가 울(우리)엄마를 막 욕했잖아요! 잡년 어쩌구

하면서 말예요."

나는 슬쩍 거짓말을 보태어 외삼촌의 부아를 돋우었다.

"내, 내가 언제 그랬어?"

김상운은 팔작 뛰었다.

"그랬잖아요!"

"이, 이놈이 사람 잡네……."

김상운이 외삼촌과 나를 번갈아 보면서 당치도 않다는 표정을 지으며 말을 더듬었을 때, 나는 바락바락 악을 쓰며 없는 사실을 만들어 버렸다.

"아이가 거짓말을 하겠어? 당신, 안되겠구만."

외삼촌은 김상운의 멱살을 잡고 뺨을 힘껏 후려친 다음에 그를 땅바닥에 패대기쳤다. 어쨌든 그날 김상운은 나의 외삼촌에게 호되게 경을 쳤다.

그런 일이 있은 후에 나는 한동안 김상운의 눈을 피해 다녀야 했다. 지은 죄가 있었기 때문에.

그러던 어느 날, 동네에 큰 소동이 벌어졌다.

"동네 사람들은 모두 회관 앞으로 모이시오! 좋은 구경거리가 있습니다……."

군복무 중이던 김상운의 큰아들 천수가 몹시 흥분한 목소리로 방송을 하여 사람들을 모으는 것이었다.

어머니를 따라서 나도 회관 앞으로 갔다. 그런데 거기에는 놀라운 일이 벌어지고 있었다. 김상운의 아내와 동네 아저씨가 파랗게 질려 회관 문앞에 꿇어앉아 있고, 김상운은 자기의 큰 아들에게 인정사정없이 얻어맞고 있는 것이었다.

"에구머니나! 천수가 제 어미와 권씨를 목포에서 붙잡아 왔대요."

"눈에 보이는 것이 없겠지."

"하기야, 지(제) 어미가 간통한 현장을 붙잡았으니 눈이 뒤집힐만도 하겠지. 끌끌……."

동네 사람들은 저마다 한마디씩 했다. 김상운의 아내와 김상운의 절친한 친구인 권씨가 정을 통하여 목포로 도망을 쳤는데, 천수가 탈영을 하여 찾아 헤매다가 그 현장을 붙잡아 두 사람을 끌고 온 것이었다.

"이 병신 같은 새끼야! 니(너)가 병신 짓을 하니까 저년이 놀아나는 거야!"

천수는 입에 담을 수도 없는 추잡한 욕설을 하면서 자기의 아버지를 때리는 것이었다.

김상운의 얼굴은 실로 비참했다. 눈퉁이는 시퍼렇게 멍이 들었고, 코피가 터져 얼굴은 온통 피범벅이 되어 있었다. 그런 모습을 하고 아들의 주먹이 무서워 이리저리 피해다니는 모습이 한없이 불쌍하게 보였다.

"누가 좀 말리세요!"

나는 안타까운 마음에서 소리를 쳤지만, 동네 어른들은 누구 한 사람 나서서 말리지 않았다.

천수의 새빨간 눈에서는 번쩍번쩍 불똥이 튀었다. 참으로 소름이 끼치는 무서운 눈빛이었다.

"누가 먼저 유혹했어?"

천수는 자기 어머니와 간부(姦夫) 권씨의 대갈통을 군화발로 제기면서 캐물었다.

"이 개 같은 것들아 빨리 말해!"

천수의 죽일 듯한 으르릉 거림에도 두 사람은 입을 열지 않았다. 그러자 더욱 화가 치민 천수는 두 사람의 머리를 마치 공을 차는 것처럼 뻥뻥 찼다.

무지막지한 천수의 발길질을 이기지 못한 권씨가 마침내 손을 싹싹 비비면서 더듬거렸다.

"자, 잘못했네. 제, 제발 용서해 주게."

"이 새끼야! 개지랄 말고 누가 먼저 유혹했는지 말해."

"자, 자네 어머니가 먼저……."

권씨는 비굴한 목소리로 말했다.

"정말이야?"

"저, 정말이네."

"어떻게 유혹했어?"

권씨는 차마 말을 하지 못하겠다는 표정을 짓다가 고개를 푹 떨구고 흔들어 댔다. 그러자 천수의 군화 뒤꿈치가 사정없이 권씨의 등을 찍었다.

천수는 정말 잔인했다. 어떻게 유혹을 했는지, 맨처음 어디서 했는지, 맛은 좋았는지, 몇 번이나 했는지를 꼬치꼬치 캐물은 다음에 그 시늉까지 하게 했다.

"팔짱 껴!"

천수는 간통한 두 사람을 팔짱 끼게 하여 스스로 경찰서까지 걸어가도록 만들었다.

그런 일이 있은 후 김상운 일가는 마을을 떠났다. 서울에 있느니 인천에 있는니 하는 풍문이 끊이질 않았다. 김상운 씨가 너그러이 마누라를 용서하고 다시 산다는, 꽤나 신빙성 있는 소문도 들렸다.

필자는 그 소문이 사실인지 거짓인지를 확인하지 못했다.

그러나 김상운 씨가 불륜을 저지른 아내의 잘못을 용서하고 다시 살고 있다고 하더라도 그리 놀라운 일은 아니라고 생각한다. 세상의 아내들은 불륜을 저지른 남편을 곧잘 용서하는데, 남편이라고 그러지 말란 법은 어디에 있겠는가.

어쨌든 처용의 아내는 외간남자와 거리낌없이 불륜을 저지른 대담한 여자였다. 그리고 처용의 아내처럼 본능에 용감무쌍한 신라의 여성들은 아직도 많다.

까마귀가 밀고한 간통 사건

신라 제21대 비처왕(毗處王; '소지왕·炤智王'이라고도 함) 때는 비빈(妃嬪)이 중과 간통하는 엄청난 사건이 생긴다.

서기 488년 어느 날, 왕은 천천정(天泉亭)으로 나들이를 나갔다. 그때 까마귀와 쥐가 나타나 시끄럽게 울어대더니 쥐가 사람의 말로 지껄였다.

"이 까마귀가 날아가는 곳을 따라가 보시오."

이에 왕은 말탄 군사를 시켜 까마귀의 뒤를 따르게 했다. 군사는 남족으로 날아가는 까마귀를 따라 피촌(避寸; 지금의 남산 동쪽 기슭)에 도착했는데, 그곳에서는 돼지 두 마리가 격렬하게 싸우고 있었다. 군사는 돼지들의 싸움에 정신이 팔려 한참을 구경하다가 그만 까마귀를 놓치고 만다.

"어이쿠, 큰일 났구나!"

당황한 군사는 까마귀를 찾아 그 근처를 헤매고 있는데, 한 노인이 나타나 편지 한 통을 준다. 그 편지의 겉봉에는 다음과 같은 글이 씌어 있었다.

"이 편지를 뜯어 보면 두 사람이 죽고, 뜯어 보지 않으면 한 사람이 죽을 것이다."

군사는 편지를 가지고 급히 돌아가 왕에게 바쳤다. 왕은 겉봉에 씌어 있는 글을 읽고 나서 말했다.

"두 사람이 죽는 것보다는 한 사람이 죽은 것이 낫겠다. 그러니 이 편지는 뜯어보지 않는 것이 좋겠다."

곁에 있던 일관(日官)이 왕의 말을 듣고 아뢰었다.

"두 사람이란 서민(庶民)이요, 한 사람이란 다름 아닌 왕을 가리키는 말입니다."

비처왕은 일관의 말도 일리가 있는 듯 싶어 편지를 뜯어 보았다.

"금갑(琴匣)을 쏘아라!"

편지에는 이 말이 적혀 있었다.

왕은 곧 궁궐로 돌아가 금갑을 향해 활을 쏘았다. 그러자 내전(內殿)에서 분향(焚香)하는 중과 궁주(宮主; 비빈)가 화살에 맞아 죽었다. 그들은 서로 눈이 맞아 간통한 후 왕을 죽이기 위해 몰래 금갑 속에 숨어 있었던 것이다.

까마귀의 밀고로 목숨을 구한 왕은 까마귀에게 보은하기 위하여 까마귀 털빛의 약식(藥食)과 여러 음식을 대접하였다 이때부터 정월 대보름을 오기일(烏忌日)이라 하고 약식을 해 먹는 풍습이 생겼다. 이것을 이언(俚言)으로 달도(怛忉)라 하는데, 슬퍼하고 근심하면서 모든 일을 금기한다는 말이다.

한국에 불교가 처음 들어온 것은 고구려 소수림왕 2년(서기 372년)에 순도스님이 중국으로부터 전해왔다. 불교는 경제 · 사회 · 문화 등 삶의 방법에 익숙치 못했던 삼국시대 초기에 이 땅에 들어와 고대 신앙이나 고유 습속 등 전래의 문화와 잘 융화하여 훌륭한 민족문화의 근간을 형성했다는 것을 부정할 수는 없다.

그러나 방만한 봉불정책(奉佛政策)으로 인하여 막강한 영향력을 행사하게 된 승려들의 폐단도 적지 않았다. 그들은 국가 권력을 향유하기도 하고, 부녀자를 유혹하여 파렴치한 음란행위를 하기도 했다. 그래서 문집마다 파계승(破戒僧)들의 이야기가 수두룩하다.

원시불교 이래 승려들은 재가(在家)의 애욕 생활을 떠나 출가하여 독신으로 걸식하며 사는 것을 이상으로 삼았다. 승당규정(僧堂規定)에는 식사 등을 조직적으로 제한함으로써 에로스적 감성을 억합하는 방법이 상세하게 기술되어 있다. 즉 고기를 먹지 않으며, 다섯 가지 냄새 나는 양념을 일체 먹지 않는다. 마늘·부추·파·달래·홍거를 '오신(五辛)'이라 하여 금하는데, 홍거(興渠)는 한국이나 중국에는 나지 않는다.

식생활을 제한하는 것은 수행하는 데에 정신을 맑게 하고 '삿된 욕심'을 억제하기 위한 수단이다. 여기에서의 '삿된 욕심'이란 말할 것도 없이 '성욕(性慾)'을 뜻한다.

부처님께서도 색욕이 수도하는 데 가장 방해가 된다고 말씀하셨다.

"이런 것이 하나뿐이기에 다행이지, 만약 색욕 같은 것이 둘만 되었던들 천하에 수도할 사람이 하나도 없을 것이다."

이렇듯 스님은 에로스적 감성을 억압하여 승화시켜야 하는 수도자이다. 이런 수도자가 감히 왕의 소유인 비빈과 간통했다는 사실은 천지가 개벽을 할 섹스 스캔들이 아닐 수 없다.

비빈의 간통 사실을 알게 된 비처왕은 엄청난 충격을 받았을 것이다. 그리고 여자는 한번쯤 의심해 볼 필요가 있다고 느꼈을 것이다. 아무리 정숙한 여자라도 절대적으로 믿어서는 안된다는 교훈을 남자들에게 주기 위하여 '오기일'을 만든 것은 아닐까? 이를테면 정숙한 아내라도 은밀히 뒷조사를 해보라는 충고인 것이다.

여자들에게는 세상에 비밀이 없다는 사실을 주지시키고 싶었는지도 모른다. 즉 간통과 같은 못된 짓을 하면 까마귀가 밀고를 하여 틀림없이 들킨다. 들키면 죽는다. 그러므로 여자들은 약식을 먹을 때마다 그 사실을 상기하고 불륜을 저지를 생각을 품지도 말아라, 이런 뜻이 숨겨져 있는 것은 아닐까?

금단의 열매를 따먹은 스님

신라 때는 유난히 굵직굵직한 섹스 스캔들이 많았다. 원효대사와 요석공주의 얽힘과 김춘추와 문희(文姬)의 에로스는 그중 백미(白眉)라고 할 수 있다. 이들의 러브 스토리를 보면 그 시대의 남녀교제가 상당히 자유스러웠다는 것을 알 수 있다.

훌륭한 스님도 들끓는 성욕을 완전히 주체할 수는 없는가보다. 원효대사가 그랬다. 대사가 하루는 춘의(春意)가 동하여 거리에서 노래를 지어 불렀다.

누가 나에게 자루 빠진 도끼를 빌려주련가.
내가 하늘을 받칠 기둥을 깎으리라.

원효대사가 지어 부른 노래의 뜻은 자명하다. 쐐기모양 쇠날의 머리 부분에 구멍이 뚫려 있는 도끼날은 외관상 여자의 생식기와 비슷하다. 그리고 그 구멍에 단단한 나무 자루를 박는 것을 성행위를 상징한다고 할 수 있다.

그렇다면 '자루 빠진 도끼'는 무엇을 의미하겠는가? 이미 뚫려 버린 여자의 생식기에 남자의 생식기가 없는 상태, 즉 과부를 의미하며, 과부를 빌리고 싶다는 말은 강렬한 섹스욕구의 표현이다.

중이 과부를 빌려 섹스를 하겠다는 말은 크나큰 망발이 아닐 수 없다. 출가한 몸으로서는 차마 입에 담을 수 없는 말을 했기 때문에 사람들은 그 노래의 뜻을 깨닫지 못한다. 그러나 연애 문제에 일가견이 있는 태종무열왕(太宗武烈王)—그는 김유신의 동생 문희와 섹스 스캔들을 일으킨 장본인이다—은 즉시 그 뜻을 알아차린다.

"아마 대사가 귀부인을 얻어 훌륭한 아들을 낳고 싶어하는 듯하다. 나라에 큰 현인이 있으면 그 이익이 막대할 것이다."

태종무열왕은 이렇게 생각하고 궁리(宮吏)를 시켜 원효를 불러오도록 했다. 마침 요석궁(瑤石宮)에 과부 공주가 있었기 때문에 두 사람의 섹스를 과감하게 허락한 것이다.

왕명을 받들어 궁리가 원효를 찾으러 나갔다. 이때 원효는 문천교(蚊川橋)를 지나다가 궁리를 보고 일부러 물속에 빠져 옷을 적신다. 과부 공주와의 합궁을 스무드하게 속전속결로 해결하려고 계책을 부린 것이다.

원효의 계책대로 일은 일사천리로 진행된다. 궁리가 물에 흠뻑 젖은 원효를 요석궁으로 인도한다. 공주는 원효의 옷을 갈아 입히고 말리게 하면서 이심전심으로 마음이 통하게 된다.

그 뒤의 이야기는 굳이 설명할 필요도 없다. 흡사 물고기가 물을 만난 것처럼, 7년 대한(大旱)에 단비를 만난 심정으로 중과 과부가 칡뿌리처럼 얽키고 설킨 것이다. 그리하여 낳은 자식이 설총(薛聰)이다.

원효대사의 파계는 상당히 미화되어 전하는 것을 부정할 수 없다. 중이 계율을 어기고 과부와 상관하여 자식을 낳은 것은 분명히 지탄 받아야 마땅한 일이다. 그럼에도 불구하고 그런 탈선이 오히려 원효라는 인물을 부각시키고 있는 것은 무엇일까?

그가 《화엄경》, 《금강삼매경론》 등 뛰어난 저서를 남긴 사상가일 뿐만 아니라 당시 왕실 중심의 귀족 불교를 민중 불교로 바꾸는데 크게 기여했기 때문일 것이다. 또한 신라의 10현(賢) 가운데 한 사람인 아들(설총)을 파계로 인하여 얻었기 때문에 원효의 탈선이 미화된 것이리라.

하지만 원효의 탈선을 미화함으로써 비롯된 부작용도 적지 않다. 그 이후 많은 중들이 원효의 탈선 행각을 본받아 부녀자들과 추잡하게 놀아왔고, 그것을 원효의 파계에 비유하여 스스로의 불륜을 합리화시켰으니 말이다.

또한 바람둥이 남성들에게 얼마나 그럴듯한 변명거리를 제공했는가? 원효대사처럼 위대한 스님도 욕정에 못이겨 파계를 했는데, 하물며 나와 같은 보통 남자가 어쩌구 저쩌구하면서…….

원효의 파계를 적극적으로 도운 사람은 태종무열왕이다. 그는 일찍이 총각 시절 처녀를 임신시킨 전력이 있는 사나이인만큼 섹스를 밝혔고, 또한 남녀 심리에 밝았다고 할 수 있다. 그랬기에 기꺼이 과부인 공주와 원효의 정사를 허락할 수 있었을 것이다.

김춘추와 문희의 만남은 극적인 요소가 강하다. 결국 해피 엔딩으로 끝났기에 망정이지, 그렇지 않았다면 참으로 비극적인 이야기를 역사책에 남길 뻔했다.

문희가 왕과 혼인하기 전, 즉 처녀 때의 일이다. 어느 날 밤, 문희의 언니 보희(寶姬)가 이상한 꿈을 꾼다. 서악산에 올라가 오줌을 누었는데, 그 오줌이 온 서울에 가득히 차오르는 꿈이었다.

아침에 일어나서 보희는 동생 문희에게 꿈 이야기를 했다. 그러자 문희가 대뜸 말했다.

"언니, 내가 그 꿈을 사겠어요."

"그런 망측한 꿈을 사겠다니……, 그래 꿈값으로 무엇을 주겠니?"

"내 비단치마를 주면 되겠어요?"

"좋아, 그렇게 하자."

문희는 옷깃을 벌려 꿈을 받는 시늉을 했다.

"어젯밤 꿈을 너에게 판다."

문희는 약속대로 언니에게 비단치마를 주었다.

그런 일이 있은 지 10일쯤 지나 정월 대보름날이 되었다.

김유신은 자기 집앞에서 김춘추와 축국(蹴鞠 ; 신라 사람들은 축국을 '농주희 · 弄珠戱'라 하였다)을 하다가 일부러 김춘추의 옷을 밟아 옷고름을 떨어뜨렸다.

"이거 내가 실수를 했구료. 우리 집에 들어가서 옷고름을 달도록 합시다."

유신은 춘추를 데리고 집으로 들어가서 언니 보희에게 춘추의 옷고름을 달아주라고 말했다.

"어떻게 그런 하찮은 일 때문에 경솔히 귀공자를 가까이 하겠습니까?"

보희가 이렇게 말하며 사양했다('고본·古本'에는 병 때문에 나오지 못했다고 했다). 그래서 문희에게 부탁했는데, 그녀는 망설이지 않고 춘추의 옆에 앉아 정성껏 옷고름을 달아 주었다.

이 사건으로 인하여 춘추와 문희는 눈이 맞았고, 마침내 문희는 처녀의 몸으로 임신을 하기에 이르렀다.

"네가 부모님께 알리지도 않고 아이를 배다니, 도저히 용서할 수 없다."

유신은 문희를 심하게 나무라고, 문희를 불태워 죽인다고 널리 소문을 퍼뜨렸다.

그러던 어느 날, 당시의 임금인 선덕여왕은 남산으로 산책을 나갔다. 유신은 그와 때를 맞추어 집 뜰에다 나무를 쌓아놓고 불을 질러 연기가 치솟게 했다.

"제게 웬 연기요?"

왕이 묻자 신하들이 대답했다.

"아마 김유신이 그의 누이동생을 불태워 죽이는 모양입니다."

"누이동생을 불태워 죽인다고? 무슨 까닭으로……?"

"예, 마마. 시집도 안 간 누이가 아이를 가졌기 때문이라고 합니다."

"그래요? 그렇다면 누가 그런 일을 저질렀단 말이오?"

그때 여왕을 모시고 있던 김춘추의 얼굴빛이 크게 변했다. 그 모습을 보고 여왕은,

"이는 네 소행이구나. 속히 가서 그녀를 구하거라."

하고 명령했다.

그래서 김춘추는 황급히 말을 달려 김유신의 집으로 가서 왕명을 전했다. 그뒤 김춘추는 정식으로 혼례를 올려 문희를 아내로 맞이했다.

이야기를 보면 그 당시에 처녀가 임신하면 화형(火刑)시켜 죽이는 풍습이 있었음을 알 수 있다. 그렇게 무서운 풍습이 있었음에도 불구하고 미혼남녀가 육체관계를 맺었다는 사실이 바로 에로스의 본질이라 할 수 있다.

인간이 사랑에 깊이 빠지게 되면 죽음을 불사하게 된다. 당장 충동적인 감정을 가누지 못하여 뒷일을 생각하지 못하게 되는 것이다.

또한 이렇게도 생각해 볼 수 있다. 수로부인이나 비처왕의 비빈, 처용의 아내가 대담하게 간통한 경우를 보면, 신라 여성들이 기질적으로 몸을 가볍게 놀렸을 가능성도 크다. 정열적인 성품을 지녔기에 피가 뜨거워지는 것을 참지 못하고 남녀가 만나면 이내 뒤엉켰던 것은 아닐까?

어쨌든 원효와 요석공주, 김춘추와 문희 커플은 본능에 적극적이었다. 솟구치는 열정을 액티브하게 표현했을 뿐만 아니라 상대방도 적극적으로 수용하여 시원스럽게 서로의 욕구를 만족시킨 것이다.

본능에 적극적이었던 신라인의 기질, 바로 그것이 전형적인 한국인의 기질이 아닐까?

신라의 여왕들

신라에는 세 명의 여왕이 있었다. 선덕(善德) · 진덕(眞德) · 진성(眞聖)이 신라를 통치했던 여왕들인데, 이것은 그 시대 여성의 위상을 반증하는 것이기도 하다.

신라 제 27대 선덕여왕은 진평왕의 장녀로 화백회의(和白會議)에서 왕으로 추대되었다. 문헌을 보면 여왕의 성품은 관후하고 인자하며 세상 이치에 밝았다고 기록되어 있다.

신라의 법속으로 여왕은 배필을 두지 못하게 되어 있었다. 따라서 이론상으로 여왕은 죽을 때까지 처녀였다는 이야기가 되는데, 선덕여왕의 성지식으로 보면 그녀의 행실이 자못 의심스럽다.

당 태종이 홍색 · 자색 · 백색의 3 색으로 그린 모란꽃 그림과 그 씨앗 3 되를 신라 왕국으로 보내왔다. 여왕은 그 그림을 보고 말했다.

"이 꽃은 아름답지만 반드시 향기가 없음을 것이다."

그 꽃의 씨앗을 뿌려 피어난 꽃의 향기를 맡아보니 과연 여왕의 말대로였다.

"어떻게 모란꽃의 향기가 없음을 아셨습니까?"

신하들이 묻자 여왕은 이렇게 대답했다.

"꽃그림에 벌과 나비가 없어 향기가 없는 것을 알았소. 이는 틀림없이 당나라 황제가 배필이 없는 나를 놀린 것이 분명하오."

당 태종의 놀림에 모멸감을 느꼈음인가! 그후 선덕여왕은 몇 사람의 사나이들을 궁중 깊숙히 불러들여 섹스를 즐겼다는 '기담(奇譚)'이 전한다.

섹스는 자연의 이치이기 때문에 여간해서는 거스리지 못한다. 여왕 또한 인간이므로 예외일 수는 없었으리라.

서라벌 왕궁에도 봄은 찾아왔다. 봄은 만물이 생동하는 계절이 아닌가. 인간도 자연의 일부여서 봄바람의 영향에서 벗어날 수는 없었다. 특히 여자는 더욱더.

여왕의 보령 스물 아홉……, 한창 나이인 여왕의 고독한 가슴에 봄기운이 스며드는 것을 어찌할 수가 없었다. 낮에는 국무(國務)를 보느라 외로움을 느낄 겨를도 없는데, 밤에 자리에 들기만 하면 잠도 잘 오지 않고 뼛속까지 외로움이 스며드는 것이다.

여왕은 자장(慈藏)이란 명승을 곁에 두고 모든 것을 문의도 하고 위로의 설법을 듣기도 했다. 그러나 구구절절 주옥같은 부처님의 말씀도 그녀의 여자로서의 외로움을 달래주지는 못했다. 독실한 불제자 자장법사가 어떻게 여왕의 육체적인 외로움까지 달래줄 수 있겠는가.

봄바람에 꽃향기가 날리는 어느 날 깊은 밤, 여왕은 긴 한숨을 내쉬었다.

"왕위라는 것은 이처럼 고독한 자리인가. 차라리 내가 필부였더라면……."

여왕은 오순도순 부부의 정을 나누며 살아가는 필부필부(匹夫匹婦)의 삶이 은근히 부럽게 느껴지는 것이었다. 그들에게는 비록 왕이 누리는 권세와 풍요와 호화로움은 없지만, 그것이 무어 대단한 것인가 하는 생각이 자꾸만 드는 것이었다.

하루는 젊은 사량(沙梁) 태수가 신임되어 알현을 왔다. 그는 보기 드문 헌헌장부였다. 그런 사내를 보는 순간 여왕의 가슴은 자기도 모르게 설레이기 시작했다.

"경은 올해 몇 살인가?"

"스물 다섯이옵니다."

"흠……."

여왕의 눈빛이 강렬하게 반짝이는가 싶더니 이내 부드러운 음성이 흐른다.

"경은 물러가지 말고 궁에 머물라. 저녁에 사찬이 있을 터이니."

저녁을 먹고가라는 우악(優渥)한 분부이시다.

"성은이 망극하여이다."

젊은 태수는 황송하여 몸둘 바를 몰라하는데, 여왕은 말없이 그윽한 미소를 보낼 뿐이다.

이윽고 밤이 되었다. 하릴없이 궁궐을 배회하던 신임 사량태수는 궁녀에 의하여 어느 곳으로 인도된다. 그 장소가 여왕의 침전과 근접한 곳에 있고, 더우기 사찬(賜饌)을 받는 사람은 자기 혼자뿐이 아닌가. 젊은 사량태수는 갑자기 가슴이 벌렁벌렁 뛰기 시작한다.

'마마께서 어쩌시려고 이토록 지밀한 곳으로 나를…….'

태수는 떨리는 가슴을 주체하지 못한채 수라상 저편에 앉아 있는 여왕을 보았다. 그러자 여왕은 고혹적인 미소를 눈가에 매달고 나직하게 입을 연다.

"경은 마음을 편히 하고 많이 드시오."

"마마, 황공하옵니다."

"술을 한잔 하시오."

여왕은 손수 술을 따라준다. 선명한 붉은 빛갈의 감홍주(甘紅酒)가 금잔에 넘실거린다.

"마마, 황공하옵니다."

태수는 분에 넘친다는 표정으로 고개를 옆으로 돌려 술을 마신다. 말로 형용할 수 없는 향기와 독특한 맛이 혀끝을 간지럽히며 목구멍을 넘어간다.

"한잔 더 받으시오."

"마마, 황공하옵니다."

태수는 여왕이 권하는대로 감홍주를 받아마셨다.

술은 정직하다. 술은 사람을 속이지 않는다. 마시면 마신만큼 취하는 것이 술이 아닌가. 얼근히 취하며 다소 용기가 생긴 태수는 수라상 저편의 여왕을 보았다. 여왕의 옥안도 꽃빛으로 물들어 있다. 발갛게 상기된 모습이 그렇게 아름답고 매혹적일 수가 없다.

'참으로 아름다운 분이시다!'

태수는 술에 취하고 여왕의 미모에 취하여 정신이 몽롱해진다. 잠시 사나이로서 강한 욕망이 대뇌를 스치고 지나간다. 그러나 그것은 아무리 갈망한다 한들 이루어질 수 없는 괴로운 꿈이 아닌던가.

'후—.'

태수는 자기도 모르게 안타까운 체념의 한숨을 내쉰다.

"자, 한잔 더 하시오."

"마마, 그저 성은이 하해와 같사옵니다."

"성은이라고……? 호호호……."

여왕은 간드러지게 웃다가 뜻밖의 분부를 내리신다.

"경은 이쪽으로 오시오."

"네?"

"과인의 곁으로……."

여왕의 음성도 약간 떨리는 듯 하였다.

"마마, 황공무지로소이다."

"주저하지 말고 빨리……."

누구의 분부인데 감히 거역할 수 있겠는가. 태수는 여왕의 곁으로 자리를 옮긴다. 그러는 그의 가슴 속에는 방망이가 한 열개쯤 심장을 마구 두드려 대는듯 하다.

"경은 참으로 헌헌장부구료."

"네?"

"옷을 벗으시오."

"……."

태수는 자신의 귀를 의심하며 주위를 둘러본다. 수라상은 방안에 그대로 있고, 휘황한 대황초가 조용히 타오르고 있다.

"어서 옷을 벗으시오."

여왕이 다시 말했을 때 젊은 태수는 갑자기 무서운 공포가 엄습함을 느낀다. 등골이 오싹해 지고 손에 진땀이 밴다. 신하의 몸으로 여왕을 범하고도 살아남을 수 있겠는가!

"경은 뭘하고 있는 게요. 옷을 벗으라는데……."

"왕명이시옵니까?"

태수가 떨리는 목소리로 묻자 여왕은 고개를 끄떡이며 나직하면서도 힘있는 소리로 대답한다.

"그렇소, 왕명이요!"

"황감하옵니다."

"별소리를……."

휘황한 촛불이 순시에 꺼졌다. 그와 동시에 여왕은 태수를 힘차게 부둥켜안는다. 태수의 몸이 사시나무처럼 부들부들 떨고 있다.

"마음을 편히 먹으시오."

여왕은 더욱 태수의 몸을 끌어안으며 속삭이듯 말한다.

"과인도 사람이라오."

젊은 태수는 이 말을 듣는 순간 불길처럼 활활 정열이 불타올랐다.

"아아, 마마……!"

태수는 정말 성심성의를 다하여 여왕의 외로움을 달래주었다. 이날 밤의 정사가 어찌나 뜨겁고 격렬했던지, 다음날 태수는 한 사발이나 되는 검붉은 코피를 쏟았다고 전한다.

이렇게 하여 관능에 눈을 뜨게 된 여왕은 정력 좋고 잘생긴 신하들을 은밀히 불러들여 본능을 충족시키곤 했다.

그래서 여왕의 성지식은 해박했다. 어느해 겨울 영묘사(靈廟寺) 옥문지(玉門池)에 많은 개구리가 모여 사나흘 동안이나 요란스럽게 울어댔다(삼국사기에는 5월로 되어 있다).

사람들이 이를 괴이하게 여겨 왕에게 물었다.

여왕은 급히 각간(角干) 알천(閼川)과 필탄(弼呑)을 불러 명령했다.

"그대들은 즉시 날쌘 군사 200명을 뽑아 서쪽 교외로 가시오. 그곳에서 여근곡이란 곳을 물어서 찾아가 보면 적군이 숨어 있을 것이니 단숨에 습격해서 무찌르도록 하오."

두 각간은 여왕의 명령을 받고 각각 1000명의 군사를 거느리고 서쪽 교외로 달려갔다. 그곳 부산(富山) 기슭에 과연 '여근곡(女根谷 ; 삼국사기에는 '옥문곡·玉門谷'으로 되어 있다)'이란 곳이 있고, 백제군 500명이 숨어 있었다.

두 각간은 군사들을 지휘하여 백제의 장군 우소(于召)를 비롯하여 500명의 적군을 남김없이 죽였다. 그리고 뒤따라 온 1300여 명의 백제군도 쳐서 한 사람도 놓치지 않고 무찔렀다.

신하들이 여왕에게 어떻게 적군이 숨어 있는 것을 알았느냐고 물었을 때, 여왕은 당연하다는 듯이 대답했다.

"개구리의 불거진 눈은 성을 낸 모양으로 군사의 형상이오. 옥문(玉門)이란 여인의 음부(陰部)를 말하는데, 음양의 이치로 따지면 그 색깔은 백색이고, 백색은 서쪽을 나타내기 때문에 군사가 서쪽에 있음을 알았소. 그리고 남근(男根)이 여근(女根)에 들어가면 반드시 죽기 때문에 적군을 쉽게 무찌를 수 있음을 안 것이오."

이 말을 듣고 신하들은 여왕의 지혜(?)에 감탄을 금치 못했다. 처녀가 방사(房事)의 구체적인 사항까지 알고 있었으니 놀랄 밖에.

《삼국사기》를 보면, 당 태종은 여왕이 통치하던 신라를 몹시 업신여기고 있었음을 알 수 있다. 신라는 642년부터 고구려와 백제의 본격적인 침공을 받자 당나라에 사신을 파견하여 구원을 요청한다. 이때 당 태종은 여왕이 통치하기 때문에 양국의 침범을 받게 되었다고 문제점을 지적하고 있다.

647년 상대등 비담(毗曇)과 염종(廉宗) 등 진골귀족들은 당 태종이 지적하였던 여왕통치의 문제점을 들어 반란을 일으켰으나, 김유신과 김춘추에 의해 진압되었다.

선덕여왕의 뒤를 이어 신라 제 28대 진덕여왕이 즉위한다. 그녀는 자질과 미모를 겸비하였다고 전해지며, 에로스와 관련된 이야기는 남기지 않았다.

신라 제 51대 진성여왕은 3명의 신라 여왕 중 마지막 여왕이다. 그녀는 소행이 좋지 못하여 왕위에 오르기 전부터 각간 위홍(魏弘)과 통정했다. 즉위한 후에는 위홍을 항상 곁에 두었고, 위홍이 죽자 궁중에 미모의 소년들을 두고 음행을 일삼았다. 또 자기의 섹스 파트너가 된 미소년들에게 요직을 주었기 때문에 아첨배가 들끓는 등 정치 기강이 한없이 문란했다.

이때를 틈타 각지에서 봉기가 일어났다. 또한 북원(北原)의 도적 양길(梁吉)의 부하 궁예(弓裔)가 세력을 키워 침범하고 견훤(甄萱)이 모반한 후 후백제를 세워 다시 삼국(三國)이 맞서게 되었다. 이리하여 신라는 차츰 쇠락하기 시작하는데, 《삼국사기》의 저자 김부식은 신라의 여왕통치시대를 이렇게 논(論)하고 있다.

"하늘로 말하면 양(陽)은 강하고 음(陰)은 부드러우며, 사람으로 말하면 남자는 높고 여자는 낮은데, 어찌 할머니들이 안방을 나와서 국가의 정사를 단행하겠는가. 신라가 여자를 추대하여 왕위에 앉힌 것은 진실로 난세의 일인데, 나라가 망하지 않은 것은 다행이다. 《서경》에 이르기를 '암탉이 운다' 하였고, 《역경》에 이르기를 '암퇘지가 껑충껑충 한다' 하였으니 이 어찌 경계하지 않을 것인가."

현대 여성들이 들으면 크게 반발할 말을 김부식은 하고 있다. 이것으로 보아 신라시대 이후부터 급격히 여권이 약화된 것으로 보인다.

2

풍속문화 속의 에로스

젖가슴 드러낸 소박한 한국 여인들

지난 92년 봄, 8·15광복 특별기획으로 신세계백화점 본점 미술관에서 〈개화기 서울·평양 사진엽서전〉이 열렸었다. 그 전람회에서 필자는 매우 이채로운 사진 한 점을 보았다. '소박한 한국 여인들'이란 타이틀이 붙은 사진이었는데, 젖가슴을 드러낸 4명의 아낙네와 한 소년이 카메라 앵글 앞에 포즈를 취한 것이었다.

그 사진을 보는 순간 필자의 머리 속에 퍼뜩 떠오르는 민요가 있었다.

모시야 적삼 안섶 안에
연적 같은 저 젖 보라
많이야 보고 가면 병 되나니
손톱만치만 보고 가소.

▶소박한 한국 여인들

모내기를 할 때 부르는 민요의 일부분이다. 이 민요와 개화기 한국 여인들의 사진에는 젖가슴이 스스럼없이 노출되어 있다.

필자는 잠시 혼란스런 느낌을 받았다. 유교사상이 아직도 뿌리가 깊었을 그 시대에 그런 민요가 불리어지고, 젖가슴을 드러낸 아낙네들의 사진이 찍혔다는 사실은 전통사회에 대한 필자의 관념과는 동떨어진 점이 있었기 때문이었다.

그래서 복식에 대하여 관심을 갖고 여러 가지 옛날 문헌을 찾아보았다. 한국의 복식사를 보면, 한국은 상고시대 이래의 전통복식과 중국복식의 이중구조 속에서 변천해 왔다는 것을 알 수 있다. 삼국시대의 복식은 고구려·백제·신라가 대체로 비슷했다고 추정되는데, 그 형태는 무용총 가무도에 잘 표현되어 있다. 남녀 모두 길이가 엉덩이까지 내려오는 저고리〔襦〕를 입었고, 그 아래에 바지〔袴〕를 입었다.

한복은 유(襦) · 고(袴) · 상(裳) · 포(袍)가 중심이 된다. 유는 저고리로서 웃옷을 말하며, 고는 바지, 상은 치마, 포는 두루마기를 일컫는다. 예복과 평상복의 구별이 있었으며, 신분과 성별에 따라 차별이 있고 연령과 계절에 따라서도 차이가 있었다.

한복은 인공을 배제한 자연스러운 아름다움을 추구했기에, 한복에 나타난 선(線)은 보기에 편안하고 곧은 선이 사용되었으며, 섶코나 버선코와 같이 곡선과 곡선이 만나서 독특한 아름다움을 표현하고 있다.

여성복은 삼국시대부터 저고리 · 바지 · 치마의 기본적 구조를 유지해 왔는데, 서민 여자의 평상복은 저고리 · 적삼 · 치마 · 단속곳 · 바지 · 다리속곳 · 버선으로 이루어졌다. 저고리는 깃 · 도련 · 소맷부리의 선이 고려 말에서 조선시대로 오면서 삼회장저고리로 되었고, 또 조선 중기를 기점으로 저고리의 길이가 짧아졌다.

그후 일부 서민층은 복식을 제대로 갖춰 입지 않았던 경향이 있었던 것 같다. 국보 제135호로 지정된 혜원 신윤복의 풍속화 〈어물장수〉를 보면 젖가슴을 반쯤 드러낸 여인을 묘사하고 있다. 또한 단원 김홍도 · 채용신(蔡龍臣) · 최우석(崔禹錫) 등의 그림에도 옷섶 사이로 유방을 드러낸 여인의 모습을 찾아볼 수 있고, 1906년(고종 10) 5월 31일자 〈황성신문〉에는 저고리 길이가 짧아 가슴과 허리가 노출된다 하여 의복을 개량하자는 기사가 실려 있다.

▶ 혜원 신윤복, 어물장수, 비단에 수목담채, 국립중앙박물관 소장.

아무튼 풍속화 및 미인도 등에 나타난 조선시대 여자의 복식미는 저고리의 길이가 짧고 치마를 한껏 부풀린 형상이다. 이것은 다리속곳·속속곳·바지·너른바지·단속곳·대슘치마 등 속옷의 역할이 컸기 때문으로 이해된다.

한복은 자연스러움에 그 특징이 있는데, 유심히 보면 색시하기 그지없다. 몸을 완전히 드러내놓는 것도 아니며, 또한 완전히 감추어 버린 것도 아니다. 저고리의 옷섶 사이로 유방이 반쯤 드러나게 마련이며, 허리를 감고 흐르는 치마의 선이 안타깝고 은근한 매력을 발산하고 있는 것이다.

간혹 바람에 옷자락을 날릴 듯이 치마가 휘감길 때 얼비치는 여인의 곡선미는 노골적인 누드보다 더한 에로티시즘을 발산한다.

이렇게 한복에 나타난 자연미와 섹시미가 한국적 에로티시즘의 본질이 아닐까?

속담에 서린 에로스 본능

한국의 전통사회는 철저한 신분사회였다. 혈통과 가문에 따라 양반과 상놈으로 나뉘었고, 권력과 재산 등에 따라 엄격한 상하·우열의 차별 평가를 하였다. 이런 이유에서 전통사회 한국인의 사상은 크게 두 가지로 대별할 수 있다.

그 하나는 선비사상, 즉 양반사상이다. 전통사회의 지배계층인 양반은 대략 전체 인구의 5분의 1정도였고, 나머지 5분의 4가 피지배계층이었다. 철저한 계급적 수탈주의 구조 속에서 상민은 한마디로 양반의 밥이었다. 고양이 앞에 쥐와도 같았다. 양반은 상민에게 맹목적인 굴종을 강제했고, 온갖 비인간적인 수탈을 자행했다. 그래서 영국의 여류탐험가 이사벨라 버드 비숍은 그의 저서《한국과 이웃 나라》에서 한국의 양반을 '흡혈귀'라는 극단적인 용어로 표현했다.

한국은 도둑과 도둑맞은 두 개의 계급으로 형성되어

있다. 양반층에서 선발된 관리들은 나라로부터 허가 받은 흡혈귀이다. 인구의 5분의 4를 차지하는 상민들은 흡혈귀에게 피를 빨아먹히면서 삶을 영위하고 있다.

연암(燕巖) 박지원(朴趾源)의 《양반전》에도 양반의 형식주의와 비인간적인 수탈 등이 매우 구체적이고 희화적(戲畵的)으로 서술되어 있다.

하늘이 백성을 낼 때, 그 백성이 넷이고, 사민(四民) 가운데 가장 귀한 것이 선비다. 이것을 양반이라 일컬으니 그 이익이 막대하다. (양반은) 농사도 하지 말고 장사도 하지 말고 대강 문사(文史)나 섭렵하면 크게는 문과에 오르고 작아도 진사는 된다. 문과 홍패(紅牌)는 두 자〔尺〕 밖에 안되지만, 백물(百物)이 갖추어져 있는 돈주머니이다.……궁사(窮士)가 시골에 살아도 오히려 무단(武斷)을 할 수 있다. 이웃집 소로 먼저 밭을 갈고, 마을 일꾼을 데려다 김을 맨들 누가 감히 나를 홀만하게 여기랴. 네 코에 잿물을 붓고 머리끝을 잡아돌리고 수염을 뽑더라도 감히 원망하지 못하는 것이다.

양반이 무슨 짓을 해도 상민은 그저 당하는 수밖에 없었던 시대상황이 간결한 필치로 잘 그려져 있다. 그래서 신분상승을 위한 상민들의 몸부림이 처절했을 것이고, 《양반전》 속에 등장하는 정선 고을 부자처럼 재물로써 양반신분을 향유하려던 상민들이 생겨났던 것이다.

사실 조선 후기에 들어서 사회적·경제적 질서의 혼란이

심화되는 가운데 관직매매 · 족보위조 등 비정상적인 방법을 통하여 양반이 되는 사례가 늘어나게 되어 양반의 수는 크게 증가하였다.

한국의 전통사회는 양반들만이 권력에 참여할 수 있었다. 그들은 세습적으로 문관이나 무관이 될 자격이 있었고, 또한 국가로부터 여러 가지 특권을 받았기 때문에 유학을 업(業)으로 하고 예(禮)를 숭상하였다.

그 시대의 양반들은 일을 하지 않았다. 일은 천한 아랫것들이 하는 걸로만 알았다. 집에 있어서는 턱을 움직여 모든 일을 지휘하고자 했고, 바깥 출입을 할 때라도 될 수 있는 대로 걷지 않으려 했다. 부득이 걸을 경우에는 장죽(長竹)과 담배쌈지를 하인에게 들려가지고 다녔다. 또한 양반집 자식은 서당에 갈 때도 책을 직접 들지 않고 하인을 시켰다.

남자들만 그런 것은 아니었다. 뼈대 있는 양반집 아녀자는 치맛자락을 잘잘 끌고 손톱끝의 물을 톡톡 튀겨 가며 마루 아래로 내려가지 않는 것을 최고의 기품으로 여겼다.

양반은 걸음을 걸어도 경망스럽게 걷지 않았다. 느럭느럭 갈짓자 지(之) 걸음을 걸었으며, 얼어죽어도 짚불은 안 쬔다는 지조(志操)가 있었다.

양반의 인생 목표는 어디까지나 감투와 권력에 있었다. 벼슬 한자리 얻어 하는 것이 삶의 목표요, 자신과 가문의 영광이요, 일생 일대의 사업이었다.

그래서 쇠털같이 하고한 날 의관정제하고 사랑방에 틀어박혀 사서오경(四書五經)을 비롯한 수많은 유교 전적(儒敎典籍)을 얼음에 박밀 듯이 백 번이고 천 번이고 내리 외는 것이 양반들의 과업이었다.

아무리 가난해도 양반은 체통을 지키려고 노력했다. 그들의 아내가 바느질 품을 팔고 남의 집 빨래를 해서 겨우겨우 생계를 유지해도 그녀의 양반 남편은(적어도 겉으로는) 재물에 관심을 갖는 척도 하지 않았다.

어떤 의미에서 양반들은 너무도 강직하였다. 그들은 오직 예의와 염치에 살고 죽었다. 인(仁)과 의(義) 속에 살다가 인과 의를 위하여 죽는 것이 떳떳한 양반의 도리라고 생각했다. 그래서 양반은 목이 부러질지언정 굴하지 않았다. 세조(世祖) 때의 사육신(死六臣), 인조(仁祖) 때의 삼학사(三學士)에게서 우리는 전형적인 선비기질을 엿볼 수 있다.

유학을 업으로 하고 예를 숭상했던 양반들은 참으로 지나칠 정도로 예의와 격식을 따졌다. 고대의 양반은 아무리 악질이라 할지라도 조(操)란 조는 차리고, 체면만은 유지했다.

이런 이유에서 양반문화는 대체로 기품이 있고 점잖다. 패설(稗說)을 제외한 조선조의 어느 문헌을 뒤져보아도 성에 관한 노골적인 서술 및 남녀 성기에 대한 직접적인 표현은 찾아볼 수가 없다. 조선 초기의 문헌 《월인천강지곡(月印千江之曲)》을 보면 남녀의 은밀한 부분을 '더러운 아래'로 표현하고 있는 것이 고작이다.

좋게 말하여 한국의 양반문화는 도덕적이고 이상적이다. '동방 예의지국'이란 말도 양반문화의 산물인 것은 물론이다.

그러나 선비사상은 현실과 괴리된 이상론에 치우친 점이 적지 않다. 그래서 내세움과 속셈이 극단으로 다른 표리부동한 인물들을 양산해 냈다.

연암은 《호질》을 통하여 관유(冠儒)들의 양두구육(羊頭拘

肉)적 허실을 신랄하게 풍자하고 있다.

연암은 이 작품을 내놓으면서 시휘(時諱)를 꺼려 중국 어느 다포(茶鋪)의 벽에 붙어 있는 글을 옮긴 것처럼 말하면서 만주족의 압제에 곡학아세(曲學阿世)하는 중국인사들의 비열상을 풍자한 것으로 주제를 삼았다고 했으나, 실상은 조선조 후기의 부패상에 초점을 맞춰 주제설정을 한 것으로 볼 수 있다.

북곽선생(北郭先生)으로 대표되는 유자(儒者)들의 위선과, 동리자(東里子)로 대표되는 정절부인의 가식적 행위를 호랑이를 통해 폭로하고 있는데, 내용은 대략 이러하다.

대호(大虎)가 사람을 잡아먹으려 하는데 마땅한 부류의 사람이 없었다. 의사를 잡아 먹자니 의심이 나고, 무당의 고기는 불결하게 느껴졌다. 그래서 청렴한 선비의 고기를 먹기로 결정하고 마을로 내려왔다.

이때 고을에 도학(道學)으로 이름난 북곽선생이라는 선비가 동리자라는 과부 집에 들러 밀회를 즐기고 있었다. 이 과부에게는 이미 성이 각각 다른 다섯 아들이 있었는데, 어머니와 북곽선생의 밀담을 엿듣고 의심하여 이렇게 말한다.

"한밤에 남자가 과부의 집에 들어오는 것은 예의가 아니다. 그런 것을 잘 아는 고명한 선비 북곽선생이 어머니의 방에 들어왔을 리는 만무하다. 틀림없이 천년 묵은 여우가 북곽선생으로 둔갑한 것이 분명하니 우리가 잡자."

아들들은 몽둥이를 들고 일제히 어머니의 방을 습격하였다. 그러자 소스라치게 놀란 북곽선생은 허겁지겁 도망치다가 그만 문밖의 분뇨구덩이에 빠진다. 겨우 머리만 내놓고 버둥거리다가 기어나오니 대호가 앞에 기다리고 있었다.

선비를 잡아 먹겠다고 단단히 벼르면서 마을로 내려왔던 호랑이는 악취가 진동하는 북곽선생을 보고 얼굴을 찡그리며 코를 막는다.

"옛, 선비녀석 추하기도 하군."

호랑이는 크게 탄식하며 유학자의 위선과 아첨, 이중인격 등에 대하여 신랄하게 비판한다.

북곽선생은 머리를 조아리고 그저 목숨만 살려달라고 빈다. 정신없이 빌다가 머리를 들어보니 아침에 농사일을 가던 농부들이 주위에 서서 연유를 묻는다.

"아, 선생님은 이른 아침에 어디다 대고 그렇게 절을 하고 계십니까?"

북곽선생은 쓴웃음을 지으며 이렇게 변명한다.

"하늘이 높으니 우러러보지 않을 수 없고, 땅이 넓으니 구부러 보지 않을 수 없다 했느니라. 나는 이 말씀을 실천해 본 것뿐이다."

연암은 독특한 해학으로써 당시 유자들의 독선적인 인간관과 위선을 비꼼과 동시에 수절과부의 가식적 행위를 통렬하게 비판하고 있다.

이렇듯 양반문화가 다분히 위선과 가식의 탈을 쓰고 있는 것에 반하여 기층문화는 보다 현실적이고 본능적이다.

양반이 아닌 민중들은 양반과 사뭇 다른 생활과 문화와 가치관을 지니고 살았다. 그러나 그 시대의 글은 양반들의 전유물이었기 때문에 민중들의 입장에서 민중의 정서와 생활상을 진솔하게 기록한 문헌은 찾아보기 어렵다. 패사 및 속담 등을 통하여 기층문화를 어느 정도 유추해 볼 수 있는데, 여기에는 민중들의 정신구조 및 생활 양태가 잘 그려져 있다. 특히 속담에는 직설적이고 조잡한 성기 표현이 스스럼없이 등장하고 있다.

"보지 좋은 과부."
"옴 덕에 보지 긁는다."
"열두살 적부터 서방질을 하여도 배꼽에 좆 박는 것은 처음 보았다."
"좆 본 벙어리."
"제 씹 주고 뺨 맞는다."
"헌 바지에 좆 나오듯."

양반들이 남녀의 부끄러운 부분을 '더러운 아래'로 표현했던 것과는 너무나 대조적인 표현이다. 사실 한국의 전통사회는 이러한 속담만큼이나 양반과 상민문화 사이에는 격차가 있었다.

기층사회에서는 서방질과 화냥질도 적지 않았는데, 다음의 속담이 그것을 말해주고 있다.

"열녀전 끼고 서방질을 한다."
"복 없는 가시나 봉놋방에 가 누워도 고자 곁에 눕는다."
"인정에 겨워 한 동리에 시아비가 아홉이라."
"멋에 치어 중 서방질한다."
"부아김에 서방질한다."

"밉다니까 떡 사먹으면서 서방질한다."

"촌년이 아전 서방을 하면 갈짓자 지(之) 걸음을 걷고 육개장 아니면 밥을 안 먹는다."

"여인은 돌리면 버리고 기구는 빌리면 깨진다."

"열골 화냥년이 한골 지어미 된다."

이밖에도 비도덕적이고 극단으로 야한 속담은 무수히 많다. 이것은 품행과 언행에 절제가 있었던 양반사회에 비하여 기층사회의 성도덕이 상대적으로 문란했다는 사실이 잘 노출되어 있다.

또한 "처녀가 애를 낳고도 할 말이 있다." 라는 속담을 통해 혼전 정사도 드물지 않았음을 엿볼 수 있고, "과부집 머슴은 왕방울로 행세한다." 등의 속담을 통해 머슴과 과부의 간통이 적지 않았음을 쉽게 짐작할 수 있다.

물론 일단의 속담으로 모든 민중의 사상 및 행동 양태를 규정하는 것은 무리가 있다. 하지만 이런 속담이 생겨난 이래 줄기차게 생명력을 유지한 것으로 보아서 민중들의 정서와 전혀 무관하지는 않을 것이다.

어쨌든 한국의 전통사회를 올바르게 이해하기 위해서는 양반사회와 기층사회를 분리하여 연구할 필요가 있다.

그러나 사회적 동물인 인간은 그 본질상 상류계층을 모방하려는 심리가 있다. 따라서 한국의 양반문화는 어떤 형태로든 기층문화에 영향을 주어 가급적 성(性)을 은폐하는 관습에 젖어들게 만들었다고 말할 수 있다.

민속에 서린 에로스 본능

근대화 이전의 한국인들은 철석같이 귀신(鬼神)의 존재를 믿었다. 우리 민족에게 있어서 옛날부터 중시되고 있는 조상숭배사상, 즉 제사는 바로 그 조상을 귀신으로 보는 관념에 뿌리를 두고 있다.

그래서 우리의 풍속에는 그 수효를 헤아릴 수 없을 만큼 귀신이 많다. 각 집마다 집 귀신이 있고, 변소에는 변소 귀신, 부엌에는 부엌 귀신, 감기에는 고뿔 귀신이 있듯 삼라만상(森羅萬象)에는 각각 그에 해당되는 귀신이 있다.

한국인의 귀신에 대한 공통된 관념은 착한 귀신도 있지만 나쁜 귀신이 더 많다고 생각했다. 일반적으로 그 형체는 없으나 인위적 행위는 물론 초인간적 행위를 할 수 있는 것으로, 그들은 우주에 가득 차 있어서 능히 사람과 교섭을 하는 것으로 생각하였다.

그런대 사람과의 교섭은 선한 귀신보다 악한 귀신이

많다. 따라서 일반 민간에게는 귀신이라고 하면 거의 모두가 좋지 않은 것으로 생각되었다.

대개의 귀신은 음(陰)에 속하기 때문에 음기를 좋아하고 양기를 꺼린다. 이와 같은 귀신설은 서거정(徐居正)의 《필원잡기(筆苑雜記)》에 잘 드러나 있다.

- 귀신은 음성인 까닭에 여자에게 잘 붙는다.
- 귀신은 썩고 더러운 것을 좋아하지만 신선하고 깨끗한 것은 싫어한다.
- 어둡고 탁한 것을 좋아하고 밝고 맑은 것을 꺼린다.
- 타락한 것을 좋아하고 성대한 것은 싫어한다.
- 강한 것을 꺼리고 약한 것을 좋아한다.

그래서 귀신은 음습한 옛 성이나 옛 우물, 폐허가 된 집과 절, 음습한 동굴, 오래된 고목, 음산한 계곡 등에 살고 있으며, 또 썩은 빗자루와 절구통 등 오래되어 더럽고 못쓰게 된 물건에 붙어 있다고 생각하였다.

이처럼 대부분의 귀신은 양기 성한 것을 꺼리고 음기 있는 것을 좋아하는 것으로 되어 있다. 따라서 사람에게 붙을 때도 원기가 왕성하고 건강한 사람에게는 붙지 않고 원기 없고 허약한 사람에게 붙는다고 생각했다.

귀신의 발생은 본래부터 있었다는 생각과 어떤 물건에서 발생한다는 두 가지 생각으로 나눠진다. 전자의 경우에는 산천 · 호수 · 강가 · 수풀지대 · 바위틈 등 대체로 음기가 차 있고 사람으로 하여금 두려운 느낌을 일으키게 하는 곳에 귀신이 있다고 믿었다.

물건이 변하여 귀신이 된다는 것에는 생물과 무생물이 있다. 가장 발생 관계가 명확한 것이 사람이다. 여기에서 특이한 것은 사람의 경우는 반드시 죽은 후에 귀신이 되는데, 짐승·벌레·물고기 등은 변하여 귀신이 된다는 것이다. 한국의 귀신 연기설화에는 특히 여우와 구렁이가 조화를 부리는 것이 많다.

남해안의 어촌에는 뱀을 주신(主神)으로 모신 사당(蛇堂)이 꽤 있으며, 제주도 토산(兎山) 사당(蛇堂)의 주신 역시 '사부인신(蛇夫人神)'이다. 혼인을 하지 못한 여자가 원한을 품고 죽으면 뱀이 된다고 믿었는데, 그 원혼을 달래기 위하여 '사부인(蛇夫人)'이라는 존칭을 붙여준 것이다.

귀신이 형성되는 기반은 천공(天空)을 배경으로 하는 자연의 거대한 힘에 있다고 보는 견해도 있는데, 그 중심은 천둥과 번개이다. 따라서 일찍이 풍뢰신(風雷神)을 귀신의 형상으로 표현한 것도 그 때문이다.

귀신 중에서도 신적(神的) 요소가 있는 귀신은 신으로서 제신화(祭神化)되는 반면, 신적 성격을 상실한 것은 귀신류로 떨어져 악의 근원이 된다고 믿었다. 이 귀신들이 유행병이나 기타 해독을 끼치는 존재라고 생각한 것이다.

원시사회 이래 공통적으로 공포의 대상으로 삼았던 천둥과 번개·비바람·질병 등의 범람을 귀신의 작용이라고 믿었던 사람들은 이에 대처할 강력한 대립물을 생각해 냈다. 주술적(呪術的)으로 이를 격퇴하고 인간 사회에 침투하는 것을 단념시키기 위해 갖가지 방법으로 회유책을 쓰기도 하였다. 이를테면 귀판(鬼板)·귀와(鬼瓦) 등이 등장했고, 궁중에서 일종의 나례의식(儺禮儀式)이 널리 민간행사로써 확

산된 것도 귀신에 대한 공포감이 민중의 가슴 속에 깊이 심어져 있기 때문이었다.

사람들은 귀신을 격퇴하는 힘은 신명(神明)만이 가지고 있다고 생각했는데, 신에 관한 개념을 '귀(鬼)'와는 상방되는 것으로 보았다. 그것은 '귀'는 음이어서 음에 속하는 것을 좋아하지만, '신'은 양이어서 양에 속하는 것을 좋아한다고 믿었기 때문이었다. 따라서 귀신이 사람에게 위해를 끼치는 음습한 존재라면 신명은 원만하고 청정하고, 또 광명한 것을 좋아하기 때문에 지성으로 잘만 모시면 도움을 준다고 생각했다.

일반적으로 신명은 사람에게 행복을 가져다 주지만 때로는 인간에게 벌을 준다고도 믿었다. 사람들은 이를 '신벌(神罰)' 또는 '신의 노여움', '신의 앙화(殃禍)'라고 했으며, 인간의 도리를 지키지 않거나 신에 불경할 때 신명이 노한다고 생각했다.

신명은 귀신을 부리고 명령할 수 있는 힘을 가지고 있고, 또 귀신이 목숨까지도 관장한다고 믿었다. 그러므로 귀신이 몰고 오는 재화를 면하려면 그 통솔자이며 지배자인 신명에게 빌어 귀신을 단속하는 것이 가장 효과적인 방법이었다.

지금도 연초에 동제(洞祭)를 지내고 있는 부락이 많다. 이는 신명의 위력에 의하여 온 마을 사람들이 질병과 재앙으로부터 풀려나 농사가 잘되고 고기가 잘 잡히게 해달라는 의도이다.

동제의 종류는 기풍제(祈豊祭)·풍어제(豊漁祭), 천연두가 들어오지 않게 하여 달라고 빌던 별신(또는 별신굿), 호환(虎患)을 막기 위해서 하던 호환굿 등으로 분류될 수 있다.

또한 동제 대상신의 성격에 따라 산신제·서낭제·용신제·천신제·부군제 등이 병행되기도 한다.

마을에서 모시는 신들은 대개가 인생에 미련이 많다. 뼈에 사무치는 원한 때문에 저승길로 들어서지 못하고 이승을 떠돌고 있다. 그래서 그 원한을 풀어주기 위하여 신당을 짓고 신제(神祭)를 지낸 것이다.

동제로 모신 신 중에는 여신(女神)이 꽤 많은데, 원한에서 탄생한 여신을 달래기 위하여 상징적 성행위를 시켜주기도 했다.

상징적 성행위의 대표적인 신제로는 금화(金化) 할미당의 여신제와 경산(慶山)·달성(達成)지방의 '호호방아야' 등을 들 수 있다. 이규태의 《세샹에 불상한 죠션 녀편네》를 보면 이와 관련된 내용이 나오는데, 소개하면 다음과 같다.

할미당의 연기전설(緣起傳說)에 의하면, 금화읍에 사는 한 관노(官奴)의 꿈에 미모의 여인이 나타나 추위를 피할 집을 지어 달라고 하였다. 그래서 관노는 할미당을 지어 상량을 하였는데, 그날 밤 꿈에 다시 그 여인이 나타나 그곳이 아니라 산상(山上)이라고 말하고 사라졌다.

관노는 꿈의 계시에 따라 다음날 산 위로 올라갔다. 산정에 이르렀을 때 쇠로 만든 여신상이 하나 놓여져 있는 것을 발견했다. 그래서 그 자리에 당을 짓고 그 여신상을 신위(神位)로 하였다.

그후 한 현감이 미신을 타파한다는 명목으로 이 신당을 부쉈다. 그런 일이 있은 직후에 현감의 아들이 호랑이에 물려 죽는 끔찍한 일이 생겼다. 겁을 먹은 현감은 여신의 해코지로 여기고 다시 당을 지어 여신제를 지냈다.

할미당 여신제는 5월 초이튿날 거행되며, 준비는 며칠전부터 한다. 4월 그믐날에 할미당의 안산(安山)인 대성산(大聖山)에서 신간목(神竿木)을 베어 다음날(5월 초하루) 할미당으로 옮겨진다. 신간목 뒤에서 무녀들이 춤과 노래로 흥을 돋우는 가운데 건장한 수말 한 마리가 따른다. 그 수말은 한 번도 교미한 적이 없는 젊고 힘이 센 말이어야 한다.

할미당 앞에는 참나무를 사용하여 여자의 생식기 모양으로 가문을 만든다. 이 문을 삼문(三門)이라 하였고, 말이 삼문을 힘차게 통과해야만 신제를 계속할 수 있다. 그래서 삼문 앞에 이르면 무녀들의 춤은 절정에 달하면서 말의 분발을 촉구하는데, 무녀의 우두머리는 말의 엉덩이를 치면서 이렇게 외친다.

"그믐날 모신 참나무집에 듭시라!"

이때 수말이 삼문을 통과하지 않으면 부득이 다시 날을 잡아 새로 신제를 지내야 했다.

말이 삼문을 통과하는 것을 할미당 여신을 즐겁게 해주는 상징적 성행위로 여겼던 것이다. 남자의 생식기를 깎아 여신을 달랬던 동해안의 해랑제와 마찬가지로 여기에도 성 샤머니즘의 냄새가 짙다.

경산·달성지방에서 세시의례로서 행하여지는 호호방아야는 일종의 지신굿에 해당된다. 놀이방법은 남자의 생식기처럼 생긴 돌이나 나무를 여러 갈래의 새끼에 묶은 다음 여러 사람이 한 가닥씩 쥐고 마을의 가정을 방문하여 흙방아를 찧는다.

놀이패의 리더격인 포수가 지신풀이가사를 창하며 춤과 익살, 재주를 연희하면 패거리들이 '호호방아야 쿵더쿵'하며 병창을 한다.

일반적으로 풀이가 진행되는 동안 주인이 돈이나 곡식을 내는데, 전곡을 많이 얻기 위하여 하동(河童)과 포수가 갖은 수단과 골계적 희극을 부린다. 이때 전곡을 내놓지 않으면 다음과 같은 험담을 듣는다.

호호방아 안 찧는 이는 귀신을 낳으라
호호방아 안 찧는 이는 뱀이나 낳으라
호호방아 안 찧는 이는 뿔난 아이나 낳으라.

이날 볏짚으로 짚방망이를 만들어 지나가는 부녀자들의 엉덩이를 콕콕 찌르는 풍습도 있었는데, 이것도 상징적 성행위였음이 분명하다.

또한 우리 민속에는 '나무시집보내기'라는 섹시한 놀이가 있었다. 이 놀이는 아이들이 정월 초하룻날이나 보름날에 행했는데, '가수(嫁樹)'라고도 한다. 설날에 과일나무의 가지를 친 틈에 남근 모양의 길쭉한 돌을 끼워 두면 그 해에 과일이 많이 열린다고 하여 이런 풍속이 생겼다.

이처럼 우리 선조들은 모든 것을 음양(陰陽)의 이치로 설명했다. 아이들은 그런 놀이를 통하여 은연중에 남녀의 성차를 깨달았을 것이다. 그렇다면 나무시집보내기 놀이는 성교육을 염두에 두고 만든 우리 조상들의 지혜였다고 말해도 되지 않을까?

풍요·다산을 상징하는 줄다리기

줄다리기는 성 샤머니즘에서 파생된 놀이로 풍년·풍어·다산을 상징한다. 한국의 중·남부지방에서 주로 성행했다. 대개 정월 대보름날 행하지만 동래(東萊) 지방에서는 단오날, 제주도에서는 한가위, 전라도 서해안 지방에서는 2월 초하룻날 행하였다. 남해안 지방에서는 가뭄이 들면 기우(祈雨)의 한 방법으로 행하기도 했다.

줄다리기는 줄을 꼬는 일부터 시작한다. 온동네 남자들이 모여 며칠 동안 암줄과 숫줄을 꼰다. 경남의 영산(靈山) 줄다리기와 충남 당진의 기지시(機池市) 줄다리기가 유명한데, 각각 중요무형문화재로 지정되어 있다.

영산줄다리기의 경우 영산면의 마을을 동편과 서편으로 나누어 동편에서는 숫줄을, 서편에서는 암줄을 꼬는데, 이때 여자가 가까이 오는 것을 가장 큰 금기로 한다.

줄이 다 만들어지면 동편과 서편은 저마다 줄 양쪽에 오색 깃발을 든 사람들이 늘어서고 농악대가 신명나게 풍물을 울리며 줄당기는 자리로 줄을 운반한다. 암줄이 먼저 나가고 숫줄이 뒤를 따르는데, 줄을 당기기 전에 진잡이놀이·서낭대싸움 같은 민속놀이가 한바탕 벌어진다.

날이 저물어서야 줄다리기가 시작된다. 줄다리기를 할 때는 먼저 숫줄의 목줄을 암줄의 목줄 안에 끼워 넣고 숫줄의 목줄에 고딩이라는 나무빗장을 꽂아 두 줄을 잇는다. 이때 사람들은 발광적인 환성을 올리는데, 이것은 암수 교합을 상징하기 때문이다.

줄이 다 연결되면 양쪽 줄에 남녀노소를 가리지 않고 붙어서 당기는데, 숫줄의 목줄이 암줄의 몸줄 속에서 들어갔다 나왔다 하는 것이 섹스를 연상시킨다. 많이 당겨온 편이 이기며 몸줄이나 목줄이 터지면 터진 편이 진다. 놀이가 끝난 후 이긴 편의 줄토막을 지붕 위에 던져 놓으면 한해 동안 집안이 평안해지고, 거름에 섞어 비료로 쓰면 풍년이 든다고 믿었다.

지역에 따라서는 암줄을 쥔 쪽이 이겨야 풍년이 든다 하여 상대편이 일부러 져주기도 했다. 특히 호남·영남지역의 당산굿에 수반된 줄다리기굿에서는 암줄 쪽이 이겨야 풍년이 든다고 하여 숫줄이 승리를 양보하는 경향이 강하다. 여자가 생식기능을 지녔기에 그렇게 믿은 것이다. 이긴 쪽의 줄은 영험이 있어 풍년·풍어·다산에 효력을 발휘한다고 하여 사람들은 앞을 다투어 잘라간다.

한편 기우 줄다리기에서의 암줄과 숫줄은 암수 두 마리의 용(龍)을 상징하여 만드는데, 비를 부르는 용을 교미시키면 비가 내릴 것이라고 믿었기에 그렇게 행한 것이다.

줄다리기는 한국인의 에로스를 지혜롭게 풍속문화로 승화시킨 사례 중의 한 가지라고 할 수 있다.

기자석과 남근숭배신앙

광릉수목원(光陵樹木園)에 가면 남근(男根) 모양으로 다듬어 만든 기자석(祈子石)이라는 돌이 길 옆에 꼿꼿이 서 있다. 간절히 아들을 기원하는 아낙네들의 손길을 많이 탔기 때문인지는 모르지만, 그 머리부분이 반질반질 윤이 나서 오가는 사람들의 눈길을 끈다.

충남 아산군 배방면에는 남근 모양과 흡사한 자연석이 서 있고, 온양의 민속박물관 뜰에도 잘 다듬어 만든 남근석이 있다. 또한 박물관 안의 좌대 위에 올려놓은 남근석에는 아기의 눈·코·입까지 새겨져 있어 이채롭다.

이밖에도 기자석이라는 이름의 남근석은 우리나라의 방방곡곡에서 흔히 찾아볼 수 있다. 특히 곡식을 심어 가꾸는 들녘에 크고 높게 남근석을 다듬어 우뚝우뚝 세워 놓았다.

어디 그뿐이랴. 마을의 공동우물 속에는 커다란 돌로 남근을 가다듬어 넣어두었고, 여근(女根)을 연상케 하는 장소

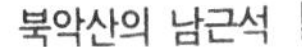

북악산의 남근석 ▶

▼수락산의 음근석

에는 어김없이 남근 모양의 돌을 다듬어 그 사이에 끼워놓았다. 이것은 매사에 음양의 원리를 적용하여 다산과 풍년을 기원했던 선인들의 사고방식을 잘 나타내주고 있다.

기자속(祈子俗)은 자식을 낳지 못하는 부녀자가 인간 이외의 어떤 초월적인 존재의 힘을 빌어 잉태의 소망을 이루고자 하는 습속을 말한다. 남근숭배도 기자속의 한 형태인데, 남근석 앞에서 치성을 드리거나 남근 모형을 다듬은 물건을 지니고 있으면 아들을 낳는다고 믿었다. 또한 망부석이나 돌부처 등의 코를 남근의 상징으로 보았는데, 그것들의 코를 문질러 생긴 돌가루를 먹으면 아들을 낳는다고 하였다. 그래서 우리나라의 석불이나 마애불 등의 코는 대개 패어지고 문질러져 있는 것이 특징이다. 대체 얼마나 만져댔으면 돌이 닳아 없어 졌을까?

인간이 혼인을 하면 필연적으로 자녀를 두게 되는데, 만약 어떤 불가피한 사정으로 자녀를 가지지 못한 경우 미치도록 자식 갖기를 열망한다. 더구나 조선시대에는 칠거지악(七去之惡)이라는 것이 있어서 여자가 아들을 낳지 못하면 출거(出去), 즉 이혼을 당해도 할 말이 없었다. 대(代)가 끊기는 것을 조상 대대로에 대한 큰 죄로 생각했기 때문에 병적이라 할만큼 아들 갖기에 집착했던 것이다.

《삼국사기》, 《삼국유사》에 의하면 고대부터 이러한 습속은 있었다. 가장 오래된 남근신앙으로는 《삼국유사》의 〈가락국기(駕洛國記)〉편에 전하는 '구지가(龜旨歌)'에서 찾아볼 수 있다.

거북아 거북아,

머리를 내어라.
내놓지 않으면
구워서 먹으리.

이 노래는 가락국의 시조인 김수로왕의 강림신화(降臨神話) 속에 삽입된 무가적 서사시이다. 이 노래는 여러 가지 해석으로 풀이되고 있는데, 집단적이고 주술적인 '무요(巫謠)'로 보는 것이 가장 타당할 것 같다.

이 노래에서 가장 주목해야 할 부분은 '거북의 머리'에 대해서이다. 예로부터 거북이는 신령스럽고 장수하는 동물로 상징되어 왔으며, 그 머리는 '남성의 성기'로서 '생명의 근원'을 뜻한다. 따라서 거북이 머리를 내놓는다는 것은 곧 생명의 탄생을 뜻하며, 하늘에서 내려진 알에서 수로왕이 탄생하는 것을 나타낸다.

여기에서 우리는 거북의 머리를 남성의 성기, 즉 생명의 의미로 표현한 고대인의 뛰어난 은유법을 느낄 수 있다. 남성의 성기에 생명의 탄생을 기원했다는 것은 논리적으로도 그럴듯하며, 바로 여기에서부터 남근숭배신앙이 생겨나지 않았을까 하고, 필자는 생각해 본다.

도덕이나 풍습은 시대에 따라 변한다. 칠거지악이니 남존여비(男尊女卑) 같은 것도 시대의 그림자일 뿐, 5천년 역사 속에 항상 그랬던 것만은 아니다. 우리의 역사를 보더라도 여왕이 통치하던 때가 분명히 있었고, 성풍속이 비교적 자유롭던 시대도 있었다.

그러나 아무리 도덕과 풍습이 시대에 따라 변한다 해도 인간의 본질이 변하지는 않는다. 이 말은 인간의 감정이나 생리구조가 예나 지금이나 조금도 다르지 않다는 말이다. 굳이 차이를 찾는다면 문명의 진보에 따른 다양한 지식 등이 차이라면 차이일 것이다.

인간은 생리적으로 자아 실현의 욕구가 있다. 이것이 좌절될 때 그것을 회피하려는 필연적 노력을 수반한다. 그러나 그 노력을 허용하는 사회적인 환경이 조성되지 않았을 때는 다양한 형태로 그 욕구가 표출되게 마련이다.

프로이트는 여성 히스테리 환자들을 치료하는 과정에서 그들 대부분이 성적 불만족을 가지고 있다는 사실을 알았다. 성적인 억압이나 좌절이 많은 질병을 유발한다는 것이다. 주지하는 바와 같이 히스테리(Hysterie)의 어원은 여자의 자궁이다. 한방 의학에서는 이것을 장조(臓躁)라고 하는데, 역시 자궁을 가리킨다. 따라서 히스테리란 '자궁의 소란'이며, 자궁의 소란을 피우는 원인은 성과 밀접한 관련이 있다.

기자석이 바로 성적으로 규제당하고 억압받던 전통사회 여성들의 강렬한 욕구 표출은 아닐까? 아들낳기를 기원한다는 미명 아래 남근석을 보거나 어루만지면서 본능의 대리충족을 꾀했는지도 모를 일이다.

그럴 가능성은 충분히 있으며, 물적 증거도 있다. 경주 안압지(雁鴨池)에서 어른 남자와 비슷한 크기의 목경(木莖)이 출토되었고, 조선시대 종각(鐘閣) 뒤에 있었던 동상전(東床廛)에서는 나인들에게 뿔이나 나무에 가죽을 씌운 인조 페니스를 팔았다.

안압지 유물은 통일신라의 문화유산이다. 그 시대에 무슨 이유로 나무를 깎아 남성의 성기를 만들었을까? 그 목경의 용도는 대체 무엇이었을까?

누군가 짓궂은 사람이 무료해서 장난 삼아 깎았을 수도 있다. 아들갖기를 기원하는 여성이 기자신앙에 입각하여 은밀히 지녔던 물건일 수도 있다. 아니면 어느 여인네가 관능을 주체할 수 없어 이상야릇한 용도로 쓰였을 가능성도 배제할 수는 없다.

말하자면 가물에 콩 나듯 찾아드는 남편(임금이었을 가능성이 크다)에게 성적 욕망을 충족할 수가 없었기 때문에 자위행위의 도구로 사용되었을 가능성이 있다.

만약 이러한 가정이 진실에 부합되는 점이 있다면, 우리의 선조들은 꽤나 인간심리의 메커니즘에 밝았고 섹스를 밝혔다는 증거가 되겠다.

남근으로 달랬던 해랑신

처녀가 죽어서 되는 귀신을 '손각시'라고 하는데, '손말명'이라고도 한다.

꽃을 피우지 못하고 죽은 처녀는 인생에 많은 여한(餘恨)이 있을 수밖에 없다. 그렇기 때문에 죽어서 귀신이 된다고 믿었다. 세상에서 만족한 생을 보내지 못한 사람은 죽어서 원귀가 되어 살아 있는 사람에게 작용한다는 것이 일반적인 귀신관이다. 손각시도 신(神)과 조화를 이루지 못한 귀(鬼)에 속한다.

손각시는 묘령의 처녀에 붙어다니며 괴롭힌다고 믿었다. 따라서 예로부터 처녀가 병이 나면 손각시가 붙었다고 하여 무당을 불러 그 처녀의 의복을 태워 손각시가 다른 곳으로 이동하도록 기도하는 일이 많았다. 또 처녀가 죽으면 손각시가 되지 않도록 남자 옷을 입혀 거꾸로 묻거나 남자의 생식기를 나무로 깎아 관에 넣고 매장하기도 하였다. 그밖에도 십자로의 교차점이 되는 곳에 시체를 은밀히 매장하여 많은 남자가 그 위를 밟고 지나가게 함으로써 처녀 귀신의 못다푼 정을 달래기도 하였다.

이러한 손각시 귀신관의 이면에는 성에 대한 한국인의 강한 집념이 그대로 드러나 있다. 남녀의 화합을 이루지 못하고 죽은 처녀는, 본질적으로 그것(성행위)의 쾌미를 맛보지 못하여 귀신이 되었다고 믿었기 때문에 남자의 생식기를 깎아 함께 묻거나 뭇 사내들이 밟게 함으로써 상징적인 성행위를 시켜주었던 것이다.

우리나라의 동해안 어촌에서 서낭당 등에 모시고 있는 해랑신(海娘神)도 손각시의 일종이다. 전통적으로 한국 민간신앙에서 동해안은 여신이 풍어와 흉어를 관장하고 풍랑을 주도한다고 믿었다. 그래서 여신의 노여움을 달래고 뱃길의 안전과 풍어를 기원하기 위하여 해랑당(海娘堂)을 짓고 남자의 생식기를 나무로 깎아 바치는 풍습이 있다.

이와 같은 풍습은 물론 전설에 바탕을 두고 있는데, '해랑'이라는 이름의 처녀가 죽어서 동해의 여신이 되었다는 내용으로 되어 있다.

고려 말엽, 강원도 동해 바닷가 안인진(安仁津)이라고 하는 어촌에 한 어부가 살고 있었다. 그에게는 딸이 하나 있었는데 과년하도록 출가를 시키지 못하고 있었다.

과년한 딸이 출가를 못한 것은 인물이 못나서도 아니고 마음씨가 나빠서도 아니었다. 그 까닭은 처녀가 남자를 보는 눈이 하늘처럼 높아 웬만한 남자는 거들떠 보지도 않았기 때문이었다.

하루는 이웃집 할멈이 중신 말을 끄집어 냈다. 총각은 건넛마을에 사는 대장간집 맏아들 곰쇠였다. 해랑(海娘)은 곰쇠를 익히 알고 있었다. 오종종하고 얼굴이 검은, 보잘것 없는 곰쇠라 해랑의 마음에 찰 수가 없었다.

해랑은 하나같이 못생긴 총각들에게서 중신이 들어오는 것에 짜증을 내다가 마음이 답답하여 바닷가로 나갔다. 바닷가에는 해당화가 곱게 피어 있었다. 그 해당화는 해랑에게 '너의 낭군은 내 모습같이 어엿한 분이다.'라고 속삭여 주는 듯했다.

해랑의 발걸음은 동구밖 선창가로 향하고 있었다. 그곳에서는 해랑의 아버지가 젊은 목수와 함께 고깃배를 고치고 있었다.

"어떻습니까? 이만하면 튼튼하게 잘 고쳤지요?"

"허허……, 아주 잘 고쳤네그려. 자네 솜씨가 보통이 아니군. 어디서 그렇게 배 고치는 솜씨를 익혔나?"

"어려서 양친 부모를 여의고 떠돌아다니면서 배운 것이라곤 배 고치는 일밖에 없습니다. 어디 솜씨라고 할만 하겠습니까?"

"허허허. 젊은 사람이 배 고치는 솜씨만 대단한 것이 아니라 마음씨 또한 말할 수 없이 겸손하군."

"부끄럽습니다. 너무 칭찬하지 마십시오. 이러다가는 배 고친 삯도 받지 못하겠습니다."

"에끼 이 사람, 아무려면 내가 배 고친 삯을 주지 않겠는가! 참, 장가는 들었는가?"

"누가 저같이 집도 절도 없이 떠도는 신세를 보고 귀한 딸을 맡기려고 하겠습니까?"

"음, 자네처럼 아까운 사람이……. 어디 마땅한 자리가 있으면 장가들 생각은 있는가?"

"있고 말고요. 누가 저 같은 놈을 사위로 삼아주신다면 얼마나 고맙겠습니다."

"음, 그렇다면 두고 보세."

해랑은 좀 떨어진 곳에 숨어서 아버지와 젊은 목수의 이야기를 훔쳐 들었다. 공연히 가슴이 마치 아이의 손에 잡힌 참새 가슴처럼 두근거리고 얼굴이 화끈 달아올랐다. 그만큼 젊은 목수의 늠름한 모습은 해랑의 가슴을 휘어잡고도 남음이 있었다. 더구나 쾌활한 웃음소리, 봉의 눈하며 오똑한 콧날이 해랑을 미혹시켰다.

"왜 아버지는 저런 신랑감을 옆에다 놔두고 무지렁이들만 들추어냈는지 몰라."

해랑은 가늘게 한숨을 쉬면서 목수 청년을 다시 훔쳐 보았다. 아무리 보아도 훌륭한 낭군감이었다. 딱 벌어진 가슴이 만경창파를 연상하도록 만들었다.

"아아, 저런 가슴에 꼭 안겨 봤으면……."

눈이 높다던 처녀, 이성을 그리면서도 마음에 차는 남자가 없어서 혼기를 놓쳤던 처녀 해랑이 비로소 마음에 드는 총각을 발견한 것이다. 해랑은 주체할 수 없는 사모의 정을 목수 총각에게서 느꼈다.

그날부터 해랑은 변해갔다. 얼굴에는 웃음꽃이 피어올랐고, 몸치장은 유난스레 화려해 졌다.

"재가 갑작스레 웬일인지 모르겠어요. 며칠 전 매파가 다녀가고부터는 재가 전연 달라졌어요. 아마도 곰쇠 녀석에게 단단히 홀린 모양입니다. 재가 곰쇠 녀석을 마음에 뒀기 때문에 다른 녀석들은 싫다고 했는가 봅니다."

"나는 그런 줄도 모르고 이상하다고만 생각했어. 아무래도 모를 일이야, 천생연분은 따로 있는 모양이지? 곰쇠같은 녀석을 마음에 두다니……."

해랑의 부모는 딸이 변한 것을 곰쇠와의 혼담 때문이라고 생각했다.

"이왕 쟤도 좋아하는 눈치이니 하루라도 빨리 서둘러 성혼을 시키는 것이 좋지 않겠어요?"

"그러지 뭐. 내 속으로는 요새 배를 고치는 목수가 쓸만해서 그 사람과 맺어주면 어떨까 생각 중이었소. 그래서 일이 다 끝났는데도 붙잡고 있었는데, 이제 해랑이의 마음을 알았으니 그 사람을 내일로 보내고 곰쇠와 빨리 일을 치러야겠소."

부모는 딸을 곰쇠와 성혼시키기로 작정하고 부엌에서 저녁 설거지를 하는 해랑을 불렀다.

"애야, 이리 좀 오너라."

해랑은 수줍게 웃으면서 손끝에 묻은 물을 닦았다.

"네 마음을 대충 짐작하겠으니 곧 혼례를 치르도록 하자. 사람을 고르자면 한이 없다. 마음씨 곱고 부지런하고 손재주 있으니 무엇을 더 바라겠느냐?"

"……."

해랑은 며칠 전 낮에 선창에서 들은 말이 있는지라 목수 총각과의 혼담인 줄로만 알았다. 그래서 얼굴을 있는대로 붉히고 돌아서며 떨리는 목소리로 입을 열었다.

"아이 전 몰라요! 부모님 마음대로 하세요."

"오냐. 그럼 내일이라도 서둘러 택일을 해야겠구나!"

부모와 딸의 생각은 각각이었다. 그렇지만 어쩌다가 그 마음이 한마음인듯 잘못 착각하고 있었다. 그것도 모르고 해랑은 공연스레 웃음을 터뜨리며 콧노래까지 흥얼거렸다.

해랑이 좋아서 홍홍거리는 것을 바라보면서 그의 부모들도 덩달아 가슴이 뿌듯해졌다.

오래간만에 해랑의 집엔 웃음꽃이 함빡 피었다. 해랑은 자기 방에 들어가 혼수로 장만해 놓은 치마와 저고리를 고리에서 꺼내놓고 만지작거리며 거의 뜬눈으로 밤을 새우다시피 했다.

밤이 가고 동이 텄다. 해랑은 밤잠을 이루지 못했지만 조금도 피로함을 느끼지 않았다.

그날로 목수 총각은 어디론가 떠나갔다. 혼담의 주인공이 목수 총각이 아니라 곰쇠인 것을 알게 된 해랑은 너무도 실망한 나머지 실성하고야 말았다. 미쳐버린 해랑은 날마다 선창가에 나가 목수 총각이 일하던 자리를 배회하며 아무나 잡고 추태를 부리기가 예사였다.

"어디를 갔다가 이제 돌아오셨어요? 얼마나, 얼마나 님을 기다렸는지 몰라요. 이젠 절 버리고 가지 마세요!"

해랑은 아버지마저 몰라보고 헛소리하기 일쑤였다.

"에이그, 불쌍한 자식! 왜 진작 그 목수 청년이 마음에 있다고 애비에게 말하지 않았느냐? 나도 그 청년을 너의 배필로 생각하고 있었는데……."

"날 버리지 말고 나와 함께 살아요, 서방님!"

해랑은 실성하여 날뛰다가 마을 뒷산 제일 높은 곳에서 한없이 바다를 내려다보다 숨졌다.

이상한 일이었다. 해랑이 죽은 뒤부터 안인진에는 큰 변고가 생겼다. 고기는 전연 잡히지 않을 뿐만 아니라 재앙이 그칠 날이 엇었다. 그리고 더욱 큰 야단은 밤이면 손각시가 나타나 동네 총각들을 놀라게 하곤 하였다.

"이히히히……, 이히히히……!"

"윽, 귀신이다!"

"이히히히……. 도련님, 나하고 혼인하사이다!"

많은 총각들이 놀래어 까물어치거나 혼비백산하여 도망을 쳤다. 그런데 그 마을에 몹시 담력이 센 총각이 있었다. 그는 귀신을 만나면 단단히 혼을 내주리라고 벼르고 있었다.

어느 날 밤, 청년은 마침내 귀신을 만나게 되었다.

"이히히히……. 나와 혼인하사이다!"

청년은 당황하지 않고 눈을 부릅뜨고 호통을 쳤다.

"이 요망한 귀신, 썩 물러가지 못하겠느냐?"

"이히히히……. 나의 한 맺힌 외로움을 달래주오."

"썩 물러가지 않으면 신묘한 무당을 불러 성황님께 너를 잡아가도록 하겠다. 썩 물러가거라!"

"그렇다면 내 소원을 풀어 주시오."

"도대체 네 소원이란 무엇이냐?"

"나는 시집도 못가고 죽어서 저승길로 접어들지 못하고 이렇게 이승을 떠도는 원혼이 되었소."

"그래서 어쩌자는 말이냐?"

"그러니 이 마을의 높은 곳에다 나를 위하여 사당을 지어주시오. 그리고 사당 안에는 남자의 생식기를 나무로 깎아 넣어주시오."

"사당은 어렵지 않다. 그러나 하필이면 남자의 생식기를 원하는 이유는 무엇이냐?"

"너무 외롭고……. 그것 때문에 한이 맺혀 그러하오. 나의 부탁을 들어준다면 앞으론 고기도 많이 잡히게 되고 마을도 화평할 것이오."

이리하여 마을 사람들은 한 사람도 빠짐없이 나서서 해랑이 숨진 터에다 해랑의 원혼을 위로하기 위한 사당을 지었다. 이 사당이 바로 안인진의 해랑당이다.

해랑당에는 해랑의 소원대로 남자의 생식기를 나무로 깎아 넣어두었다. 과연 그 이튿날부터는 해랑의 귀신이 나타나지 않았고, 고기도 잘 잡혔기 때문에 그 뒤로는 늘 그렇게 했다.

어떤 지역에서는 매년 남자의 생식기를 깎아 바치기가 번거로워 남신(男神)인 골막이(수호신)를 모셔다가 해랑신과 결혼을 시켰다고 한다. 그 뒤부터는 남자의 생식기를 바칠 필요가 없게 되었다. 오히려 어떤 사람이 남자의 생식기를 만들어 바친 후에 재앙을 당하여 죽었다고 한다. 마을 사람들은 결혼한 해랑신에게 남자의 생식기를 바치는 것은 간통을 뜻하기 때문에 해랑신과 골막이의 노여움을 산 것이라고 믿고 있다.

해랑신을 달래기 위하여 남자의 생식기를 깎아서 바쳤던 것은 남근숭배신앙의 일종이라 할 수 있다.

장승에 얽힌 전설

한국의 전통문화를 나타내는 대표적은 상징물은 장승이다. 불과 몇 십년 전까지만 해도 마을 어귀나 길가에 장승이 우뚝우뚝 서 있었다. 이정표(里程表), 또는 마을의 수호신 구실을 하며 부락민의 신앙의 대상으로 숭배되어 함부러 건드리거나 손대지 않고 신성시 되었다.

조선 초기 서거정(徐巨正)이 지은 《태평한화골계전》에 보면 장승에 대한 기록이 처음으로 나온다. '장생(長栍)'이란 이름으로 기록되어 있는데, '군수가 길가에 세운 장승을 보고 사람으로 착각했다'는 내용이 그것이다.

이는 장승이 사람의 형상으로 제작되었다는 사실을 일러주는 대목이다. '장생'은 17세기 이후부터 '장승'으로 표기되었으며, 장승(長承)이나 장승(長丞)으로 쓰는 것은 취음(取音)이다.

장승의 기원에 대해서는 여러 가지 설이 있다. 고대의 남

▶ 장승 ; 길과 성 안을 수호하는 신이라 하여 마을 입구에 세웠다.

근숭배에서 유래되었다는 설, 사찰의 토지경계표시에서 나왔다는 장생고표지설(長生庫標識說), 솟대 · 선돌 · 서낭당에서 유래하였다는 고유민속기원설 등이 있다. 그리고 여러가지 성(性)과 관련된 전설이 얽혀 있는데, 그 전설에 에로시티즘에 대한 한국인의 강한 집념이 서려 있다.

우리나라의 향약(鄕約) 풍습에 성 범죄자를 장승에 묶은 후 매질을 했던 부락이 많았다. 또 신재효(申在孝)가 재작한 판소리 가루지기타령을 보더라도 장승은 성과 밀접한 관련을 가지고 있다.

천하의 둘도 없는 음남(淫男) 변강쇠가 장승을 패어 때다가 동티가 나서 앓다가 장승처럼 뻣뻣이 서서 죽었다. 당황한 음녀(淫女) 옹녀가 장사(葬事)만 지내주면 누구든지 같이 살겠다고 하자 중·초라니·풍각쟁이들이 서로 앞을 다투어 덤벼들다가 모두 폭사(暴死)하고 만다.

그러자 각설이패·마종꾼들이 송장 여덟을 나누어 가로지고 북망산으로 찾아갔는데, 그중 마종 뎁뜩이는 변강쇠와 초라니의 송장이 그의 등에 붙어, 그도 북망산 언덕에 장승이 되었다는 것이 가루지기타령의 줄거리이다.

음남·음녀의 비극적인 종말을 그린 가루지기타령에 장승이 등장하는 것은, 뿌리 깊은 성(性) 샤머니즘에서 비롯된 것 같다.

장승에 얽힌 전설은 크게 두 가지로 대별할 수가 있다. 그 하나는 홀아비와 딸의 근친상간(近親相姦)을, 다른 하나는 오누이간의 근친상간을 소재로 하고 있다.

옛날 어떤 높은 벼슬아치가 산간 오지로 귀양을 가게 되었다. 성숙한 딸이 아버지의 뒷바라지를 하기 위해 따라갔다. 인적이 드문 산간 오지에서 오랜 귀양살이를 하다보니 적막하고 답답하기 짝이 없었다.

그러던 어느 무더운 여름 밤, 아버지는 차마 보아서는 안될 것을 보고 말았다. 성숙한 딸이 뒷물하고 있는 광경을 보게 된 것이다. 그때부터 아버지는 딸을 여자로 생각하기에 이르렀고, 그런 생각 때문에 번민과 고통이 끊이질 않았다.

인륜(人倫)과 욕정 사이에서 미칠듯이 번민하던 아버지는 끝내 욕정에 못이겨 인륜을 저버리게 된다. 아버지는 딸을 베갯머리로 불러 참을 수 없는 욕정을 간절하게 호소한다.

딸은 하늘이 와르르르 무너져내린 듯한 엄청난 충격을 받아 망연자실한다. 그래도 아버지는 계속 조른다.

'하느님 맙소사! 세상에 어떻게 이런 일을…….'

딸은 가까스로 정신을 차리고 아버지의 마음을 곰곰이 헤아려 본다. 오죽했으면 이런 부탁을 했겠는가를 생각할 때 효도 차원(?)에서 눈 딱 감고 치마끈을 풀어버리고도 싶다. 자식이 아버지의 말을 거역하는 것도 큰 '비륜(非倫)'이 되는 것이다.

그러나 인륜 도덕을 생각하면 차마 그럴 수는 없다. 개돼지와 같은 짐승이라면 인륜 도덕이 문제될 것은 없겠지만, 인두겁을 쓰고서는 못할 일이 부녀간의 성행위이다.

딸은 고민 끝에 이렇게 말한다.

"아버지, 제가 누구의 딸입니까? 제 몸이 아버지로 인하여 생겨났는데, 어찌 아버지의 분부를 거역할 수 있겠습니까? 그러나……."

딸은 몸을 허락하기에 앞서 이러한 조건을 붙인다.

"아버지께서는 마루 밑으로 들어가 개처럼 세 번 짖으십시오. 그러면 소녀가 아버지의 뜻을 받아들이겠습니다."

딸이 조건으로 붙인 '개의 흉내'가 적이 상징적이며 암시적이다. 인륜을 깨려면 개와 같은 짐승이 되는 수모를 겪어야 한다는 뜻으로 해석할 수 있다.

딸의 말을 들은 아버지는 마루 밑에 들어가 개가 울부짖는 흉내를 낸다. 스스로 인간임을 부정하는 상징적인 행위인 것이다. 아버지가 그러는 동안 딸은 대들보에 목을 매어 죽는다.

딸에게 음심을 품은 이 벼슬아치의 불륜(不倫)을 저주하고 후세 사람들을 경계시키기 위하여 그 벼슬아치의 모습을 본따 장승을 세웠다는 것이다.

다른 하나도 근친간의 패륜을 저주하고 경계하는 내용인데, 간략하게 소개하면 다음과 같다.

옛날 어느 왕이 주연을 베풀고 신하들과 더불어 허심탄회하게 음양(陰陽)의 이치를 이야기했다. 이야기 도중에 왕은 불쑥 이런 말을 꺼냈다.

"인적이 하나도 없는 외딴 섬에 오누이가 들어가서 오랫동안 함께 살게 되었다고 가정해 봅시다. 그때 오누이간을 그대로 유지할 수 있을까요, 그렇지 못할까요? 이점에 대하여 경들의 생각을 말해 보시오."

신하들의 생각은 양분되었다. 한쪽은 인륜 도덕을 내세워 오누이간을 그대로 유지한다고 주장했다. 반면에 다른 한쪽은 본능설(本能說)을 내세워 그렇지는 못할 것이라고 했다.

이 문제를 놓고 오랜 시간 갑론을박했지만 결론이 나오지 않았다. 이쪽 말도 일리가 있고, 저쪽 말도 그럴 듯 했다. 부쩍 호기심이 동한 왕은 그것의 실제를 알고 싶었다.

그래서 인륜 도덕을 주장하는 쪽의 우두머리 장승상(張丞相)의 남매를 인적 하나 없는 외딴 섬으로 보내어 살게 했다. 세월이 흐른 후 남매를 섬에서 나오게 했는데, 그들 사이에 자녀가 생겨 있었다.

장승상은 철석같이 믿었던 자기의 아들과 딸이 인륜을 저버리고 부부관계를 맺었다는 사실에 비관하고 자결을 해버렸다.

왕은 인륜을 주장한 장승상의 넋을 추모하고 그 정신을

널리 펴기 위하여 장승상의 모습을 만들어 곳곳에 세웠는데, 그 이름도 '장승상'이 변하여 '장승'이 되었다고 한다.

이상의 장승에 얽힌 설화에서 고대 한국인의 원색적인 성 관념을 느낄 수 있다. 아버지도 딸에게 음심을 품을 수 있고, 오누이간에도 불미스런 성관계가 생길 수 있다는 사실을 상기시키고 경계하기 위하여 이런 설화를 만든 것은 아닐까?

그리고 성문제에 그토록 깊는 통찰이 있었기에 남녀칠세부동석(男女七歲不同席)과 같은 엄격한 남녀유별(男女有別)을 실행했던 것은 아닐까?

사실 유교 윤리가 지배했던 전통사회에서는 내외법이 있었다. 친아버지라 하더라도 성숙한 딸이나 며느리의 방 근처에는 갈 수 없었고, 7세가 되면 친오누이간이라고 해도 한 자리에 앉는 것을 금했다. 또한 옷도 함께 걸거나 포개 두지 않았으며, 머리를 빗는 빗도 각기 따로 두고 사용했다.

이 모든 것이 혹시라도 생길지 모르는 불상사를 미연에 막기 위한 방패막이였던 것이다.

근친상간 이야기

장승에 얽힌 전설처럼 근친상간과 관련된 적나라한 성 샤머니즘은 많다. 경상남도 통영시 사량도(蛇梁島)의 옥녀봉에 전하는 이야기는 아버지와 딸과의 불륜(不倫)을 소재로 하고 있고, 소매물도(小每勿島)의 암수바위 전설은 오누이의 불륜을 소재로 하고 있다.

먼 옛날 사량도에는 고기를 잡아 사는 홀아비와 과년한 딸이 살고 있었다. 그 딸의 이름은 옥녀(玉女)인데, 사량도의 주봉이 바로 그 딸의 이름을 따서 옥녀봉이라고 한다. 여기에는 다음과 같은 이야기가 얽혀 있다.

장승의 전설처럼 사량도의 고기잡는 아버지도 딸을 여자로 생각하게 되어 남자로서의 본능적인 부탁을 한다. 친아버지로부터 참으로 어처구니없는 부탁을 받은 옥녀는 참담한 마음을 가누질 못한다.

옥녀는 몇날 며칠을 두고 고민한다. 윤리적으로는 도저히 받아들일 수 없는 요구이지만, 매몰차게 아버지의 부탁을 거절하기도 힘든 일이다. 그래서 옥녀는 아버지에게 한 가지 조건을 붙인다.

"자식된 도리로 아버지의 말씀을 거역하지는 않겠습니다. 그러나 인륜 또한 거스를 수 없으니 아버지께서도 소녀의 부탁 한 가지를 들어주십시오."

"……."

욕정에 눈이 먼 아버지는 강렬하게 눈빛을 번득이는 가운데 옥녀의 말은 계속 된다.

"저는 먼저 산꼭대기에 올라가 있겠습니다. 아버지께서는 소처럼 음매음매 울면서 네 발로 기어 산을 올라오십시오. 산꼭대기에 오른 후에 그곳의 큰 바위에 이마를 부딪쳐 피를 흘리시면 아버지의 요구에 따르겠습니다."

옥녀는 이 말을 끝내고 옷을 소복으로 갈아입은 다음 산꼭대기로 올라갔다.

딸이 이런 조건을 붙인 것은 참으로 시사하는 바가 크다. 지엄한 인륜을 파괴하기 위해서는 짐승이 되는 수모와 함께 어떠한 고난이라도 달게 받아야 한다는 뜻이 내포되어 있다. 또한 그런 모욕적인 조건을 붙임으로써 아버지가 이성을 찾을 수 있으리라는 딸의 염원이 들어 있을 수도 있다.

그러나 욕정과 불꽃에 사로잡혀 미망을 헤어나지 못하는 아버지의 영혼은 딸의 염원을 저버리고 집요하게 네 발로 기어서 산을 오르기 시작한다.

"음매음매……."

처량하고도 구슬픈 소울음소리가 산을 울린다. 그 울음소리는 시간의 흐름에 따라 옥녀에게 가깝게 접근한다. 조금씩조금씩 압축되는 거리에 숨막히는 긴장감이 흐른다.

옥녀는 천길 벼랑 끝에 서서 바람에 날려갈 듯 옷자락을 날리며 아버지가 토해내는 소울음을 듣고 있다. 마음은 천갈래 만갈래로 찢어지는 듯하다. 자신을 그런 상황으로 내몰아버린 운명이 저주스럽기 한량없다.

"음매음매……!"

소의 울음소리가 옥녀의 귀에 가깝게 들린다. 이윽고 저만치에 아버지의 모습이 보인다. 이마에 땀은 뻘뻘 흘리고, 눈은 무섭게 충혈되어 있다. 온몸은 땀으로 멱을 감은 듯하다. 손과 무릎은 까져 피투성이가 되어 있다.

"아아, 욕정이란 얼마나 집요하고 무서운 것인가!"

딸은 아버지의 비참한 모습을 보고 절망하여 피눈물을 흘린다. 그러다가 하얀 치마를 머리에 둘러쓰고 벼랑 밑의 바닥에 몸을 던진다.

이렇게 하여 인간의 본능은 인륜 도덕에 보기좋게 패배한다. 그후 사량도에서는 혼인잔치를 하지 않는 풍습이 생겼다. 기구한 사연 때문에 시집도 못가고 죽은 옥녀의 한을 동정하는 뜻에서 생겨난 습속인데, 주민들은 혼인잔치를 하면 옥녀가 노하여 큰 재앙을 내린다고 믿고 있다.

이 설화는 구역을 치밀게 하는 남자의 더러운 욕정을 단적으로 고발하고 있다. 한편으로 인간으로서의 길을 제시하고 있는데, 근친상간을 경계하기 위하여 만든 것으로 보여진다.

매물도는 소매물도를 거느리고 있는데, 주민들은 매물도

를 큰 섬, 소매물도를 작은 섬으로 부른다. 작은 섬 소매물도는 경치가 아름다워 해금강 못지 않다는 뜻에서 '해금도(海金島)'라는 다른 이름도 갖고 있다.

필자는 이 섬에서 며칠 묵은 적이 있는데, 그때 마을 노인들로부터 암수바위에 얽힌 전설을 들었다.

소매물도의 마을이 있는 윗개에서 동쪽의 급경사진 등성이 하나를 돌아나가면 어른 30여 명이 팔을 벌려 감싸도 모자랄 것 같은 큰 바위가 눈앞을 막아 선다. 이 바위가 수바위이고, 암바위는 절벽 아래 해안에 앉아 있다. 크기는 서로 엇비슷하다.

오랜 옛날 큰 섬(매물도)에 권씨 부부(허씨 부부라고도 함)가 표류 끝에 들어와 살게 되었다. 그들은 외딴 섬에서 갖은 고초를 겪어 가며 생활의 기반을 닦았다. 그러는 동안 아이를 낳게 되었는데, 쌍동이 남매였다.

"옛말에 쌍동이 남매는 일찍 죽는다고 했는데……."

"걱정이군요. 그리고 쌍동이 남매는 부부의 연을 타고난 두 아이가 잘못되어 한 부모의 뱃속에서 태어나기 때문에 기회만 있으면 한 몸이 되려고 한다는 말이 있습니다."

"그건 있어서는 안 될 일이야."

"그렇다면 어떡하죠?"

부부는 이런 말을 주고 받으며 항상 걱정이 끊이질 않았다. 아이들은 건강하게 자라서 여섯 살이 되었다. 남매는 너무 다정하여 잠시라도 서로 떨어지지 않고 함께 놀았다.

'저것들이 커서 뭣을 알게 되면…….'

아버지는 남매간에 불미스런 일이 생길까봐 걱정하다가 마침내 비정한 마음을 품게 되었다. 그리하여 딸을 작은 섬

(소매물도)에 버리고 돌아와 버렸다.

세월이 유수처럼 흘렀다. 당당한 청년으로 성장한 아들은 건너편 작은 섬에서 연기가 피어오르는 것을 보았다.

"저 섬에 누가 살고 있나?"

호기심에 찬 아들은 그 섬으로 건너가 웬 처녀가 혼자 살고 있음을 보게 되었다. 그들은 남매인 줄 모르고 서로 좋아하게 되었고, 이윽고 깊은 관계를 맺기에 이르렀다. 바로 그 순간 이변이 일어났다. 갑자기 하늘이 캄캄해지고 번개가 내리쳐 그들을 바위로 만들어 버린 것이다.

이 전설은 몇 사람 살지 않던 개도기(開島期)에 자식들을 서로 경계하기 위하여 어버이가 창작해낸 슬기의 소산으로 보인다.

'달래고개 설화'도 남매 사이의 근친상간적인 성적 충동을 그리고 있다. 두 남녀가 남매간이 아니었더라면 아무런 비극이 없었을 텐데, 남매사이를 규정하고 있는 인륜 때문에 비참한 최후를 맞이 하게 된다는 것이 달래고개 설화이다.

옛날 혼기에 찬 어느 남매가 여름날 함께 길을 가다가 갑자기 소나기를 만나게 되었다. 남매는 황급히 큰 나무 밑으로 피했지만 워낙 큰 비여서 금새 옷이 흠뻑 젖었다. 비에 젖은 여름 모시옷이 살에 텁석 달라붙어 거의 알몸이나 다름없었다.

그것을 본 동생은 문득 여태껏 느끼지 못했던 감정이 솟구친다. 풍만한 젖가슴과 눈부신 둔부의 굴곡을 보니 뜨거워지면서 요란하게 방망이질하는 가슴을 진정할 길이 없다.

동생은 누나의 젖은 몸매를 보지 않으려고 애써 시선을 피했다. 그러나 한번 보아 버린 그 모습은 아무리 애를 써도 눈앞에서 떠나지를 않았다. 마음 속에서 불길같은 욕망과 도덕률이 치열하게 싸운다.

시간이 어느 정도 흐른 후에 소나기가 그쳤다. 누나는 동생에게 길을 재촉하지만, 동생은 죄책감 때문에 차마 누나의 눈을 마주 쳐다보지 못한다.

"먼저 가세요."

동생의 태도를 이상하게 생각하던 누나는 어렴풋이 그 이유를 알아채고 당황한다. 그래서 누나는 자기의 속살이 드러난 모습을 보이지 않으려고 부지런히 고개를 넘는다.

얼마나 걸었을까. 걷는 동안 옷이 다 마른 누나는 뒤를 돌아다보았다. 동생이 뒤를 따라오는 줄 알았는데 아무리 기다려도 오질 않는다.

"얘가 왜 여태까지 안 오지?"

걱정이 된 누나는 오던 길로 걸음을 옮긴다. 고갯마루에 이르른 누나는 실로 처참한 광경을 목도하게 된다. 동생은 자기의 생식기를 돌로 쳐서 피투성이가 되어 죽어 있었던 것이다. 그것을 본 누나가 슬퍼 울면서,

"차라리 달래나 보지……."

하였다고 하여 그것을 달래고개라 불렀다 한다.

이러한 슬픈 전설을 가진 달래고개는 전국 여러 곳에 있으며, 강(江)도 '달래강'이라 하여 비슷한 줄거리의 전설을 가지고 있다.

이 설화는 앞에서 소개한 소매물도 암수바위 전설과는 다르게 해석된다. 전자는 불륜에 대한 단호한 응징을 말하고

있지만, 후자는 윤리적 가치관보다 생명이 더욱 소중한 것임을 시사하고 있다.

"달래나 보지……."

개인적 욕구에 의한 근친관계를 도덕률에 의하여 엄격히 금기되어 있다. 그러나 목숨을 버릴만큼 절대적인 것은 아니라는 것을 내포하고 있어서 '도덕 논쟁'을 불러 일으킬만한 소지가 있는 설화라고 할 수 있겠다.

혹자는 달래고개 설화를 전연 엉뚱한 각도에서 해석하기도 한다. 보통 이러한 전설을 가진 고개는 인적이 드문 곳에 있는데, 그 고개를 걸어서 넘던 시절의 사람들이 다소나마 험한 고개를 넘는 노고를 잊기 위하여 이런 이야기를 만들어 화제로 삼았다는 것이다.

이러한 주장의 핵심은 설화에 등장하는 누나 또는 동생이 말했다는 '달래나 보지'에 있다. 이 말은 직설적인 여자의 생식기를 의미하기도 한다. 다시 말해서 이야기를 핑계 삼아 평소에 말하기 힘든 여자의 생식기를 입에 올린다. 그러면 자연스럽게 여성의 음부가 연상되고, 그것은 짜릿한 성행위의 상상으로 이어진다. 관심을 홍미있는 쪽으로 옮김으로 해서 힘들다는 생각을 아예 못하도록 했다는 얘기가 되는데, 일견 그럴듯 하기도 하다.

민요에 서린 에로스 본능

민요(民謠)는 민중의 생활과 직결되는 대중예술이다. 민중 속에서 자연적으로 발생한 그들만의 고유한 노래로, 그 집단이 지니고 있는 정서와 공동체적인 감정이 잘 드러나는 결정체이다.

본래 민요는 민중의 입에서 입으로 전파된 것이다. 때문에 그 자체가 유동적인 성격을 가지고 있는데, 구전(口傳)되는 동안 시대 상황에 따라 내용이나 곡 자체가 영향을 받았다. 이것은 당시의 풍토에 알맞게 변형하여 모든 민중이 공감을 형성하는 노래로 불렀기 때문이다.

따라서 민요는 민담이나 전설과 함께 우리 민족이 지니고 있는 전통적인 성격을 가장 진솔하게 반영하고 있다.

우리의 국문학사를 살펴보면, 민요가 향가(鄕歌)에 정착된 이래 고려속요(高麗俗謠)와 사설시조 · 속가사(俗歌辭) 등에 영향을 주었음을 알 수 있다.

《삼국유사》, 《삼국사기》 등을 고찰해 보면, 원시공동체사회에서부터 신라시대에 이르기까지의 남녀 연애는 오늘날에 비견될만큼 자유롭고 대범하며 공개적이었다.

〈헌화가(獻花歌)〉, 〈처용가(處容歌)〉, 〈서동요(薯童謠)〉 등에 나타나 있듯이 고대인은 사랑을 위해 목숨도 희생하는 뜨거운 정열을 가지고 있었고, 원효대사와 요석공주의 얽힘처럼 본능을 대담하게 표출하여 액티브하게 풀어버렸다. 또한 사랑을 위해 국경과 신분을 초월했다. 고구려의 호동왕자를 사랑한 낙랑공주(樂浪公主)는 사랑을 위해 나라와 부모를 동시에 저버렸고, 평강공주(平岡公主)는 지엄한 부왕의 명령을 거역한 후 쫓겨나 훌쩍 바보 온달의 품으로 갔다.

이러한 사례는 에로스 본능에 뜨겁고 대범했던 한국인의 기질을 잘 표현해 주고 있다.

고려속요를 보면 주로 남녀간의 애정에 관한 노래와 자연예찬, 그리고 이별의 아쉬움 등을 사실적으로 표현하고 있다.

얼음 위에 댓잎으로 잠자리를 마련하여 임과 내가 얼어죽을망정
얼음 위에 댓잎으로 잠자리를 마련하여 임과 내가 얼어죽을망정
정을 둔 오늘밤이며. 더디게 새어라, 더디게 새어라.

잊혀지지 않는 외로운 베갯머리에 어찌 잠이 오리오.
서창(西窓)을 여니 복숭아꽃이 피어나는구나.
복숭아꽃은 시름없이 봄바람에 웃는구나, 웃는구나.

넋이라도 임과 한 곳에 가고 싶소이다.
넋이라도 임과 한 곳에 가고 싶소이다.
우기시던 이는 누구셨나이까, 누구셨나이까?

오리야 오리야, 나 어린 빗오리〔花鴨〕야.
여울은 어디에 두고 늪에 잠자러 오는가?
늪이 곧 얼면 여울도 좋으리다, 여울도 좋으리라.

남산에 잠자리를 보아 옥산(玉山)을 베고 누워
금수산(錦繡山) 이불 안에 사향 같은 각시를 안고 누워
남산에 자리를 보아 옥산을 베고 누워
금수산 이불 안에 사향 같은 각시를 안고 누워
약(藥)이 들어 있는 가슴을 맞춥시다.

아 임이시여, 원대평생(遠代平生)에 떨어질 줄 모르게 되리니.

전 6연으로 되어 있는 〈만전춘(滿殿春)〉은 작자와 연대가 미상인 고려가요 중의 하나로 《악장가사(樂章歌詞)》에 전편이 전하며, 《시용향악보(時用鄕樂譜)》에는 한시로 개작하여 전하고 있다.

이 노래는 고려속요가 가지고 있는 주제와 소재면의 공통적인 특징을 가장 잘 구비하고 있는 작품인데, 대담하고 노골적인 남녀간의 성(性)을 표현하고 있다.

제1연에서는 임과 함께 누워 있다면 차가운 얼음 위에서

얼어 죽을망정 오래 있고 싶다는 열정적인 애정의 강도를 나타내고 있으며, 제2연에서는 임 없이 홀로 지내는 밤이 외로워 잠못 이루고 몸부림치는 여인의 뜨거운 관능이 자연의 현상에 수준있게 비유되어 있다.

제3연에서는 임을 원망하는 마음이 사무치고 있다. '넋이라도 함께 가자고 우겼다'는 대목에서 여자를 유혹하여 처음 섹스를 가지기까지 보여주는 남성의 집요한 욕망이 눈에 보이는 듯하다. 일반적으로 남자는 여자를 유혹하여 육체관계를 갖기까지는 온갖 정성을 다하지만, 일단 성행위를 갖고나면 그 열정이 시나브로 식는데, 그것을 꼬집고 있는 것이다.

제4연에서는 '오리야, 여울은 어디에 두고 소(沼)에 잠자러 오느냐'라는 표현을 통해 '오리'를 남자에, '여울'을 본처에 비유하고 있다. 남자가 본처를 두고 지금은 비록 딴 곳에 마음을 빼앗겨 있지만, 딴 곳(다른 여자)에 둔 마음도 곧 시들해 지며, 그때는 본처를 다시 찾는다는 의미를 내포하고 있다. 이것은 남성의 에로스 본능을 날카롭게 집어내고 있는데, 바로 이 대목이 이 노래의 작품성을 더해 주고 있다.

제5연에서는 육욕적인 사랑에의 갈망을 표현하고 있으며, 제6연에서는 임이 방황을 끝내고 돌아왔을 때 다시는 그런 탈선이 없게 되기를 소망하고 있다.

만두가게에 만두를 사러 갔더니
몽고인이 내 손목을 쥐더이다.
이 말씀이 이 가게 밖에 나며들며 하면(소문나면)

조그마한 어린 광대 네가 퍼뜨린 말이라 하리라.
그 자리에 나도 자러 가리라.
그가 잔 곳같이 어수선한 곳이 없다.

삼장사(三藏寺)에 불을 켜러 갔더니
그 절의 주인이 내 손목을 쥐더이다.
이 말씀이 이 절 밖에 나며들며 하면
조그마한 어린 중아 네가 퍼뜨린 말이라 하리라.
그 자리에 나도 자러 가리라.
그가 잔 곳같이 어수선한 곳이 없다.

두레박으로 푸는 우물에 물을 길러 갔더니
우물의 용이 내 손목을 쥐더이다.
이 말씀이 이 우물 밖에 나며들며 하면
조그마한 두레박아 네가 퍼뜨린 말이라 하리라.
그 자리에 나도 자러 가리라.
그가 잔 곳같이 어수선한 곳이 없다.

술 파는 집에 술을 사러 갔더니
그 집의 아비가 내 손목을 쥐더이다.
이 말씀이 이 집 밖에 나며들며 하면
조그마한 술구기야 네가 퍼뜨린 말이라 하리라.
그 자리에 나도 자러 가리라.
그가 잔 곳같이 어수선한 곳이 없다.

《악장가사》에 전하는 〈쌍화점(雙花店)〉이란 제목의 고려

속요다. 고려 충렬왕 때 지어진 작자 미상의 작품인데, 직설적인 표현으로 통렬히 당시의 현실을 풍자하고 있다.

노래 속의 여인은 만두가게 주인 회회(回回)아비에게, 삼장사의 중에게, 우물의 용에게, 술집의 주인에게 매번 손목을 잡히고 있다. 그런데 손목만 잡힌 정도라면 별로 얘깃거리가 되지 못한다. 문제는 매연마다 반복되는 구절에 있다.

그 자리에 나도 자러 가리라.
그가 잔 곳같이 어수선한 곳은 없다.

여인이 외간남자에게 손목을 잡혔다면 소스라치게 놀라 얼른 손을 빼며 화를 내든가, 따귀라도 한대 올려붙여야 옳다. 그런데 여인은 그러기는 고사하고 기다렸다는 듯이 적극적으로 행동한다. 여기까지도 이해할 수 있다. 본능에 이끌려 외간남자와 간통을 했다면 부끄러운 줄 알고 입을 다물어야 하는데, 마치 자랑이나 하는 것처럼 잠자리의 풍경을 묘사하고 있다. 말하자면 얼마나 잠을 험하게 잤길래 그가 잔 곳같이 어수선한 곳은 없었을까?

당시 고려 사회는 혼란하기 그지 없었다. 무신정변(武臣政變)으로 권력을 장악한 무신들이 100여 년간 권력다툼을 하는 동안 몽고의 침입을 받았다. 여러 차례 몽고의 침입을 당한 끝에 사실상 몽고의 굴복한 고려 왕조는 몽고의 지나친 내정간섭을 받아야 했다. 왕은 정치에 싫증을 느끼고 주색에 빠져 방탕한 생활을 일삼았는데, 이 영향이 사회 전반에 퍼졌다.

〈쌍화점〉은 이러한 고려의 사회상과 어수선한 분위기, 남녀간의 무분별한 애정행각 등을 솔직 담백하게 표현하고 있다. 몽고인이 들어오면서 우리 민족의 순결성이 짓밟히는 시대였음을 알 수 있게 하고, 중이 등장하는 것은 가장 성도덕을 지켜야 할 계층, 즉 종교의 타락을 고발하고 있다. 이것으로 보아서 세상이 얼마나 문란했던가를 엿보게 한다.

〈쌍화점〉과 〈만전춘〉 등의 고려 속요는 조선시대에 이르러 '남녀 상열지사(男女相悅之詞)' 또는 '음사(淫詞)'라 하여 배척되었다.

그러나 민중 속에서 자연스럽게 발생되어 입에서 입으로 전해지는 민요·판소리를 비롯한 민담 등의 확산을 막을 수는 없었고, 거기에는 적나라한 인간의 에로스 본능이 표출되어 있다. 특히 민요는 민중의 정서 표현과 갈등 해소의 치료적 구실을 해줬는데, 그 밑바탕에 질탕한 성(性)이 깔려 있는 경우가 많다.

죽일 년아 살릴 년아
어린 자식 잠들여 놓고
병든 가장 뉘여 놓고
활장같이 굽은 길로
살대같이 배가 가면
그 얼마나 잘 살꺼나
찢을년아 발길년아
대전회통 목메일년아.

무자비한 상소리와 저주로 되어 있는 속요 〈화냥년가〉이다. 어느 여인이 외간남자와 눈이 맞아 병든 남편과 어린 자식들을 헌신짝처럼 내팽개치고 새처럼 훨훨 날아가 버린 것이다. 그래서 그 화냥녀는 온갖 저주를 한몸에 받고 있다.

이와 같은 맥락의 속요는 한국의 여러 지방에서 구전되었다. 어느 때 발생되었는지 문헌상의 뚜렷한 근거가 없지만, 작품의 형식 및 내용과 운율적 정조(情調)의 흐름으로 보아 성차별이 심했던 조선시대에 발생했던 것으로 추정된다.

사실 조선시대는 지나치게 여성의 정절을 강요했다. 반면에 남성들의 탈선에는 관대했다. 남성은 열 명의 첩을 두고서 기생과 놀아나도 풍류로 치부했지만, 여성이 어쩌다가 실수로 실절을 하면 이유 곡절을 불문하고 '화냥질'이며, 그에 따른 응징을 받아야 했다. 화냥질을 한 여성은 노랫말에 나타나 있듯 찢어 죽이기도 하고 발겨 죽이기도 하고 목메달아 죽이기도 했다. 한마디로 여성의 실절은 끔찍한 죽음을 의미했던 것이다.

그러나 남성의 탈선을 노래한 〈난봉가〉는 자못 낭만적이면서도 홍겹다.

난봉이 났구나
줄난봉이 났는데
우리집에 삼동서가
헤에구야
줄난봉이 났구나
에헤헤 헤이에

〈난봉가〉에는 '헤에구야, 에헤헤 헤이에' 하는 의성적인 후렴구를 넣어 율동미를 가미시킴으로써 난봉을 희화하고 있다. 즉 난봉은 남성의 풍류와 낭만으로 합리화시키는 노래인데, 잔인한 저주로 일관된 〈화냥년가〉와 매우 대조적이다.

원래 이 노래는 황해도 지방에서 불렸는데 경기·서도지방에 알려지면서 별조 〈난봉가〉들이 생겨났다. 긴난봉가·자진난봉가·사설난봉가·사리원난봉가 등이 있으며, 현재 불리는 노랫말은 난봉과 관계없는 서정적인 내용으로 되어 있다.

이런 핑크빛 노래는 최근세의 민요에서 더 많이 찾아볼 수 있다.

앞산으로 올라갈 때는 오빠·동생하더니
뒷산으로 내려올 때는 여보·당신하더라.

전래되는 민요 〈쾌지나 칭칭나네〉의 일부분이다. 두 남녀가 오빠·동생으로 지내다가 산에 올라갔다 내려올 때의 짧은 시간에 그렇고 그런 사이로 변해 버린 것이다.

이산 저산 도라지꽃은 봄바람에 난출난출
이골 저골 흐르는 물은 밤소리가 처량해라
이러쿵저러쿵 좋을시구 이러쿵저러쿵 좋을시구
웅허어 웅허어 허허야 더허야 능실능실
저 도령의 물명주 수건 처녀 손에 놀아나고
문경갑사 붉은 댕기 총각 손에 때묻는다
이문산 절 저 중님아 새벽종은 치지 마라

내 품안에 노시던 임이 내 품안을 떠나신다
양촌 마실 수탉놈들아 축시될 줄 제 알면서
나의 심정 제 모르고서 사경되면 울음 운다
삽대째 큰 청삽살개야 도둑보고 짖지마는
어둔 밤에 날 찾아온 임 너만 알고 짖지 마라.

밀양 지방의 〈능실타령〉이다.

이 민요 속에는 여인의 본능이 능동적으로 표현되어 있다. 조선시대의 윤리가 정절이란 미명으로 여자의 본능을 철저하게 규제했지만, 음양(陰陽)이 꿈틀대는 자연법칙을 전부 막을 수는 없었던 것이다.

방점을 찍은 '봄바람'을 한역하면 '춘풍(春風)'인데, 흔히 '바람났다'고 할 때의 바람이 이 봄바람이다. 조선시대 최고의 기녀 시인 황진이(黃眞伊)는 정든 임을 그리는 애틋한 마음을 '춘풍 이불 아래'라는 표현으로 운치 있게 묘사하고 있다.

동지(冬至)ㅅ돌 기나긴 밤을 한 허리를 둘헤 내여
춘풍(春風) 이불 아래 서리서리 너헛다가
어룬님 오신 날 밤이여든 구뷔구뷔 펴리라.

임을 그리는 여심을 이처럼 솔직하고 담대하게, 그리고 예술적 향취를 풍기는 작품으로 이끌어낸 기교에 새삼 탄복하지 않을 수 없다.

혼자 임을 기다리며 지내야 하는 긴 '겨울밤'과 낮이 길어 임과 함께 하는 밤이 짧은 '봄'이 서로 대조가 되어, 임과 오래 있고 싶은 여인의 심정이 잘 드러나 있다. 그래서 차라리 긴 겨울밤의 한 부분을 잘라 간직해 두었다가 봄에 그 시간을 길게 펴보겠다는 것인데, 황진이다운 시적 표현이다.

여자도 욕망에 지배받는 사람이다. 몸속에는 뜨거운 피가 흐르고 있다. 특히 만물이 생동하는 봄이 되면 여자의 몸에 생리적인 변화가 생겨 몸이 근질거리는 현상을 어찌할 수 없다. 그래서 누군가를 간절히 원하게 되고, 그 사람과 함께 하는 달콤하고 짜릿한 밤이 새는 것이 아쉬운 것이다.

하동지방에서 불려지던 〈사리랑타령〉은 본능의 몸짓이 더욱 강렬하다.

인절미라 절편 끝에 장인 장모 팥밭 맨다
아리랑 사리랑 등당실 노더 사리랑
요번에 가거들랑 장인 장모 보고 오소
참절을 못한들사 반절은 하고 오소
후와든다 후와든다 반절이나 하고 오소
잘은 삼대 쓰러지고 굵은 삼대 쓰러진다
우리 둘이 요러다가 애기 배면 어찌할고
어떤 총각 겁자로세 내 구멍에 약 들었다
염려 말고 염려 말고 자근자근 눌러도라.

외설에 가까운 민요이다. 혼인을 하지 않은 남녀가 삼대밭에서 남몰래 섹스를 하고 있다. 성행위에는 항상 수태(受胎)의 가능성이 함께 하며, 부부간이 아닌 경우의 수태는 여간 골치 아픈 문제가 아니다.

《피임의 세계사》를 보면, 원시들은 풀 · 해초(海草) · 걸레 등을 이용하여 질을 막고 성교를 했다는 기록이 있다. 또 기원전의 히브리와 그리스·로마에서는 끈이 달린 스폰지를 이용했고, 프랑스와 영국에서는 16세기경부터 널리 사용되었다고 한다. 고대의 한국에서도 이런 피임 방법이 이용되었는지 모른다.

어쨌든 민요 속의 남성은 수태를 두려워하고 있는데 반하여 여인은 남성의 분발을 촉구하고 있다. '내 구멍에 약 들었네'라는 말은 피임약을 뜻하리라.

그 당시에 피임약이 있었을 턱이 없다. 그런데도 여인은 남성을 안심시켜 본능적인 관능의 욕망을 충족시키고자 몸부림치고 있는 것이다. 하기야 '귀태(鬼胎)'라는 안성맞춤 핑계가 있었으니까.

이밖에도 노골적인 섹스 욕구가 표현된 음탕한 잡가는 많다. 이것은 민중(특히 여성)의 억압된 성적 본능의 표출이며, 실행에 옮길 수 없는 욕망을 노랫가락에 실어 심리적인 만족이나마 얻으려고 했던 것이리라.

패관문학에 담긴 에로스 본능

왕조시대에는 '패관(稗官)'이라는 명칭의 벼슬아치가 있었다. 임금이 민간의 풍속이나 정사(政事)를 살피기 위하여 가설항담(街說巷談)을 모아 기록시키던 벼슬아치를 패관이라고 했다.

패관들이 엮은 가설항담은 자연히 창의성이 가미되고 문장이 윤색(潤色)됨으로써 새로운 산문문학 형태로 발전하게 되었는데, 이것을 일컬어 패관문학이라고 한다. 패관소설 · 패사(稗史) · 패사소설 · 패관기서 · 언패(諺稗) 등과 같은 뜻으로 쓰인다.

패관문학에 속하는 대표적인 책으로는 서거정(徐居正)의 《태평한화골계전(太平閑話滑稽傳)》, 강희맹(姜希孟)의 《촌담해이(村談解頤)》, 유몽인(柳夢寅)의 《어우야담(於于野談)》, 어숙권(魚叔權)의 《패관잡기(稗官雜記)》, 송세림(宋世琳)의 《어면순(禦眠楯)》 등을 들 수 있다.

이 책들의 공통적인 특징은 시(詩)에 대한 일화 및 일상생활과 대인관계에서 생긴 소화(笑話), 또는 전설·설화·골계(滑稽) 등의 내용을 담고 있는데, 책들마다 음담패설이 넘칠 듯이 그득하다.

'남녀유별', '남녀칠세부동석'이라는 엄격한 유교윤리에 지배되어 살았던 왕조시대, 그것도 명문가의 자손으로 당당히 높은 벼슬까지 지낸 학자의 이름을 내걸고 이런 문집(文集)을 남겼다는 사실은 참으로 시사하는 바가 크다.

패관문학에는 왕조시대를 살았던 민중의 생활감정과 전통적인 성격을 정직하게 반영하고 있다. 그래서 패관문학이야말로 현장감이 있는 백성들의 이야기로 민족성·국민성을 뚜렷하게 보여주고 있는 것이라고 말할 수 있다.

패관문학에는 에스프리(esprit)가 있다. 인정의 기미(幾微)를 묘사하는 것만으로 그치지 않고 교묘한 조롱을 더하여 풍자와 야유와 비평을 더하고 있다. 그것은 적의(敵意)를 점잖게 표시하는 반항의 무기였다고 해석되기도 하고, 억압된 감정을 승화된 형식으로 표현하는 공격이었을 것이라는 생각도 든다. 또한 괴로움으로부터의 도피하는 방법으로, 대상욕구를 충족하는 수단으로 활용되기도 했을 것이다.

일찍이 삼국시대 성립 무렵에 한국에 전래된 것으로 추정되는 유교사상은 한국인의 가치관·생활양식·법률제도 등을 형성하는 데 큰 영향을 미쳤다. 그 영향에 따라 한국인은 유달리 체면과 예의를 중시하여 동방 예의지국(東方禮儀之國)이란 미칭(美稱)을 얻었다.

그러나 유교는 본래가 사대부(士大夫;통치자·지식인)의 학(學)이며, 수기치인(修己治人)의 학이다. 간단히 말해서 치자

(治者; 특권층)가 자기 자신의 도덕적 수양을 쌓아 피치자(被治者)를 선도하고 다스린다는, 윤리와 정치를 일체화시킨 학문이다.

따라서 유교 윤리는 양반사회의 윤리이지 기층사회의 윤리는 아니었다. 그래서 양반과 상민의 윤리와 풍습에 차별화가 있었다. 이를테면 과부의 재혼 문제를 보더라도 사대부가의 과부들은 재혼이 금지된 반면에 상민가의 과부는 큰 영향을 받지 않았다. 남녀유별(男女有別)이라는 오륜 중의 하나에서 유래된 '내외법'도 양반의 풍속이지 상민들의 풍속은 아니었다.

이런 이유에서 패관문학에는 유교 윤리에 반하는 내용이 많다. 원래 패사를 기록했던 취지가 민중의 사상·생활·감정을 알고 정치에 반영하고자 함이었기 때문에 민중의 다양한 삶이 모자이크되어 있는 것이다.

그러나 민중의 이야기를 표현하는 수법은 역시 유교적이다. 남녀의 생식기를 비롯하여 섹스를 은유적으로 표현한 것이 그 증거라고 할 수 있는데, 이는 개방과 노출을 싫어하는 선비 문화의 산물이다. 다시 말해서 패관문학의 편찬자(기록자)들이 유교를 신봉했던 선비들이었기 때문에 적나라한 표현을 피하여 은유적 표현 수법을 택한 것이다. 이런 이유에서 패관문학은 민중들의 세계관과 편찬자의 세계관이 적절히 어우러진 문학이라 볼 수 있다.

최남선의 고찰에 따르면 남녀의 생식기에 대한 우리의 고유말은 '자지'와 '보지'이다. 그런데 이 단어를 말하거나 글로 쓰는 것을 꺼리어 은유적인 표현이나 외래어를 쓰는데, 이 역시 유교 문화에 뿌리를 둔 한국인의 이중성이다.

유교는 무엇보다 인간의 도덕적 수양을 강조하고 있는 관계로 본질적인 인간의 욕망에 사로잡히는 것을 죄악시하고 있다. 어쩔 수 없이 오욕 칠정(五慾七情)에 지배 받는 인간에게 참기 힘든 욕망을 애써 참으라고 요구하고, 본능적인 충동을 억제하라고 가르쳤다.

이런 가르침을 잘 지키고 따르는 사람을 '군자(君子)'라 하며 받들었고, 그렇지 못한 사람을 '소인(小人)'이라 하여 천대했다. 선비사회에서 소인 취급을 받는 것은 최고의 수치였다. 그래서 실제로는 유교의 가르침을 지키지 못하면서도 겉으로는 안 그런 척하는 표리부동한 인간성이 형성되었다. 실제보다 명분, 내용보다 외형, 실리보다 체면에 집착하는 한국인의 기질은 뿌리 깊은 유교문화에서 비롯된 것이다.

송세림의 《어면순》을 보면 성과 관련된 은유적 표현이 잘 드러나 있다.

옛날 벽골이라는 마을에 금슬 좋기로 소문난 부부가 있었다. 그들은 연년생으로 태어난 아들 5형제를 두었다.

어느 날 다섯 아들이 한자리에 모여 의논했다.

"저 늙은이들이 또 일을 내고야 말겠어. 우리 5형제만 하여도 넉넉하련만 하루도 빠짐없이 밤마다 잠자리를 함께 하니 말이야. 만일 동생놈을 낳게 되면 반드시 우리들로 하여금 업어 키우게 할 것이야. 그러면 우리는 똥오줌을 치우고 우는 동생놈을 돌보느라 고생이 이만저만이 아닐거야. 이 일을 어떻게 하면 좋지?"

만형의 말을 둘째가 받는다.

"우리가 그런 일이 생기지 못하게 지키는 것이 좋겠어."

"어떻게?"

"우리가 오늘부터 번갈아 가면서 밤을 지켜 그 일을 못하게 막는 거야."

"그게 좋겠다."

이렇게 굳은 약속을 한 5형제는 이날부터 어버이의 동침을 감시하였다. 밤새도록 자질 않고 감시하는 아들들 때문에 부부는 정염을 태우지 못한 채 전전긍긍했다.

그러던 어느 날, 매일 밤 감시하느라 잠을 못이긴 막내가 꾸벅꾸벅 졸고 있었다. 부부는 이 틈을 놓칠새라 힘차게 포옹했다. 깊은 밤 부엉이가 우는 듯, 상처입은 개가 신음하는 듯이 토해내는 어미의 감탕질에 막내는 깜짝 놀라 잠에서 깨어났다.

"아니, 어머니! 날이 밝지도 않았는데 아버지를 배 위에 태우고 어딜 가시려고 합니까?"

막내의 외침에 부모는 당황하여 어찌 할 바를 몰라 하다가 그 일을 중단했다. 안타깝고 민망하기가 이루 말할 수 없었고, 한편으로 속에서 부글부글 울화가 치밀었다.

'못된 놈들…….'

아버지는 끙끙 앓다가 한 꾀를 생각해냈다.

"너희들은 오늘부터 새벽 일찍 들에 나가 말과 소를 먹이다 돌아오너라."

아버지의 분부를 받은 5형제는 나가는 척하고 숨어서 감시하는데, 이윽고 부부의 잠자리 대화가 흘러나오기 시작했다.

맏아들이 손가락에 침을 묻혀 창을 뚫고 방안을 들여다

본다. 먼저 아버지가 어머니의 두 눈썹을 가리키며,

"이것은 어떤 물건인고?"

하고 묻자 어머니가 대답했다.

"이른바 팔자문(八字門)이죠."

이번에는 눈을 가리킨다.

"망부천(望夫泉)이옵니다."

그러자 코를 가리킨다.

"감신현(甘辛峴)이로소이다."

아버지는 희희낙락하며 어머니의 입을 가리킨다.

"네, 이것은 토향굴(吐香窟)입지요."

다음은 턱이다.

"이건 사인암(舍人岩)이고요."

아버지는 마른 침을 꿀떡 삼키며 불룩한 유방을 가리키며 묻는다.

"네, 이건 쌍운령(雙雲領)이옵니다."

이번에는 배다.

"유선곶(遊船串)이외다."

유선곶을 지나자 볼록한 언덕이 나온다.

"옥문산(玉門山)이구요."

이번에는 옥문산 위에 무성하게 물결치는 검푸른 숲을 가리킨다.

"이건 감초전(甘草田)입니다."

그러다가 아버지가 옥문산 감초전을 지그시 바라보다가 물이 고여 있음을 보고,

"요건 무엇이라 하느뇨?"

하고 묻자 어머니가 대답한다.

"이것은 온정수(温井水)라 하옵니다."

이에 어머니가 홀연히 일어나 아버지의 양경(陽莖)을 어루만지다가 묻는다.

"이것은 무엇이라 하오이까?"

"주상시(朱常侍)니라."

다음은 신낭(腎囊)을 가리킨다.

"음, 그건 홍동씨 형제(紅同氏兄弟)일세."

이런 말을 주거니 받거니 하다가 아버지가 어머니를 덮치려고 했다. 그러자 위기감을 느낀 5형제가 거칠게 문을 열고 일제히 방으로 들어섰다.

아들들의 급작스런 출현에 크게 놀란 아버지가,

"이놈들, 마소를 배불리 먹이라고 했는데 어찌하여 벌써 돌아왔느냐?"

하고 호통을 치자 5형제가 입을 모아 대답했다.

"원망스럽습니다, 아버지. 마소를 이미 배불리 먹이고 목욕까지 시켜 쉬다가 돌아오는 길인데, 칭찬해 주시지는 못하실망정 도리어 꾸짖다니요."

"뭐라구?…… 이놈들아, 마소를 몰고나간지 반 시간도 못되어 어디서 풀을 먹이고 목욕까지 시켜 쉬다가 돌아왔단 말이더냐?"

아버지의 이 말이 끝나기가 무섭게 5형제는 기다렸다는 듯이 대답했다.

"네, 아버지. 처음에 팔자문을 거쳐 망부천을 지나니 감신현이 나왔습니다. 그곳에서 토향굴과 사인암을 거쳐 간신히 쌍운령을 넘은 후에 유선곶을 건너 옥문산에 올랐습니다. 그 옥문산 감초전에서 마소를 실컷 먹인 다음 온정수에 목욕시킨 후에 쉬었다가 돌아오는 길입니다."

"뭐라구, 이놈들!"

아버지는 얼굴이 시뻘겋게 달아올라 매를 들고 아들들을 쫓으며 소리쳤다.

"그래, 대체 어떤 놈이 보았느냐?"

아들들은 혼비백산하여 달아나면서 대답하였다.

"왜 못 보겠습니까? 주상시와 홍동씨 형제가 입증할 것입니다."

아들들의 이 말에 아버지는 말문이 막혀 버렸다.

여자의 생식기를 '옥문(玉門)'이란 명칭으로 점잖게 표현한 것은 《삼국유사》 〈기이(紀異)〉편에 그 기록이 나온다. 선덕여왕이 '영묘사(靈廟寺) 옥문지(玉門池)'로 표현한 것이 그것이다. 또 비추(屄㞗) · 하문(下門) · 여근(女根) · 소문(小門) 등으로 표현하기도 하며, 조개나 홍합에 비유되기도 한다.

《성수패설(醒睡稗說)》에 이런 이야기가 실려 있다.

어느 마을에 지독하게 인색한 사나이가 있었다. 그는 하인에 대한 사경(私耕)을 아끼기 위하여 열살 가량의 벙어리를 하녀로 채용하였다.

싹싹하고 눈치가 빠른 아이였지만 벙어리인 만큼 말을 알아듣지 못했다. 그래서 심부름을 시킬 때는 손짓 몸짓으로 의사를 통하였다.

인색한 사나이는 평소에 술안주로 홍합을 즐겨 먹었다. 그가 술을 마시고 싶다는 의사를 표시하면 그의 딸이 벙어리 하녀에게 홍합을 사오도록 지시를 했는데, 그때는 꼭 광으로 데리고 가서 의사를 통하였다. 그러면 어김없이 홍합을 사오는 것이었다.

딸의 어미는 늘 그것을 신기하게 생각했다. 몇 번이나 어떻게 의사를 통하느냐고 딸에게 물었지만 딸은 웃기만 할 뿐 대답하지 않았다.

"음, 목이 컬컬하구나!"

어느 날 사나이는 술이 마시고 싶다는 신호를 보냈다. 딸은 곧 벙어리 하녀를 데리고 광으로 들어갔는데, 평소 궁금하게 생각하던 어미가 문틈으로 살그머니 엿보았다. 그랬더니 딸은 치맛자락을 걷어 올리고 여자의 가장 은밀한 곳을 하녀에게 보이면서 이런 것을 사오라고 손짓으로 이르는 것이었다.

'히야, 정말 기발한 생각이로다!'

어미는 감탄하여 혀를 내둘렀다.

그런 후 며칠이 지났다. 또 홍합을 사와야 했는데 마침 딸이 외출하고 없었다. 하는 수 없이 처녀의 어미가 벙어리 하녀를 광으로 데리고 가서 딸의 흉내를 냈다. 치마를 걷어 올리고 옥문을 보여주자 벙어리 하녀는 유심히 그 부분을 들여다 본 후에 고개를 끄덕이고 나갔다.

한참 후에 하녀가 조개를 사왔다. 그런데 언제나 사오던 빨강 색깔의 홍합이 아니고 거무튀튀한 까마귀조개를 사온 것이었다. 그 조개는 잘 먹지도 않을 뿐만 아니라 맛도 형편없는 것이었다.

주인 여자는 하녀가 사온 까마귀조개를 보고 즉시 그 이유를 알 수 있었다. 처녀인 딸의 그 부분과 나의 먹은 자기의 그 부분이 색깔이나 모양면에서 같을 수는 없다는 것을 깨달은 것이다.

신재효(申在孝)의 판소리사설 〈심청가〉에도 여자를 조개에 비유하고 있다. 심봉사의 부인 곽씨는 자식을 낳은 후에 남편에게 묻는다.

"남녀간에 무엇이오?"

심봉사는 아기의 샅을 만져본다. 걸림새가 하나 없이 나룻배 건너가듯 손이 미끈 지나가는 것을 확인하고 이렇게 대답한다.

"아마도 묵은 조개가 햇조개를 낳았나 보오."

판소리사설의 가장 중요한 특징은 사실적 묘사를 들 수 있다. 삶의 현장에서 쓰이는 토속 용어들을 바로 사용하여 정황을 그리고 있기 때문에 현실감이 뛰어난 것이다. 특히 판소리사설은 '이면(裏面)그리기'를 중요시하는데, 이면이야말로 현실적인 묘사를 의미한다.

이런 것으로 미루어 보아 아마 오래 전부터 여자를 홍합이나 조개에 비유했던 것 같다. 이는 그 생김새가 닮아서 그렇게 은유한 것이 분명하다.

앞에서 말했지만, 패관문학이나 판소리사설은 민중들의 세계관과 기록자의 세계관이 복합되어 왜곡되거나 축소 또는 과장된 면이 없지 않을 것이다.

이러한 생각을 뒷받침해 주는 것을 민요에서 찾아볼 수 있다. 전적으로 민중들의 노래였던 민요에는 적나라한 표현이 그대로 사용된 경우가 많다.

다음은 제주도 대정(大靜) 고을에서 채록한 속요인데, 남녀의 생식기를 직설적으로 표현하고 있다.

보지야 산천 자지봉에
피좆 닷되를 갈았더니
난디 없는 꿩득새가 다 뜯어먹고
빈좆 대가리만 거들락 거들락

민중들은 이런 속요나 구전되는 음담패설을 주고 받으면서 입으로나마 카타르시스를 느꼈는지도 모른다.

그리고 이런 방법으로 성적 스트레스를 풀어버리는 것은 성범죄 예방 차원에서 보면 나쁘지는 않았다고 본다. 프로이트는 여성 히스테리 환자들을 치료하는 과정에서 히스테리 환자의 많은 경우 성적 불만족을 가지고 있음을 보았다. 성적인 억압이나 좌절이 많은 질병을 유발한다는 것이다. 그러니 성적인 만족은 단순히 육체적인 즐거움에 그치는 것이 아니라 정신적인 차원의 건강과도 직결된다는 것을 본 것이다. 또한 법의학자들의 말에 따르면 성범죄자들 중에 샌님처럼 얌전하고 내성적인 성격을 가진 사람이 많은 반면, 입으로 방종한 사람의 실생활은 의외로 건전한 경향이 있다고 한다.

이런 것을 이렇게 해석할 수 있지 않을까? 마치 스포츠의 골인 장면이나 홈런을 보고 관중이 후련함을 느끼는 것과 같은 의미로 해석한다면, 음담패설의 효용도 무시할 수 없을 것이다.

부묵자(副墨子)라는 익명으로 쓴 《파순록(破瞬錄)》의 서문에 다음과 같은 글이 실려 있다.

"이 책을 보고 좋으면 생활의 법도로 삼고 나쁘면 자계(自

戒)하는 거울로 삼으라. 경우에 따라서 스스로 경계한다면 비록 음담이나 야어(野語)라고 할지라도 나에게 있어서 어찌 해로운 것이겠는가."

이 말은 '음담·야어'를 이해하는 데 있어서 크게 참고할 말이 아닐 수 없다.

성행위를 나타내는 상징물

머리털은 성적 상징으로서의 의미를 가진다. 그래서 금욕 생활을 강요당하는 세계에서는 머리를 깎는 관습이 있다. 중이 머리를 깎는 것은 세속적인 것과 인연을 끊는다는 정신적 의지의 표현이며, 죄수나 군인들이 짧게 머리를 깎는 것은 성적 충동을 억제시키려는 뜻이 포함되어 있다.

여자가 남자 앞에서 머리털을 풀어 헤친다면 성적 허용도가 높다는 것을 암시하며, 머리털을 만지는 행위는 그 사람에 대한 애정의 표시로 간주된다. 여성에게 있어서 머리털은 자기에게 소중한 사람이나 친밀한 사람에게만 만지도록 허용하는 의식을 가지고 있는 것이다.

어느 심리학자의 말에 의하면, 필요 이상으로 미장원에 자주 가는 여성은 애정에 굶주려 있기 때문이라고 한다. 누군가가 머리를 만져주는 것에서 정신적인 애욕을 얻는데, 그것이 없기 때문에 배상 행위로서 미장원을 찾는다는 것이다. 그래서 미장원은 접촉의 기근상태에 있는 현대인의 갈망을 메워주는 구실을 한다고 일컬어진다.

이런 것을 종합해 볼 때 머리모양과 성풍속은 아주 밀접한 관계가 있는 것 같다. 사실 쪽머리가 일반화된 조선시대 이전의 성풍속은 비교적 자유스러웠다는 것을 문헌상에서 찾아볼 수 있다.

그런데 머리를 단단히 매만져 비녀라는 장신구를 꽂고부터 성풍속이 무섭도록 엄격해졌는데, 두발이 자유화되면서 자유성애 시대가 열린 것이 아닐까?

육당 최남선(六堂 崔南善)은 여성의 쪽진머리가 풀어지지 않도록 꽂는 장신구인 비녀를 남성의 생식기를 상징하는 것으로 보았다. 곰곰이 생각해보면 과연 그럴 법하다.

옛날의 미혼처녀들은 모두 댕기머리를 했다. 혼인할 나이가 되면 계례(笄禮)를 치르게 되는데, 이것은 비녀를 꽂는 의식으로 여아의 성년식이었다. 일반적으로 약혼이 성립되었을 때 행했으나, 비록 혼인을 정하지 않았다 하더라도 계례를 올렸다. 여자 나이 15세면 정신적으로나 육체적으로나 어른이 되었다고 생각하고 어른의 권리와 의무를 부여했던 것이다.

계례를 치르는 여성은 참빗으로 채근하듯 머리를 훑은 다음 단단히 뒤통수에 땋아서 틀어올려 비녀를 힘차게 찌르는데, 그 행위가 가위 상징적이다.

그렇게 생각하고 보면 비녀의 모양도 여간 예사롭지 않다. 비녀머리가 뭉뚝한 것은 남성의 생식기를 연상하게 만드는데, 그 유래가 남성의 생식기가 아니었나 하는 생각이 든다.

만약 이런 가정이 그럴 듯 하다면, 이 역시 남근숭배의 일종이라 할 수 있겠다. 비녀 중에 세칭 '송이버섯비녀'라는 것이 있다. 그 비녀의 머리부분이 남자 성기의 끝부분과 아주 흡사하다. 그래서 여자의 음심을 자극시킨다는 염려로 점잖은 집안에서는 사용하지 않았고, 과부가 있는 집안에서는 아예 얼씬거리지도 못하게 했다고 한다.

언제부터 비녀를 꽂기 시작했는지는 분명하지 않지만, 《삼국사기》에 채(釵; 비녀 채)라는 기록이 있는 것으로 보아서 삼국시대부터 비녀가 사용되었음을 알 수 있다. 안압지에서 출토된 다양한 비녀와 뒤꽂이가 이 사실을 뒷받침하여 준다.

맷돌질도 성행위의 상징으로 보았다. 한국의 홍수설화(洪水說話)를 보면 맷돌이 등장한다. 한국에 전하는 홍수 전설로는 고리봉전설 · 남매혼전설 · 행주형전설(行舟形傳說) 등을 들 수 있는데, 모두 근친혼을 그리고 있다. 큰 홍수로 사람이 다 죽고 남매 둘만 살아 남는다. 남매인 까닭에 혼인을 할 수 없는 두 남녀는 궁리 끝에 맷돌을 가지고 산으로 올라간다. 오빠는 수맷돌을 동쪽으로, 동생은 암맷돌을 서쪽으로 각각 반대 방향으로 굴리고 산을 내려왔는데, 그 맷돌이 포개어져 있었기에 혼인하여 인류의 조상이 되었다는 이야기다.

남매가 맷돌을 지고 산에 올라갔다는 것, 그리고 그 맷돌이 포개어져 있음으로 해서 혼인하게 되었다는 내용은 매우 상징적이다. 이런 상징적 성행위는 민요에서도 찾아볼 수 있다.

나는 죽어 맷돌 밑짝이 되고요
너는 죽어 윗짝이 되어라
어랑어랑 어랑 내 사랑아

청양(靑陽) 지방의 민요이다. 이 민요에서 맷돌은 남녀의 성기, 맷돌질은 성행위를 상징하고 있다. 암수가 맞물려 돌아가는 그 광경을 상상하면 묘한 흥분을 느끼게 되는 것이 맷돌질이다.

방아를 찧는 것도 은유적인 성행위로 표시했다. 쿵더쿵 쿵더쿵 방아를 찧는 모습을 보노라면 영락없는 성행위가 연상되는 것이다.

한국의 춘화

성(性) 풍속을 주제로 한 선정적인 그림을 춘화(春畵)라고 하는데, 춘화도(春花圖) · 운우도(雲雨圖) · 비희도(秘戲圖)라고도 한다.

조선 영조 때 현감을 지낸 박양한(朴亮漢)의 《매옹한록(梅翁閑錄)》에 따르면 인조 때 중국에서 상아조각품 형태로 처음 전래되었다고 한다. 그러나 조선시대의 강한 유교사상 때문에 중국이나 일본에 비하여 춘화가 그리 성행하지는 못했다.

한국에서 춘화가 유행한 것은 조선 후기에 들어서이다. 영조와 정조 시대에 본격적인 풍속화의 유행이 나타났는데, 이는 시대 상황과 표리를 이루고 있다. 당시는 실학(實學)이 성하여 시장 경제의 규모가 커지면서 신흥 상업계급이 발흥하였다. 이들은 경제력을 바탕으로 신분 상승을 꾀하는 한편 양반사회의 문화 취향을 모방하려고 했다.

▶단원 김홍도의 그림, 사계춘화첩(四季春畵帖) 중 1면.

그러나 양반사회에서 풍속화를 평하기를 속화(俗畵), 즉 '저속한 계층의 삶을 담은 속된 그림'이라 하여 천대하였다. 그래서 여속(女俗)과 춘의(春意)를 담은 그림은 기생방을 중심으로 한량들 사이에 은밀하게 유통되었다.

대표적인 화가로는 김홍도(金弘道)·신윤복(申潤福) 등이 있는데, 이들의 작품 중에 비교적 대담한 남녀 성희를 묘사한 춘화가 다수 전한다.

▶ 혜원 신윤복의 그림, 풍속화첩 중 1면.

▶ 혜원 신윤복의 그림, 풍속화첩 중 1면, 간송미술관.

비역과 밴대질

사내끼리 성교(性交)하듯이 하는 짓을 '비역'이라 하고, 여자끼리 성교를 흉내내는 짓을 '밴대질'이라 한다. 즉 호모(homo)와 레스비언(lesbian)을 일컫는 우리말이 비역과 밴대질이다.

호모는 '같다'라는 뜻의 그리스어 '호모스'에서 유래하고 있다. 따라서 라틴어의 '인간'을 뜻하는 '호모'가 그 기원이 아니다.

이성교제가 아닌 동성교제의 성향을 가진 사람을 '호모섹슈얼'이라 불리고 있다. 일반적으로 그들은 보통 사람들과 다름없다. 동성연애에 대하여 상세한 연구를 해온 성과학자들 사이에서도 그들의 동성애적 행위를 하게 된 원인에 대하여 여러 가지 의견이 있다. 그러나 동성연애의 원인은 복잡하여 아마 그 사람의 성장 방식과 관계가 있다는 점에서는 의견을 같이 하고 있다.

남성의 경우 가장 흔히 찾아 볼 수 있는 것이 '오이디푸스 콤플렉스(Oidipous Complex)'이다. 이를테면 아버지의 횡포가 심하여 주색잡기에 놀아나고 어머니는 늘 고생만 하는 따위의 환경에서 자라게 되면, 어머니에 대한 동정심이 지나쳐서 오이디푸스 콤플렉스가 되는 것이다. 그런 사내아이는 이렇게 생각하게 된다.

"아버지는 어머니의 적이다. 나는 결코 아버지와 같이 여성을 괴롭히는 사람이 되지 않겠다."

이런 생각이 뿌리 깊이 박혀 이성애에 대한 제동이 걸려 버린 것이다. 또한 같은 남성이라도 호모섹슈얼에 있어서 남자 역할과 여자 역할은 구분된다. 남자 역할을 '인서터'라 하고, 여자 역할을 '인서티'라 한다.

인서티(여자 역할)의 경우, 정신분석학적으로 보면 그의 섹스가 아직 유아기(乳兒期)의 항문단계를 벗어나지 못하고 고정해 버렸기 때문에 생긴 것으로 되어 있다. 그래서 동성의 성기가 자기 항문에 들어가는 것에서 쾌감을 느끼는 괴상한 정신 상태를 가지게 된 것이다.

인간은 태어난 후 젖먹이일 때는 누구나 다 대변을 볼 때는 항문에서, 소변을 볼 때는 요도에서, 젖을 빨 때에는 입술에서 성적 쾌감을 느낀다고 정신분석학은 말하고 있다. 그것이 성장함에 따라 차츰 변하여 정상적인 남녀간의 성교에 의하여 성욕을 만족시킨다는 것이다.

그러나 어떤 이유로 해서 젖먹이일 때 성욕 충족의 한 방법인 항문단계에서 탈피하지 못하는 사람이 있다고 한다.

바로 그들이 남성들의 동성연애에서 여성의 역할을 하게 된다는 것이다. 여자끼리의 동성연애를 레스비언이라고 한다. 레스비언이란 말은 고대 그리스의 여류시인 사포(Sappho)에서 비롯되었다고 한다. 그녀는 여자이면서도 여자를 사랑하는, 이른바 동성연애자였는데, 그녀가 레스보스(Lesvos) 섬의 방언으로 열정적인 시를 썼기 때문에 그것을 따서 레스비언이란 명칭이 생긴 것이다.

호모와 레스비언은 인간의 역사가 있는 곳이면 어디서든지 찾아볼 수 있다. 희랍시대의 벽화, 꽃병의 무늬 등에는 나체의 여인들이 성애를 즐기는 모습이 흔히 눈에 띄며, 한국에서도 동성애의 흔적이 다분하다.

고려 제31대 공민왕(恭愍王)은 미소년(美少年)들과 남색(男色)을 즐기다가 그들의 손에 의해 비명횡사했다. 특히 홍륜(洪倫)이란 소년을 사랑했는데, 그는 익비(益妃)를 범하여 임신까지 시켰다.

이러한 사실을 환관 최만생(崔萬生)이 왕에게 알렸다. 사실 홍륜과 익비의 간통은 왕이 방조했기 때문에 생긴 일이었다. 그래서 왕은 최만생을 무섭게 쏘아보며 신음하듯 입을 열었다.

"내일 창릉에서 홍륜과 그 도배(徒輩)들을 죽여 사실이 누설됨을 막아야겠다. 그리고 너 또한 이 사실을 알았으니 죽음을 면치 못하리라."

어명을 들은 최만생은 몹시 두려워하며 홍륜을 비롯한 자제위(子弟衛;공민왕의 남색 파트너)들에게 알렸다. 그리하여 생명의 위기를 느낀 자제위들이 작당하여 그날 밤 공민왕의 가슴에 칼을 꽂은 것이다.

사당패와 승방(僧房), 보부상, 궁중 등에서도 동성연애가 행해졌다는 기록이 있다. 《조선왕조실록》을 보면 세종(世宗)

의 며느리 봉씨(奉氏)가 세자빈의 신분으로 궁녀들과 동성연애를 즐긴 것을 기록하고 있다. 그래서 세종은 음탕한 행위를 바로잡기 위하여 동성연애가 발각되면 곤장 70대를 치게 했는데, 그래도 근절되지 않자 곤장 100대로 올린 것으로 되어 있다.

《기문(奇聞)》에는 승려의 동성애가 나온다.

월성(月城)에 아름다운 기생이 있었다. 그녀는 사또 아들의 사랑을 담뿍 받았다.

만남이 있으면 이별이 있는 법이라, 사또의 임기가 끝나 고향으로 돌아가게 되었다. 사또의 아들과 기생은 떠나기 전날 밤을 꼬박 지새며 슬프게 별리의 정을 나눴다.

운명의 날이 밝았다. 기생은 차마 사랑하는 님과 떨어지기 싫어 울며불며 퇴임 사또의 행차를 반나절이나 뒤따랐다. 어느 곳에 이르러 기생은 자기가 입고 있던 나삼(羅杉)을 벗어 사또 아들에게 주면서 슬프게 입을 열었다.

"당신은 귀하신 몸이고 저는 천한 기생입니다. 이렇게 이별하면 언제 다시 만날 수 있겠습니까? 저의 나삼을 벗어 드리오니 정표로 받아주옵소서."

사또 아들도 눈물을 흘리면서 자기가 입고 있던 두루마기를 벗어주었다.

"때가 되면 꼭 너를 데리러 오겠노라."

이렇게 이별하고 기생은 발길을 돌렸는데, 자꾸 울며 돌아다보느라고 그만 길을 잃고 말았다. 길을 찾아 헤매는 동안 깊은 산중에서 날이 저물었다. 어디선가 짐승의 울음소리가 들렸다.

"어휴, 무서워라!"

기생은 정신없이 어두운 산길을 헤매다가 불빛을 발견했다. 반가운 마음에 급히 그곳으로 가보니 절간이었다.

"여자의 몸으로 어찌 중들이 우글거리는 절에 들어갈 수 있겠는가! 그러나 이 밤중에 산중에서 헤맬 수는 없는 노릇이고……."

기생은 고민하다가 한 가지 묘안을 생각했다.

"옳지, 서방님께서 정표로 주신 두루마기를 입고 들어가면 되겠다."

기생은 남자로 분장하고 절로 들어갔다. 스님들이 보니 한 아름다운 동자(童子)가 들어오는지라,

"야, 참으로 아름다운 소년이다! 어디에서 왔나?"

하면서 서로 자기의 방으로 데려가려고 했다. 이때 노승이 나서서 싸우는 스님들을 꾸짖으며 기생에게 말했다.

"네가 선택하여라. 어느 스님과 자겠느냐?"

기생은 몸을 더럽힐까 두려워 스님들의 면면을 유심히 살폈다. 그러다가 가장 나이 많은 스님을 발견했다.

'저 스님은 너무 늙어 나를 범하지 못하겠지?'

기생은 이렇게 생각하고 나이 많은 스님과 자겠다고 말했다. 이리하여 기생은 늙은 스님의 방으로 가서 몸을 눕혔다.

기생이 막 잠이들려고 하는데 늙은 스님이 뒤에서 껴안았다. 그리고 양물을 꺼내어 기생의 엉덩이를 희롱하기 시작하자 마침내 기생도 몸이 달아올랐다.

기생은 짐짓 모른 체하며 몸을 뒤틀었다. 늙은 스님은 기생이 동자인 줄만 알고 행하였는데, 부지불식간에 양물이

기생의 옥문 속으로 들어가자 소스라치게 놀랐다.

"어이쿠, 이게 뭐야?"

늙은 스님은 너무 놀라 엉겁결에 기생의 귀를 꽉 깨물어 버렸다.

판소리사설 〈적벽가〉와 〈흥부가〉에도 동성연애를 암시하는 대목이 나온다. 예쁘장하게 생긴 조조(曺操)의 한 병사는 적장에게 붙들려 항문을 겁탈당한 후에 고통을 호소하고 있으며, 놀부는 '약한 노인 엎드러뜨리고 마른 항문 생짜로 하기'의 명수라고 소개하고 있다.

앞에서 잠시 설명했지만, 정신분석학상으로 볼 때 동성애는 성적 미성숙의 표현이며 그 사람의 자라난 환경과 깊은 관련을 맺는다. 따라서 한국에서 동성연애가 성행했던 것은 유교사상에 따라 성을 추하고 부끄러운 것으로 여겼기 때문일 수도 있겠고, 특수한 집단(사당패, 승려, 궁녀 등)의 억압된 본능의 반동작용에서 생긴 것으로도 볼 수 있다.

변태와 수간

성욕 표현의 어디까지가 정상이고 어디서부터 비정상인가를 결정하는 것은 쉬운 일이 아니다. 시대에 따른 성윤리의 변화와 사회 배경에 따라 달라질 수 있기 때문이다.

정신병학(精神病學)에서 변태성욕을 넓은 의미로는 성욕 본능의 이상(異常)을 말하고, 좁은 의미로는 성행위의 이상을 말한다. 이를테면 사디즘·마조히즘·페티시즘·노출증·동성애·시애(屍愛)·수애(獸愛) 등을 일컬어 변태성욕 또는 이상성욕이라고 한다. 독자들도 잘 알고 있겠지만, 이해를 돕기 위해 일반적인 변태성욕을 간단히 설명하고자 한다.

- 사디즘(sadism)—상대편을 학대하는 것으로 성적 쾌감을 느끼는 경향.
- 마조히즘(masochism)—자기가 학대받는 일에 성적 쾌

감을 느끼는 것.

- 페티시즘(fetishism)—여성의 팬티나 브래지어, 또는 액세서리 등을 성욕의 대상으로 삼는 변태.
- 노출증—이성에게 자신의 성기나 나체를 보이는 일에 성적 흥분을 느끼는 것.
- 시애(屍愛)—시체와 성교를 하거나 시체의 일부를 절취하여 자위를 하는 변태.
- 수애(獸愛)—개·송아지·염소·말 등 짐승과 교합하는 변태.
- 동성애—동성끼리 하는 변태적 연애.

'비역과 밴대질'에서 동성연애에 관하여 기술했기 때문에 여기서는 '수간'에 대해서만 말하고자 한다.

개·송아지·염소·말 등 짐승과 교합하는 변태의 기원은 고대 이집트의 비의(秘儀)에서 시작되었다고 한다. 그 당시 짐승과 교합하는 것은 음패(淫悖)한 것이 아니라 성스러운 행위로 여겼다.

고대 이집트 사람들은 악어·산양·소 등의 짐승을 신(神)들의 화신으로 믿었다. 그래서 성수(聖獸)들과 교접하는 것은 신들의 분노를 회유하고 신과 인간이 화합을 맺는 것이라고 믿었다. 또한 히브리(유태)와 이슬람 문화권에서도 수애가 행해졌는데, 《구약성경》과 《아라비안라이트》 등에서 그 근거를 찾을 수 있다.

《구약성경》〈레위기〉에 이런 귀절이 나온다.

"너는 짐승과 교합하여 더럽히지 말라. 여자는 짐승 앞에서서 그것과 교접하지 말라."

짐승과의 교접이 행행했기 때문에 그것을 금지시키는 조항이 생긴 것은 분명하다. 이슬람 문화권의 고대 문헌 및 삽화를 보면 짐승과 교접하는 장면을 흔히 볼 수 있다. 15세기 페르시아의 세밀화 중에 낙타와 수간하는 장면이 있으며, 이슬람의 터부에 이런 말이 있다.

"메카로 가는 순례 때는 낙타와 교합하지 않으면 목적을 달성하지 못한다."

메카로 가는 순례 때 이슬람 교도들이 타고 가는 낙타와 공공연한 교합이 있었음을 엿보게 하는 대목이다.

한국에서도 짐승과의 교접이 있었던 것 같다. 어숙권은 그의 저서 《패관잡기》에 서울의 한 계집이 말과 흡사한 머리 둘 달린 아이를 낳았다는 사례를 기록하고 있다. 이순신 장군이 출생했던 1545년의 일이다. 또한 말이 사람을 낳았다는 것도 더불어 말하고 있는데, 그것에 대한 사실 여부는 확인하지 못했다고 기록하고 있다.

성여학도 그의 저서 《속어면순》에 말과 교합한 사나이의 이야기를 기록하고 있다.

숙천부(肅川府)에 사는 어느 사나이가 홀로 산길을 걷다가 한적한 다리밑에서 풀을 뜯고 있는 암말을 보았다. 순간 솟구치는 욕정을 참지 못하고 다리 밑으로 달려가 말과 교합을 하였다. 공교롭게도 이때 지나가던 동네 사람이 그 광경을 보았다. 사나이는 얼굴이 홍당무가 되어 동네 사람에게 사정했다.

"내가 오죽했으면 그랬겠나. 이렇게 사정하니 제발 소문은 내지 말아주게."

"맨입으로?"

"쌀 석 섬을 주겠네."

이렇게 하여 입을 막았다.

그러나 입은 말하라고 있는 것이 아닌가! 입이 근질거린 그 사람은 온 동네에 "자네에게만 하는 소린데……." 어쩌구 하면서 소문을 내고 말았다.

"나쁜 자식!"

화가 난 사나이는 약속을 저버린 사람에게 달려가 입막음조로 준 쌀 석 섬을 돌려달라고 했다.

"쌀은 다 먹어 버렸는데……."

쌀을 돌려주지 않으려고 하자 관가에 소송을 제기했다.

당시 숙천부 부사는 김사원(金嗣源)이란 사람이었다. 그는 해괴망측한 송사에 이런 판결을 내렸다.

"산속에서 말과 교접한 것은 풍기 문란죄에 해당한다. 뇌물을 받고도 계약을 어긴 것 또한 심보 불량죄라 하겠다."

김사원은 이런 판결을 내리고 두 사람 모두에게 곤장 80대의 벌을 내렸다.

한국인의 수간 상대에는 말이 많이 등장한다. 아마도 말을 교통수단으로 많이 길렀기 때문일 것이다. 《기문》으로 전하는 다음의 이야기도 말과 교접한 내용이다.

어느 시골 마을에 입에 풀칠하기도 어려운 가난한 집이 있었다. 그런 집에 친척이 선물로 암말 한 필을 보냈다. 가난으로 찌들대로 찌들은 주인은 이 고마운 선물을 받고도 근심이었다. 식구들 입에도 거미줄치게 생긴 처지인데, 말에게 먹일 것이 있을 턱이 없는 연유에서였다.

주인은 여러 모로 생각하고 궁리한 끝에 당분간 이웃 절간에 그 말을 맡기기로 생각했다. 그 부탁을 받은 스님도 쌍수로 환영했다.

스님이 말을 돌보기 시작한 것도 여러 날이 지났다. 그러던 어느 비오는 날, 스님은 말의 시뻘겋게 드러난 그것을 보고 묘한 충동에 사로잡혔다.

'출가한 내가 짐승에게 더러운 욕심을 갖다니……. 부끄럽고 부끄럽도다.'

스님은 스스로를 그렇게 질책했지만, 마침내는 음심을 이기지 못하고 말과 음사를 행하고 말았다. 그런데 상상 외로 짜릿한 재미가 있었다.

한번 재미를 붙인 스님은 그후 틈만 있으면 그 짓을 했다. '중이 고기 맛을 알면 절간의 빈대가 안 남는다.'는 말이 있듯, 이 스님이 꼭 그 꼴이었다.

세상사가 그렇듯, 비밀이 더 빨리 전파되고 숨기고 싶은 부끄러움은 더 빨리 드러나는 법이다. 스님이 그 짓을 하는 것을 사미승이 우연히 보게 되었다. 처음에는 스님을 추하고 불결하다 경멸하였으나 한편으로는 솟구치는 호기심을 억누를 길이 없었다.

그러던 어느 날 스님이 멀리 출타했다. 그 틈을 타서 사미승은 스님이 하던 것처럼 행사를 시도했다. 땀을 뻘뻘 흘리며 몇 번이나 시도했지만 기술이 부족한 탓인지 성사되지 않았다.

"에잇, 이놈의 더러운 말!"

사미승은 치미는 화를 이기지 못하여 쇠붙이에 불을 달구어 말의 음문을 지져 버렸다. 말은 미친 듯이 껑충껑충 뛰며 구슬프게 울어댔다.

아무것도 모르는 스님은 외출에서 돌아오자마자 즉시 말에게 달려가 그 짓을 하려했다. 말은 한 번 호되게 혼이 난지라 껑충 뛰면서 스님의 허리를 차버렸다. 벌렁 나자빠진 스님, 영문을 모른 채 그래도 웃으며,

"요년이 내가 그동안 잠시 밖에 다녀왔다고 질투를 하는구나 그래!"

하고 일어서서 다시 접근했다. 그러자 이번에는 더욱 높이 뛰면서 스님의 어깨뼈를 후려찼다.

"요년이 갑자기 왜 이리 사나워졌지?"

스님은 아픔을 참느라 이를 악물고 일어서 말의 그곳을 자세히 살피다가 깜짝 놀랐다. 말의 음문이 불에 데어 차마 눈뜨고는 볼 수 없을 만큼 참혹했던 것이다.

"이 노릇을 어떡하면 좋으냐. 남의 말을 이 지경으로 만들어 놓았으니……, 사람들은 내가 말과 교접한 부끄러운 짓도 곧 알아 채고 말겠구나."

겁이 더럭 난 스님은 어떻게 수습해 보려고 머리를 짰으나 속수무책이었다.

"에라, 할 수 없다. 좀 비겁하긴 하지만 주인집 나무에 몰래 매어놓고 돌아와 버리자. 그리고 나중에 물어보면 전혀 모른다고 시치미를 떼자."

스님은 이렇게 중얼거린 후 말을 끌고 주인집에 가서 조심조심 나무에 매어 놓았다. 그러하고서 막 돌아서는 순간 그 집 큰아들과 눈이 마주치고 말았다. 아들은 곧 큰소리로,

"아버지, 지금 스님께서 말을 가지고 오셨습니다."

이 소리를 들은 주인이 급히 뛰어나왔다.

"아니 스님, 스님께서 어떻게 여길 다 들르셨습니까? 잠깐 안으로 들어가시지요. 곧 음식을 준비하겠습니다."

'이크, 기어이 일이 탄로나고 말았구나.'

얼굴이 사색이 된 스님은 벌벌 떨면서 손을 휘휘 저었다. 그러자 주인은 더욱 몸 둘 바를 몰라 하면서,

"스님, 아무리 제가 가난한 사람이지만 스님 대접할 밥 한 술 없겠습니까? 어서 들어오십시오."

하며 손을 끌었다. 더욱 기가 죽은 스님은 뒷걸음질로 앙버티며 더듬더듬 이렇게 말했다.

"다, 당신네 마, 말의 음문은 본시부터 번들번들합디다."

"……?"

짐승과의 성적 교섭을 변태성욕에서 제외시키는 정신병리학자도 있다. 그것은 청년기의 일시적 대상행위(代償行爲)이기 때문에 지속성을 갖지 않는다는 것이다.

어쨌든 한국인의 변태성욕은 현실에서 예외적인 상황을 서술한 것일 것이다. 막히고 침체된 사회의 성적빈곤자(性的貧困者)들의 대상적인 성행위로 이해하는 것이 타당할 것 같다.

3

계색론과 열녀문

일부종사의 기원

전통사회에서 여성이 지켜야할 최고의 모랄은 삼종지도(三從之道)와 일부종사(一夫從事)였다. 모두가 아시겠지만, 어렸을 때는 어버이를 좇고, 시집가서는 남편을 좇고, 남편이 죽은 후에는 아들을 좇으라는 것이 삼종지도이고, 죽을 때까지 한 남편만을 섬기라는 것이 일부 종사이다.

소혜왕후 한씨가 지은 《내훈(內訓)》의 〈부부장(夫婦章)〉에 이런 구절이 나온다.

"대체로 남자는 다시 장가든다는 법이 있으나 여자는 다시 시집간다는 글이 없다. 그러므로 '남편은 하늘'이라고 말하기도 한다. 하늘은 진실로 도망할 수가 없고, 남편은 진실로 떨어질 수 없는 것이다."

소혜왕후는 〈여헌(女憲; 여자를 경계하는 글)〉을 인용하여 다음과 같은 말을 덧붙이고 있다.

"한 사람에게 뜻을 얻으면 그것으로 영원히 몸을 마치며,

한 사람에게 뜻을 잃어도 그것으로 영원히 몸을 마친다."

일부 종사를 역설하고 있는 글이다. 남편이 좋거나 나쁘거나, 잘났거나 못났거나를 가리지 말고 끝까지 한 남편만을 섬기라는 것이다. 그래서 그 시대에 남편이 죽은 후에 따라서 죽는 여성을 최고의 열녀로 꼽아 칭송했다. 반면에 죽지 않는 여성을 미망인(未亡人)이라고 하여 달갑지 않게 여겼다. 미망인이라는 말은 본디, 남편과 함께 죽었어야 할 몸이 아직 살아 있다는 것에서 생겨난 말이다.

현대적인 기준으로 보면 악법이라 할 수 있는 일부 종사에 대한 관념은 고조선에 그 뿌리를 두고 있다. 백수광부(白首狂夫; 미치광이)의 아내가 지어 불렀다고 전하는 〈공무도하가(公無渡河歌)〉에 일부 종사라는 전통적 여인의 정절이 잘 나타나 있다.

고조선의 뱃사공 곽리자고(藿理子高)가 새벽에 강가로 나가 배를 손질하고 있었다. 이때 머리카락이 허옇게 센 한 미치광이(백수광부)가 머리를 풀어헤친 채 술병을 들고 물속으로 뛰어들었다. 허겁지겁 뒤쫓아 온 그의 아내가 말리려고 하였으나 이미 때는 늦어 그 미치광이는 죽고 말았다.

아내는 슬피 울면서 안타깝게 남편을 불렀다. 그러나 이미 죽은 남편이 대답할 리는 만무했다. 비탄에 빠져 목이 메이도록 울부짖던 미치광이의 아내는 공후를 타면서 자신의 심정을 노래하기 시작했다.

임이여, 물을 건너지 마오.
임은 기어이 물을 건너시네.

물에 빠져 돌아가시니,
임이여, 이 일을 어찌할꼬.

이렇게 노래한 그녀는 강물에 몸을 던져 스스로 목숨을 끊었다.

뜻밖의 광경을 목격한 곽리자고가 집에 돌아와 그 이야기를 아내 여옥에게 해주고 마디마디 구슬펐던 노래를 들려주었다. 그리하여 이 노래가 세상에 알려지게 된 것이다.

이 노래는 문헌에 나타난 한국적인 여심을 노래한 첫번째의 작품인데, 남편을 애틋하게 사랑하는 아내의 마음을 잘 나타내주고 있다.

어쩌면 이 노래가 만들어진 그 시대의 부부관계는 부부애가 박약했을 가능성이 크다. 말하자면 아내가 남편을 따라 목숨을 버렸던 전례가 전혀 없었는데, 미치광이의 아내가 최초로 목숨을 버렸기 때문에 엄청난 센세이션을 일으켰던 것은 아닐까?

어쨌든 이 노래에 담겨진 정서가 전통사회 일반적인 여성의 마음을 지배했던 것은 사실이다.

한국인의 정조대

"계집은 돌리면 버리고 그릇은 빌리면 깨진다."

한국 남성들은 이렇게 생각했다.

그래서 혹시라도 생길지 모르는 불상사를 미연에 방지할 수 있는 방도를 생각하여 '내외법'을 만들었다.

남자와 여자, 안과 밖을 철저히 갈라놓는 이 내외법에 의해 여성의 생활 공간은 대문 안으로 한정되었다. 그러나 대문 안이라고 해서 모두가 여성의 생활 공간은 아니었다.

한국의 전통 가옥 구조를 보면 대문 안은 곧바로 남성의 공간인 사랑채와 사랑 마당으로 되어 있다. 여기를 지나 더 깊숙한 곳에 안채와 안마당이 마련되어 여성들이 기숙했다. 사랑채와 안채 사이에는 소위 '내외벽'이라는 것이 가로막혀 있었고, 소문(小門)이라는 출입문이 있었다. 다시 말해서 안채에 들어가려면 대문을 통과한 후 다시 소문을 통과해야만 했다. 따라서 여성의 생활 공간인 안채와 안마당은 외간 남자 접근 금지 구역이었다. 심지어는 가족이나 가까운 친척이라 할지라도 남성 가족은 특별한 경우가 아니면 안채 출입을 금했다. 만약 안채에 자주 드나드는 남성이 있다면 '암띤 사내'라는 조롱을 받아야만 했다.

"사내가 부엌에 드나들면 불알이 떨어진다."

이러한 사고도 내외법의 산물인데, 이 말은 가족간에도 남녀의 생활 공간을 철저히 구분했다는 것을 잘 드러내고 있다.

전통사회 양갓집 미혼 처녀를 규수(閨秀)라고 했다. '색시 규(閨)'자의 짜임은 문(門) 속에 흙 토(土)자가 포개어져 있다. 즉 담장 두 개가 쌓여 있는 깊은 곳에서 살고 있는 처녀를 일컬어 규수라고 했다.

이렇게 폐쇄된 공간에서 여성은 길쌈 등 옥내노동만 하게 되었고, 외출도 자유롭지 못했다. 만부득 외출을 해야 할 경우에는 쓰개치마 등으로 얼굴을 가렸다. 또한 밖에서 남성을 마주치면 돌아서서 비켜가기를 기다려야 했고, 길거리의 행사 따위를 구경하지 못하게 하였다. 그래서 '엉덩이를 보면 어느 집 계집인 줄 알아도 얼굴을 보면 알 수가 없다'는 우스갯소리마저 생겨났다.

아무튼 내외법은 남녀가 얼굴 마주치는 것부터 차단하여 혹시라도 생길지 모르는 불상사(?)를 원천봉쇄했는데, 이는 십자군원정에 나섰던 군인들의 정조대보다 더욱 튼튼한 정조대 역할을 했던 것은 틀림없다.

한국 남성들은 집안 깊숙한 곳에 여성들을 가둬놓고도 마음을 놓지 못하고 세세한 곳까지 신경을 썼다. 이를테면 집 근처에 복숭아나무를 심지 않았던 것도 여성 단속의 의미가 크다. 복숭아나무가 귀신을 쫓는 힘을 지녔기에 집 근처에 심지 않았다고 전해지고 있지만, 꼭 그런 이유 때문만은 아니다.

복숭아꽃의 빛깔은 아주 야하고 선정적이어서 자연스럽게 핑크 무드를 조성하게 된다. 복숭아 열매 또한 그 생김새가 여성의 생식기와 흡사하다. 그런 현혹적인 모양이 남편 구경을 자주 못하는 여성들의 에로스 감정을 자극하여 바람이 날까 염려하여 집 근처에 심지 못하게 했던 것이다.

전통사회 남성들은 관례(冠禮) 의식을 치르면서 상투를 틀었다. 이 상투는 성인 남자의 상징으로서, 나이가 어린 사람이라도 장가들면 상투를 하고 어른 대접을 받았다. 이때 '상투 탈막'이란 글귀를 외우게 했는데, 이 글귀에 복숭아가 여성의 생식기로 상징되고 있다.

동낭도화하처심(洞囊桃花何處深)
도래일촌이분심(到來一寸二分深)

내외법이 크게 적용되지 않았던 서민층 남성들은 다른 방법으로 아내의 탈선 행위를 막으려고 노력했던 것 같다. 패사(稗史)에 이런 이야기가 나온다.

어느 사나이가 장사차 며칠 동안 집을 비우게 되었다. 그는 자기가 없는 동안에 혹시 아내가 부정한 행동을 하지 않을까 염려하던 끝에 한 가지 묘안을 생각해 냈다. 곧 아내의 은밀한 곳에 드러누운 황소의 그림을 그려놓고 안심하고 집을 떠났다.

사나이는 며칠 동안에 볼일을 다 끝마치고 돌아와 아내의 그곳을 살펴보았다. 그런데 이게 웬일인가? 드러누워 있던 소가 벌떡 서 있지 않은가! 사나이는 노발대발하며 큰소리로 외쳤다.

"나는 누워 있는 소를 그려 놓았는데, 이 소는 어째서 서 있는 거야? 앙!"

남편의 서슬 푸른 추궁에 아내는 코먹은 소리로 이렇게 대답했다.

"그 언저리에 풀밭이 있으니까 소가 풀을 뜯어 먹으려고 일어섰겠죠 뭐!"

패사에는 이런 가락의 이야기가 많이 등장한다. 어떻게든 아내의 실절(失節)을 막으려고 했던 남성들의 몸부림으로 이해할 수 있는데, 그런 방편이 일종의 정조대 역할을 했으리라 짐작된다.

다음의 이야기도 앞의 이야기와 장단을 같이 한다.

촌가의 우맹한 사내가 천하일색의 여인을 아내로 맞아 깊이 사랑했다.

하루는 그가 멀리 외출할 일이 생겼다. 외출을 하려고 하니 걱정이 앞섰다. 혹시나 자기의 예쁜 아내를 누가 간통하지 않을까 하는 의심이 생긴 것이다.

사내는 궁리 끝에 한 가지 계책을 생각해 내고, 아내의 음호(陰戶)에 누워 있는 사슴 한 마리를 그려놓았다.

"됐다. 이러면 함부로 간통을 못할 것이다."

사내는 사슴으로 표시를 해놓은 다음에야 안심하고 길을

떠났다.

마을의 한 한량이 오래전부터 그 사내의 미인 아내에게 흑심을 품고 있었다. 한량은 미인의 남편이 멀리 나간 것을 알고 수작을 걸어 간통하려 했다.

"안됩니다. 남편이 그 부위에 사슴을 그려놓고 갔으니 그 일만은 불가합니다."

미인의 이 말에 한량은 득의양양하게 웃었다.

"그런 문제라면 걱정하지 마십시오. 일을 끝내고 다시 그려놓으면 감쪽같을 것이 아닙니까?"

"호호, 그렇겠군요."

이렇게 하여 두 사람은 운우지락을 나눴다.

일이 끝났다. 한량은 붓을 들어 미인의 음호에 늠름한 모습으로 서 있는 사슴 한 마리를 솜씨 좋게 그려놓았다.

남편이 돌아와 아내의 음호를 확인했다.

"이게 어찌된 일이냐? 나는 누운 사슴을 그렸는데, 이 사슴은 어째서 서 있단 말이더냐?"

남편이 화를 내며 길길이 뛰자 아내가 천연덕스럽게 대꾸했다.

"당신은 물리(物理)를 충분히 모르시고 있군요. 사람도 누웠다 일어났다 하는데 사슴인들 어찌 계속 누워 있기만 하겠어요. 누워 있기에 힘이 들어 일어 섰겠지요."

"그런가? 그건 그렇다고 하더라도 내가 그린 사슴에는 뿔이 누워 있었는데 이것은 뿔까지 서 있으니 웬일이지?"

"그것이야 뻔하지 않습니까. 사슴이 누웠으면 뿔도 누웠을 것이고 사슴이 서 있으면 뿔도 서 있는 것은 당연한 이치가 아니겠습니까? 이것이 세상의 상리(常理)입니다."

이 말을 듣고 우맹한 사내는 겸연쩍게 웃으면서 아내의 등을 어루만졌다.

"과연 당신은 달리(達理)한 사람이오."

계색론

한 무제(漢武帝) 때의 사람 이연년(李延年)은 '경국지색(傾國之色)'이란 유명한 말로 여자(특히 미인)를 표현했다. 그의 표현을 빌리자면 이렇다.

한 번 돌아보매 성을 기울게〔一顧傾人城〕 하고, 두 번 돌아보면 나라를 기울게〔再顧傾人國〕 하되, 그러면서도 성이 기울고 나라가 기우는 것을 깨닫지 못하게〔寧不知傾城與傾國〕 하는 것이 미인이다.

임금을 유혹하여 나라를 망친 '경국지색'들의 고사(故事)는 얼마든지 있다. 또한 여자로 인해 쓸개가 빠져버린 대장부들의 이야기를 들자면 한도 끝도 없다. 천군만마를 일성(一聲)으로 호령하던 불세출의 영웅 나폴레옹도 애인 조세핀에게만은 꼼짝 못했고, 당나라의 현종은 미희 양귀비로 인해, 은나라의 주왕은 '금모구미(金毛九尾)의 여우의 화신(化

身)'이라 일컫는 달기로 인하여 국가와 자신을 망쳐 버렸다.

여기서 잠시 양귀비와 달기를 부연하면, 동양 미녀의 대명사로 알려진 양귀비가 과연 얼마만큼이나 미인이었는가 대해서는 확실한 증거가 없다. 단지 백낙천(白樂天)의 〈장한가(長恨歌)〉를 보면,

"웃음 머금은 얼굴에선 백 가지 교태가 흐르고, 6궁의 궁녀들이 무색해 지도다."

라고 그녀를 표현하고 있다. 일설에 의하면 양귀비 음모(陰毛)가 무릎에 닿을 정도로 길었고, 땀을 많이 흘려, 그것이 사향과 섞이며 독특한 체취를 풍겼다 한다. 그리고 섹스시에 애액을 넘칠 정도로 흘렸고, 거침없이 기성을 질러댔다고 한다. 이런 것으로 미루어 볼 때 양귀비는 분명 육감적이고 섹스 테크닉이 매우 뛰어난 여성이었을 것이다.

주지육림(酒池肉林)이란 고사를 만들게 했던 '달기'의 미색이 뛰어났다는 것은 그녀의 이름에서부터 찾을 수 있다. 달기는 소부락(蘇部落)의 추장 유소(有蘇)의 딸이었기 때문에 본래 이름은 유기(有己)이다. 그런데 달기라고 부른 것은 그녀의 자태가 워낙 황홀했기 때문에 요염하고 아름답다는 '달'을 사용하여 감히 달기라고 부른 것이다. 이러한 달기의 미색에 혹한 주왕은 그녀를 너무 사랑하여, 그녀의 말이라면 어떤 일이라도 들어주고 방탕을 일삼다가 결국 나라를 망하게 하고 자신도 죽임을 당했던 것이다.

우리 역사상의 수많은 제왕들과 영웅호걸들도 여자로 인해 웃고 울었다.

그래서 전통사회 뼈대 있는 유학자들은 여색(女色)을 대욕(大慾)이라 하여 경계했고, 그것을 가훈에 넣어 후손들이 지

키도록 엄명했다.

인조(仁祖) 때 영의정을 지낸 오윤겸(吳允謙)은 여색을 경계하는 것이 가장 어려운 일(부처님도 같은 말씀을 하셨다)이라고 임금에게 말했다.

인조가 경연(經筵)에 임하여 오윤겸에게 물었다.

"공자는 '경계할 것이 여색〔色〕에 있고, 경계할 것이 다툼〔鬪〕에 있고, 경계할 것이 얻음〔得〕에 있다'고 말하였는데, 이 세 가지 중에서 어느 것이 가장 어렵소?"

오윤겸이 대답했다.

"여색을 경계하는 것이 가장 어려운 일입니다."

이 말을 듣고서 왕은 고개를 갸웃거리며 말했다.

"나는 얻음을 경계하는 것이 가장 어렵다고 생각하오."

오윤겸은 단호하게 말한다.

"여색을 경계하는 것은 반드시 마음을 요망한 데에 홀리게 하는 것만을 뜻하는 것은 아닙니다. 부부의 사이라 하더라도 서로 접대하기를 예절로써 아니하는 것 또한 여색을 경계하는 데에 잘하지 못하는 일이라 하겠습니다."

왕은 크게 고개를 끄덕였다.

"경의 말이 과연 옳으오."

현묵자(玄默子) 홍만종(洪萬宗)은 가훈에 이런 글을 써넣었다.

"여색을 피하기를 원수를 피하듯 하고, 바람을 피하기를 화살을 피하듯 하라."

선조 때의 학자 배신(裵紳)도 홍만종과 같은 맥락의 말을 했다.

"마음을 방탕하게 하고 성품을 버려 놓는 것은 주색에 빠지는 것같이 나쁜 일이 없다. 그런데 술을 마시고 싶은 욕망은 가벼워서 오히려 억제하기가 쉽지만, 남녀의 애정 문제는 큰 욕망이 되는 것이라서 그 해로움이 더욱 중대한 것이다. 그러므로 색욕을 피하기를 도적을 피하는 것과 같이 하라."

영조 때 대사헌을 지낸 유최기(兪最基)는 이렇게 말했다.

"생명을 해치는 버릇을 하지 말라.…… 특히 큰 것은 술과 여색이고 작은 것은 음식이니 마땅히 경계하고 마음을 삼가하여 그릇되거나 틀림이 없도록 할 것이다."

신숙주(申叔舟)는 이렇게 말했다.

"혈기가 바야흐로 강건할 때는 경계할 일이 여색에 있다. 여색에 관한 욕심의 해로움에 대하여 옛사람들은 이를 성정을 해치는 도끼라고 말하였다."

주자학의 대학자 송시열(宋時烈)도 여색에 대한 당부를 잊지 않았다.

"가장 잘못되는 일 중의 한 가지로 매우 어려움이 있는 것은 여색이다. 이는 반드시 내 스스로 찾는 법이 아니라 반드시 저절로 와서 나에게 웃음을 드리는 것이므로, 그 마음이 철석같다고 하더라도 어찌 어렵지 않으며, 어찌 평생을 잘못 되게 하는 것이 아니겠는가?"

이밖에도 많은 사람들이 여색을 경계하라고 당부했는데, 그중에서도 고려의 대문장가 이규보(李奎報)의 계색론을 으뜸으로 꼽을 만하다.

이규보는 술을 퍽 좋아했다. 술은 그의 인생에 있어 없어서는 안될 좋은 반려(伴侶)였고, 술과 시(詩)와 정치를 가장 잘 조화시킨 인물이기도 했다.

술은 시가 되어 훨훨 나는데
여기 미인의 넋, 꽃이 있다
오늘은 마침 이 둘이 쌍쌍하니
귀인과 함께 하늘에 오름과 같도다.

그가 지은 시의 한 토막이다. 술을 좋아하는 자는 으레 여색을 좋아한다고 했으나 이규보는 예외적인 인물이었다. 그는 〈색유(色喩)〉라는 작품을 통해 모멸차게 여색을 경계하고 있다.

칠흑같은 머리칼과 백옥같은 살결에 향유(香油)를 바르고 마음을 풀어 눈동자를 굴리고, 한번의 미소로 나라를 흔들리게 하는 미색(美色)이 있다.

이 미색을 보는 사람마다 마음이 미혹되어 정신을 차리지 못하게 되고, 그 미색을 가까이 하게 되면 형제도 친척도 몰라보게 된다.

그래서 분별있는 사람은 은혜했던 것도 절제하고, 귀염을 주던 것도 경계한다.

세인들아 듣지 못했느냐! 미색의 아름다운 눈을 칼이라 하고, 가늘은 눈썹을 도끼, 풍만한 뺨을 독약, 박속같은 피부를 의어(衣魚;좀)라고 하는 것을.

도끼로 치고, 칼로 찌르며, 보지 못한 가운데 좀이 슬고, 독약이 해(害)를 끼치는 것이다.

이것이 미색의 해이며, 세상에 이보다 더 해가 되는 것은 없다. 과연 이러한 해적을 이긴 사람이 몇이나 되더냐?

(스스로)적을 불러들여 적에게 죽는 꼴이 된다. 이것을

알고서도 가까이 해서야 되겠느냐. 마땅히 내게 미치는 해를 단호히 물리쳐야 한다. 미색의 해는 이 뿐이 아니니다. 마음을 호리는 미색이 있으면 가산을 탕진해서라도 구하게 되고, 그 미색의 꾐을 받으면 호랑이 앞에라도 서슴없이 간다. 그러므로 나라와 가정을 망치는 것이 모두 미색의 탓이라 하여도 과언은 아니니다.

계색론의 뿌리는 유가(儒家)의 비조(鼻祖) 공자(孔子)에 있다는 사실이 정설이다. 공자는 경계할 것이 여색에 있다는 말과 함께 《논어》에 다음과 같은 말을 기록해 놓고 있다.

"가까이 하면 불손〔近之不遜〕 하고, 멀리하면 원망〔遠之則怨〕 하기 때문에 세상에 다루기 어려운 것이 여자〔女人難養〕이다."

공자의 이러한 가르침을 지나치게 신봉한 나머지 전통사회 유학자들은 성을 추하고 부끄러운 것으로 여기게 되었고, 여기에서 더 나아가 성을 종족번식 수단으로만 생각하기에 이르렀다.

그래서 내외법을 두고 부부간의 성생활을 엄격히 제한했다. 한국의 전통 양식으로 지은 집은 남성의 공간인 사랑채와 여성의 공간인 안채로 독립되어 있다. 사랑채에서는 집안의 모든 남성이 기거했고, 안채에서는 여성들만이 기거했다. 물론 식사와 잠자리도 따로 했다. 사랑채와 안채 사이에 이른바 '내외벽'을 두고 소문(小門)을 설치하여 출입을 구분했기 때문에 부부의 합방도 자유로울 수가 없었다.

부부의 합방은 전적으로 가부장의 소관이었다. 일진(日辰)상 생기복덕일(生氣福德日)에 해당하는 길일(吉日)이나 귀숙

일(貴宿日), 즉 '씨내리기 좋은 날'에만 부부간의 잠자리를 허락했다. 이러한 가옥 구조와 부부 합방의 관습은 대가족 제도와 유교사상으로 인하여 가족간의 지위와 남녀유별을 엄격히 했기 때문이었다.

그러나 공자를 비롯한 많은 유학자들이 여색을 경계하라고 누누이 당부했지만, 인간의 에로스 본능을 억제시키지는 못했다. 오히려 이상한 쪽으로 변질되었는데, 그것은 가부장의 권위를 높이는 수단으로 이용됨과 동시에 여성의 성적 욕망만을 억제시키는 구조적 장치가 되어 버린 것이다.

이를테면 아들이나 며느리, 손자 또는 손부(孫婦)가 가부장의 눈에 들지 않았다고 하자. 그럴 경우 버릇을 고쳐 놓을 목적에서 부부 합방을 못하게 할 수도 있었다는 얘기가 되는데, 그것(성욕의 통제)보다 가혹한 벌은 없을 것이다.

그러면서도 가부장들은 마음 내키는대로 여색을 즐겼다. 몇 명의 첩을 두고도 모자라서 여종을 희롱했고, 풍류라는 미명 아래 기생들을 가까이 했다.

"여종 간통은 누운 소 타기"라는 속담이 있는 것처럼 주인이 여종을 건드린 이야기는 패사에 많이 나온다.

젊은 진사댁 서방님이 살짝살짝 여종의 방을 출입하다 그만 그녀의 남편에게 꼬리를 밟히고 말았다. 그러나 여종의 남편은 상대가 자기의 상전이라 감히 큰소리를 내지 못하고 끙끙 앓았다.

그러던 어느 날, 여종의 남편은 호젓한 틈을 타서 젊은 서방님께 물었다.

"서방님은 사람의 욕심 중에서 색(色)하고 식(食)하고 어느 것이 중하다고 생각하십니까?"

"그야 물론 식욕이 중하지."

"식욕이라니요? 천만에, 색욕이 중할테지요."

"어째서 하는 말이냐?"

여종의 남편은 들어보란 듯이 말했다.

"식욕이 아무리 중요하다고 하더라도 서방님은 남이 먹던 찌꺼기를 잡수시지는 않겠지요? 이를테면 소인이 먹던 찌꺼기를 서방님이……."

"에이, 듣기만 해도 구역질난다. 누가 그런 더러운 것을 먹겠느냐!"

"그렇다면 서방님께선 거짓말을 하시는군요. 소인이 먹던 찌꺼기는 안 먹겠다면서 소인의 처는 더럽단 소리 한마디 없이 좋아하시지 않아요. 그래도 식욕이 제일일까요?"

전통사회의 노비는 주인의 종속물이었다. 주인은 마음대로 노비를 부려 먹었고, 노비는 주인이 죽으라고 하면 죽는 시늉까지 내야만 살아남을 수 있었다. 그래서 얼굴이 반반한 노비의 딸이나 처는 곧잘 주인의 성적 노리개가 되었는데, 그 아비나 남편은 그 사실을 알고서도 꿀먹은 벙어리처럼 냉가슴만 앓아야 했다.

그러나 노비도 피가 흐르는 사람이다. 상전이 자기 아내와 간통하는 사실을 알면 속에서 천불이 나서 참기 힘들었을 것은 분명하다. 그래서 항의의 몸짓을 보이기도 했는데, 장한종(張漢宗)의 《어수록(禦睡錄)》에 그런 이야기가 실려 있다.

혼인한 여종을 간통하기를 좋아하는 선비가 있었다. 이 선비는 여종에게 색욕이 동할 때면 그녀의 남편을 멀리 심부름 보낸 다음 여종의 몸을 유린했다.

어느 하루, 이날도 여종의 남편은 주인의 심부름을 받았다. 비부(婢夫)가 생각할 때 그 심부름은 실로 하찮은 일로써 굳이 먼길을 다녀올 일이 아니었다.

"음, 분명히 무슨 꿍꿍이속이 있다."

비부는 수상쩍게 생각하고 다른 사람을 고용하여 대신 심부름을 보냈다. 그런 후 아내를 다른 곳에 피신시킨 다음 홀로 이불 속에 숨어 있었다.

밤이 깊었다. 주인은 여종의 남편이 없는 것을 아는지라 아무 거리낌없이 그 방으로 들어갔다.

주인은 마른침을 꿀꺽 삼키면서 이불 아래 꿇어 앉으며 이불을 걷었다. 이불 속에서 두 다리가 드러나자 바지를 벗고 힘차게 허리를 끌어 안았다. 그러자 주객(主客)의 네 다리 사이에 있는 두 거북의 대가리〔兩個龜頭〕'가 부딪쳤다.

"으잉?"

난데없는 일에 놀란 것은 주인이었다. 창황지간에 둘러댈 말을 찾지 못한 주인이,

"너의 물건이 왜 그리 크냐?"

하고 묻자 비부가 퉁명스럽게 소리쳤다.

"소인의 양물(陽物)이 크고 작은 것을 양반이 알아 무엇하리오!"

앞의 이야기가 소극적 저항이라면 뒤의 이야기는 적극적 저항이다. 방탕한 주인으로부터 아내를 지키기 위한 비부들

의 슬픈 몸부림이 눈에 보이는 듯하다.

양반들의 엽색행각은 참으로 반 인륜적인 내용을 담고 있는 경우가 많다. 고려의 충혜왕(忠惠王)은 부왕인 충숙왕(忠肅王)의 후궁들, 즉 서모(庶母)들과 외숙모 등을 겁간했고, 조선의 연산군은 큰어머니를 비롯하여 숱한 여염집 부녀자를 겁간하는 패륜을 저질렀다.

양반집에서는 아버지와 아들이 한 여종을 건드린 사례가 적지 않았던 것 같다. 다음의 이야기가 그것을 말해 주고 있다.

정판서 마나님은 임신한 몸종을 불러놓고 추궁한다.

"집도 절도 없는 네년의 신세가 불쌍하여 지금까지 네년을 거두었다. 그런데 못된 행실로 아이를 배었으니 도저히 용서할 수 없다. 볼기를 쳐서 멀리 쫓아내겠다."

"으흐흑……."

몸종은 하염없이 눈물을 흘리며 슬퍼하였다.

그처럼 슬피 우는 것을 보니 마님은 좀 측은한 마음이 들었다. 갓 스물 밖에 안된 그녀는 몸종으로서는 더할 나위없이 착한 계집애였다.

'음, 저 지경이 된 것도 너무 순진해서 못된 사내에게 속아넘어간 것이리라.'

마님은 이렇게 생각하고 한결 누그러진 목소리로 몸종에게 물었다.

"사실대로 말하면 용서하겠다. 너를 그 꼴로 만든 놈의 이름을 대거라."

"마님, 그것만은……."

몸종은 얼굴이 파랗게 질려 손을 싹싹 비볐다.

"말을 못하겠단 말이더냐? 좋다. 어느 쪽이고 네년 맘대로 택하거라. 볼기를 맞고 쫓겨나든가 그놈의 이름을 대든가."

"하지만 마님, 그것은 말씀드릴 수가 없어요. 누구의 아이인지는 쇤네도 모릅니다."

"뭐라고? 당치않은 소리는 하지도 말아라. 애를 밴 여자가 어느 놈의 씨인지 모른다는 말이 말이나 되느냐?"

"마님, 쇤네는 정말 모르는 일입니다. 아이를 낳아봐야 알겠습니다."

"이 앙큼스런 년이 끝까지 나를 속이려고 드는구나."

"아니에요, 마님."

몸종은 눈물젖은 얼굴을 수그리며 말했다.

"만약 아기가 앞으로 나오면 도련님의 아기고, 뒤로 나오면 대감마님의 아기입니다."

이러한 가락의 이야기는 무엇을 의미하는가. 겉으로는 도덕군자인 척하면서 뒷구멍으로 호박씨를 까는 한국인의 이율배반적인 행위구조를 고발하고 있는 것이다.

계색론과 금욕주의자들

역사적으로 제왕들은 대체로 단명했다. 나라에서 생산되는 최상급의 음식을 섭취하고 몸에 좋다는 온갖 보약을 사용했지만 장수하지 못했다.

그 이유는 무엇일까? 여러 비빈들과 숱한 궁녀들과 섹스를 함으로써 무리하게 정력을 탕진했기 때문이었다.

그래서 권력에 눈이 먼 교활한 신하들은 기를 쓰고 임금에게 아리따운 후궁들을 붙여 주었다. 이유는 뻔하다. 임금이 주색에 빠져 정사를 돌보지 않아야만 그들이 정사를 좌지우지할 수 있기 때문이었다. 연산조의 임사홍(任士洪), 광해조의 이이첨(李爾瞻) 등이 그 대표적인 인물이라 할 수 있다.

고려 제28대 충혜왕(忠惠王)은 연산군에 버금가는 호색한이었는데, 그의 곁에는 유광렬(柳光烈)이라는 어의(御醫)가 있어서 임금의 황음을 부추겼다.

유광렬은 왕에게 잘 보이기 위하여 한가지 헌책을 하였다. 여염집 숫처녀 100명을 상관하면 100세까지 장수한다는 것이었다.

"흠, 숫처녀 백 명과 상관하면 백 세 장수라! 그렇다면 못할리 없지."

그날부터 왕은 여염집 숫처녀를 구하여 상관하기 시작했다. 산삼·녹용·백사(白蛇) 등 정력에 좋다는 온갖 보약을 상용하고 있었기 때문에 왕의 정력은 무진장이었다.

왕은 하루도 빠지지 않고 석달 열흘 동안에 100명의 숫처녀를 기세 좋게 정복했다. 그리고 100명의 숫처녀를 정복한 직후에 코피를 두어 사발이나 쏟고 와석(臥席)하였다가 오래 살지 못하고 저승으로 갔다. 100세 장수의 묘약이 아니라 저승길 직행약이었던 것이다.

이러한 사례들을 근거로 탐색(貪色)은 명을 재촉함과 아울러 패가망신의 지름길이라는 것을 깨닫고 여색을 멀리하라고 당부했다.

"여색을 밝히면 빨리 죽을 뿐만 아니라 패가망신의 지름길이니 멀리하도록 하여라."

아버지가 이런 당부를 할 때 아들이,

"아, 그렇습니까 아버님? 그렇다면 명심하고 여색을 멀리하겠습니다."

하고 대답할 수만 있다면, 세상에 여색 때문에 문제될 것은 하나도 없을 것이다.

문제는 모든 사람이 그 진리의 말씀을 지키지 못한다는 데에 있다. 건강에 나쁜 줄 알면서도, 인륜에 위배되는 줄 번연이 알면서도, 들키면 평지풍파가 일 줄 알면서도 사람들은 에로스 충동에 빠져드는 것이다.

그러나 어느 사회, 어느 문화에서도 고지식한 사람은 있게 마련이다. 전통과 가르침을 굳게 믿고 철석같이 지키는 사람들이 그들인데, 우리 역사상에도 그런 인물은 적지 않았다.

도학군자 계열의 최고 인물은 누가 뭐라 해도 서화담(徐花潭)이다.

내 언제 신이 없어 임을 언제 속였관데
월침 삼경에 올 뜻이 전혀 없네
추풍에 지는 입소리야 낸들 어이하리오.

미모와 재능을 겸비했던 저 콧대높고 당당한 황진이(黃眞伊)가 그리움을 가득 담은 시조로써 서경덕을 유혹했지만, 그는 얼마나 꿋꿋한 자세로 절세가인의 연정을 거부했었던가.

황진이는 피가 뜨겁고 당돌한 여자였다. 오만하기가 이루 말할 수 없었을 뿐만 아니라 곧잘 남성들을 농락하고 울렸다. 소위 점잔을 빼던 당대의 남성들이 그녀의 유혹에 걸려 개망신을 당했는데, 황진이의 요녀(妖女) 같은 트릭에 걸려든 가장 비극적인 주인공은 단연 지족선사(知足禪師)라고 할 수 있다.

지족선사는 송도(松都) 근교 깊은 산속 암자에서 30년이란 긴 세월을 수도한 스님이었다. 그래서 송도 사람들은 그를 모두 생불(生佛)이라 존경하였다. 황진이가 부질없는 장난에 지족선사를 택한 것도 그러한 명성 때문이었다.

"지족선사가 생불이라고? 살아 있는 부처님이란 말이렷다. 그렇다면……."

요사스런 마음을 품은 황진이는 어느 비오는 날을 택하여 하얀 소복으로 단장한 후 지족선사를 찾아간다.

"스님, 일찍이 소녀는 지아비를 잃은 몸이라 세상에 아무런 미련이 없습니다. 스님의 제자가 되어 불도를 닦으려고 찾아왔으니 가련히 여기시고 부디 거두어 주십시오."

비에 흠뻑 젖은 황진이는 지족선사 앞에 무릎을 꿇고 슬픈 표정으로 애원했다.

난데없는 미녀의 출현에 지족선사는 적이 당황했다. 대낮에 여우의 장난인가 싶어 스스로 자신의 수양 부족을 의심하면서 마귀 쫓는 주문을 열심히 외웠다.

그러나 비를 맞아 착 달라붙은 옷으로 홍시(紅柿)같은 살결을 드러내면서 수단과 방법을 가리지 않고 유혹하는 그 요염한 교태 앞에서 마침내 항복하고 말았다. 30년 면벽(面壁) 수도가 하루 아침에 공염불이 되었고, 5욕을 끊고 열반의 세계에 귀의하려던 지족선사는 육욕의 야차(夜叉)로 화해버린 것이다.

황진이의 잔인성은 다음 단계에서 여실하게 드러난다. 성욕에 눈이 멀어 자기를 덮치려고 하는 지족선사를 피해 미꾸라지처럼 빠져나와 버린 것이다. 황진이로서는 애초의 목적이 성공한 셈이 되는데, 지족선사로서는 엄청난 대가를 치루고도 아무 소득없이 헛물만 켜고 만 것이다.

그후 지족선사는 법복(法服)도 염주도 다 동댕이치고 황진이를 찾아 헤매었다. 이로부터 송도 거리에는 반 광인(反狂人) 반 걸인이 되어 거리를 방황하는 지족선사를 볼 수가 있었고, 마침내 그의 생사조차 아는 사람이 없게 되었다.

이렇게 간특하고 잔악한 황진이가 서화담을 유혹하는데 실패했으니, 그 콧대 높은 자존심이 얼마나 상했는지 익히 짐작할 수 있다.

"네놈이 얼마나 버티는가 두고 보자."

황진이는 최후의 수단을 강구하여 화담정사(花潭精舍)로 간다. 서화담과 더불어 시를 논하며 놀다가 돌아갈 시간이 되었을 때 그녀는 갑자기 배를 움켜쥐고 죽는다고 신음을 토해낸다.

"아이구, 배야! 아이구, 나 죽네!"

서화담은 황진이를 한 채밖에 없는 이불을 펴 눕히고 자기는 책을 읽었다. 그러는 동안 밤이 깊었다.

"선생님, 제발 소녀의 배 좀 쓸어주세요. 아파서 견딜 수가 없어요."

황진이는 꾀병을 앓으면서도 여러 방법으로 서화담을 유혹했다. 그러나 그는 눈썹 하나 움직이지 않았다.

마침내 날이 밝았다. 해가 높이 솟아 황진이가 눈을 떠 보니 서화담은 어느새 세수까지 하고 단정히 책상 앞에 앉아 어제의 자세 그대로 책을 읽고 있었다.

황진이는 자기의 부질없는 연극을 부끄럽게 생각하며,

"선생님, 송도에는 삼절(三絶)이 있는데, 그것을 아십니까?"

하고 물었다. 서화담이 무엇이냐고 묻자 진이가 대답했다.

"첫째는 박연폭포요, 둘째는 선생님이십니다. 그리고 세번째는 진이올시다."

황진이는 자기 스스로를 송도 삼절 중의 하나라고 칭하는 오만을 보인 것이다. 일개 노류장화의 기생이 맞먹으려고 했을 때 서화담은 어떤 태도를 보였는가?

"비록 선학(善謔)이나 또한 진리다."

서화담은 이런 말로 대범하게 황진이의 오만함을 용서하고 그녀의 말을 용인한 것이다. 이 사건이 있고부터 황진이는 서화담을 사모하여 늘 그 문하에 나가 뵈었는데, 선생도 그녀를 거절하지 않고 즐겨 담소했다고 한다.

기록을 보면 황진이의 용모와 재주가 당대에서 뛰어났으며, 노래 또한 절창(絶唱)이었던 것으로 되어 있다. 그래서 남성으로서 그녀를 한번 만나보기를 원하지 않는 이가 없었다고 한다.

이런 미색의 유혹을 물리친 서화담은 정말 대단한 도학군자였다고 말하지 않을 수 없다. 그러나 어찌 생각하면 서경덕은 일세기에 한 사람쯤 있을까 말까 한, '모랄리스트'를 가장한 위선자(僞善者)가 아니었을까?

어쨌든 황진이는 남성의 장단점을 꿰뚫고 있었던 것 같다. 미색에 대책 없이 약한 것이 남성들의 속성이라는 것을 알고 계산적으로 오만방자한 행동을 했을 가능성도 있으며, 섹스 어필을 위하여 남몰래 노력한 흔적도 보인다.

조선 인조(仁祖) 때의 문신 이덕형(李德泂)의 저서 《송도기이(松都記異)》를 보면, 황진이에 대한 이채로운 기록이 나오는데, 옮겨 적으면 다음과 같다.

내가 개성의 시재어사로 갔을 때 들은 이야기이다. 그때는 난리를 막 겪은 뒤라 관청이 텅 비어 있었다. 그래서 나는 남문(南門) 안에 사는 서리(書吏) 진복(陳福)의 집을 숙소로 정하였는데, 공무가 지연되어 한 열흘을 머물러 있었다.

진복은 진이(황진이)와 가까운 친척이다. 그는 그때 나이 80인데도 정신력이 아주 좋아 진이의 일을 엊그제 일처럼 또렷하게 말해주었다.

나는 진복에게 이렇게 물었다.

"진이에게 무슨 특이한 술법이 있어서 그렇게 뛰어나게 되었던가요?"

진복이 대답했다.

"특이한 술법이 있는 지는 알 수 없지만, 진이가 머무는 방안에서 때때로 이상한 향기가 나와서는 며칠씩 없어지지 않았습니다."

이 기록은 매우 중요한 사실을 암시해 주고 있다. 그녀는 강렬한 섹스 어필을 위하여 '향(香)'을 복용했던 것은 아닐까? 그럴 가능성은 크다.

조선시대 궁중에서는 비밀리에 향랑(香娘)이라는 이름의 여관(女官)을 두었다. 그녀들은 어릴 때 궁중으로 들어가 매일 향을 복용했기 때문에 자연히 몸에서는 향내가 풍겼다. 임금은 정력 증강과 쾌적함을 위하여 주기적으로 향랑과 동침을 했는데, 그녀들과 한 번 동침하면 그 향내가 사나흘 동안이나 가시지 않았다고 한다.

중국 최고의 본초서(本草書) 《신농본초경(神農本草經)》에 사향은 상품(上品)으로 기재되어 있으며, 옛날부터 향은 흥분·강심·진경·진정제 등으로 사용된 매우 진귀한 약제였다.

궁중의 향랑들이 향을 복용한 이유가 임금의 섹스와 관련이 있듯이 황진이 또한 그런 것은 아닐까? 무한한 성적 매력을 발산하여 사내들의 마음을 꽉 휘어잡으려고…….

계색론자로서 둘째가라면 서러워할 사람은 제안대군(齊安大君)이다. 그는 예종의 둘째 아들로 사실상 조선왕조의 보위를 물려받아야할 인물이었다. 그래서 예종의 뒤를 이은 성종(成宗)은 늘 그에게 미안한 마음을 가지고 있었다.

제안대군은 풍류를 즐기고 사랑하는 인물이었다. 성악(聲樂)을 특히 즐겼고, 사죽관현(絲竹管絃)을 잘 연주하였기 때문에 기생들과 즐겨 놀았다. 그러나 육체적인 관계는 철저히 멀리했다. 오죽했으면 천하절색 장녹수(張綠水)를 종으로 두고도 그녀의 몸을 탐하지 않았겠는가.

제안대군이 여색을 멀리했던 것에 대한 설은 분분하다. 그중 가장 타당하다고 여겨지는 설은 조선왕조가 성립된 후에 왕권을 둘러싸고 종친간의 피비린내 나는 싸움이 많았기에, 그런 분쟁을 피하려는 의도에서 일부러 후손을 두지 않았다는 것이다.

제안대군이 성불구자였다는 설도 있는데, 이것은 낭설인 것 같다. 어숙권의 《패관잡기》에 이런 이야기가 있다.

성종은 제안대군에게 후사가 없음을 안타깝게 생각하고 하루는 기발한 현상을 내걸었다.

"제안에게 남녀 관계를 알게 하는 사람에게 후한 상을 주겠다."

후한 상을 준다는 어명에 마음이 동한 한 궁녀가 자원하고 나섰다. 그녀는 제안대군의 사저로 가서 깊은 밤중에 슬그머니 대군의 침실로 들어갔다. 대군은 세상 모르고 잠들어 있었다.

'혹시 대군께서 양물에 문제가 있어 사내 구실을 못한 것은 아닐까?'

궁녀는 이렇게 생각하며 대군의 샅을 더듬어 보았다. 버젓한 양물이 손에 잡혔다.

"어머나!"

궁녀는 콩닥콩닥 뛰는 가슴을 애써 진정하며 자기의 옥문을 살짝 대군의 양물에 맞추었다. 바로 이때 대군이 화들짝 놀라 깨어나며 소리쳤다.

"대체 이게 무슨 망측한 짓이냐?"

대군은 잔뜩 화가 나서 궁녀를 저만치 밀친 후에 하인에게 명하여 당장 물을 가져오라고 했다. 하인이 물을 가져오자 대군은 자기의 양물을 자꾸 씻으면서 연신 더럽다고 부르짖었다.

대군의 바로 옆집에 신원(申遠)이라는 선비가 살았다. 그런 관계로 신원은 대군의 행동거지를 볼 기회가 많았는데, 한번은 이런 일이 있었다.

대군이 시녀 대여섯 명을 거느리고 문밖으로 산보를 나갔다. 이때 한 시녀가 도랑에서 오줌 누는 것을 대군이 보았다. 대군은 몸을 구부려 유심히 시녀의 은밀한 부위를 살펴본 후에 얼굴을 찌푸리며 말했다.

"꼭 메추리 둥지 같구나."

음모(陰毛)가 무성한 것을 보고 그렇게 말한 것이다.

제안대군의 이러한 행위에 대하여 어숙권은 이렇게 비평하고 있다.

"남녀간의 욕정은 타고난 것이기 때문에 인정으로 막을

수 없는 것이다. 그런데 여자를 더럽다 하며 끝내 가까이 하지 않았다는 것은 참으로 어리석은 일이라 아니 할 수 없다."

《촌담해이》의 저자 강희맹(姜希孟)은 해학적인 계색론을 그의 책에 기록해 놓았다.

어느 시골에 빼어난 미모의 중년 과부가 살았다. 과부의 화용월태(花容月態)는 뭇 사내들의 심신을 표탕케 하고도 남음이 있었다.

슬하에 자식이 없는 과부는 떠꺼머리 총각 하나를 머슴으로 두고 있었다. 머슴은 워낙 천생이 우둔하고 암매하여 숙맥(菽麥)을 분간하지 못하는 위인이었다. 옛날 과부집 머슴들은 대체로 이런 모습이다.

어느 날 밤에 과부는 우연히 침실 한 모퉁이가 뚫린 것을 발견했다. 쥐구멍이었는데, 밤새도록 생쥐 한 마리가 들락날락했다.

"저놈의 쥐새끼가 과부라고 놀리나!"

과부는 쥐를 잡으려고 노력했지만 어찌나 약삭빠른지 잡을 수가 없어 화가 났다.

"오냐, 나도 생각이 있다."

과부는 물을 팔팔 끓여가지고 방으로 들어와 쥐구멍 앞에 앉았다. 그런 후 치마를 들고 쥐구멍에 뜨거운 물을 쏟아넣었다. 생쥐가 뜨거움을 이기지 못하여 뛰쳐나오다 문득 한 구멍을 발견하고,

"옳지, 저기에 숨으면 안성맞춤이겠다."

하면서 과부의 옥문(玉門) 속으로 기어들어갔다. 구멍은 좁

고 어두웠다. 생쥐는 동서의 방향을 가릴 수 없었으므로 더욱 깊은 구멍이 없나 하고 머리를 들고 뺑뺑 돌았다.

이렇게 쥐가 과부의 옥문 안에서 미친듯이 돌자 그녀는 말로 형용할 수 없는 쾌감을 느끼고 몸을 뒤틀었다. 그러나 하도 오래 그런 것이 지속되니 고통스럽기 이루 말할 수가 없었다.

"아이구, 이놈의 생쥐를 어떻게 꺼내지?"

과부는 울상을 지으며 고민했다. 무한히 고민하다가 한 방법을 생각해내어 머슴을 불렀다.

"부르셨어요, 마님!"

"그래, 어서 방으로 들어오너라."

머슴은 깊은 밤에 부른 이유를 알지 못하여 어리둥절한 얼굴로 안방으로 들어갔다. 과부는 알몸으로 침상에 누워 야릇한 추파를 열심히 보내는데, 미련한 머슴은 그 신호를 해석하지 못하고,

"마님, 추운데 왜 옷을 벗고 있어요?"

하는 것이 아닌가.

"저런 맹추!"

과부는 곱게 눈을 흘기고 머슴의 옷을 벗겨 이불 속으로 들어갔다.

"마님, 왜 이러세요?"

머슴이 겁을 먹고 소리치자 과부는,

"괜찮아. 내가 시키는대로 하면 세상에서 가장 즐거운 일이 생겨."

하면서 리드했다.

그제서야 음양의 이치를 깨달은 머슴은 성난 황소처럼 힘

차게 몸을 움직였다.

한편 과부의 옥문 속에 갇힌 생쥐란 놈은 죽을 맛이었다. 느닷없이 막대기같은 것이 들어와 들락날락하면서 머리를 콱콱 쥐어박는 데 구멍이 좁아 피할 곳이 없었다.

"어휴, 죽겠구먼."

생쥐는 생각하고 또 생각했다. 쫓기어 이젠 어찌할 수 없음을 깨닫고 최후의 발악으로 찔러대는 그 대가리를 힘껏 깨물었다.

"으악!"

머슴은 죽는다고 비명을 지르며 과부의 품에서 빠져나왔고, 쥐도 덩달아 그 구멍으로부터 뛰쳐나왔다.

그후로 머슴은,

"여자의 배 가운데는 반드시 깨무는 쥐가 있으니 두렵도다."

하고 평생 여색을 가까이 하지 않았다.

사숙재(私淑齊) 강희맹은 어찌하여 이렇게 얄궂은 이야기를 기록해 놓았을까? 음양 이치에 무지한 머슴의 미련함을 지적하고 싶었을까? 아니면 여자(과부)의 옥문 속에 양물을 깨무는 생쥐가 들어있으니, 과부와는 상관하지 말라는 것을 강조하기 위하여 엄포성 이야기를 꾸며낸 것은 아닐까?

각설하고—.

계색을 강조하는 유교사상은 젊은이가 과부에게 접근하는 것을 경계하고 있다. 《예기(禮記)》에는 그 이유를 이렇게 말하고 있다.

"공자께서 말씀하였다. 과부의 자식은 그 재덕이 두드러지게 나타난 자가 아니면 벗을 삼지 않는다. 군자는 이로써 오해받을 일을 피하여 멀리한다고 했다. 왜냐하면 과부의 자식은 대개 불초(不肖)하여 이들과 사귀는 경우 과부하고 사통(私通)한다는 오해를 받기 쉽기 때문이다.

그러므로 붕우의 교제에 있어서 주인(즉 친구)이 집에 없을 때에는 상사나 질병이 있을 때가 아니면 그 집에 들어가지 않는다. 이것 역시 그 집의 과부와 사통한다는 오해를 피하기 위해서다. 성인(聖人)이 이 예를 제정하고 이로써 백성이 색음(色淫)에 흐르는 것을 막았지만, 아직도 백성은 색을 덕보다도 두텁고 중하게 여긴다."

한국 남성의 에고이즘

성욕은 인간의 욕망 중에서도 가장 악착스럽고 집요한 욕망임과 동시에 미묘한 쾌락을 수반한다. 그래서 인간은 한번 성욕의 미몽에 빠지면 아무리 마음을 추스르려고 해도 그것이 쉽지가 않다.

예로부터 인간은 성욕 앞에서 한없이 무기력했다. 특히 공격적인 성충동을 가진 남성들은 불같은 욕망이 일면 근육으로 여성들을 지배했다. 따라서 근육에서 열등한 여성은 남성들의 억센 공격(성폭행) 앞에 속수무책일 수밖에 없었다.

그리고 이 대책없는 욕망으로 인하여 분쟁이 끊이질 않았다. 가장 큰 분쟁의 원인은 섹스의 결실, 즉 자녀 문제에 있었다. 어느 때부터인가 남성들은 자기의 아내가 혹시 다른 남성의 아이를 배지 않을까 하는 강한 의구심을 갖게 되었다. 그것은 여성을 못믿는다기 보다는 남성 자신들이 다른 남성들의 성충동을 믿지 못했기 때문이었다.

혈통의 순수성에 대한 의구심은 남성으로 하여금 여성을 단속하도록 만들었다. 만에 하나 자기의 아내가 다른 남자에게 몸을 유린당해 자식을 낳으면, 꼼짝없이 혈통이 다른 남의 자식을 양육함과 아울러 애써 이룬 재산 등을 상속해야 했던 것이다.

이런 이유에서 일찍부터 여성의 순결은 강조되었는데, 문헌에 의하면 부여(夫餘)시대에 투기하는 여자와 간통한 여자를 죽이는 풍습이 있었다.

여러 가지 역사적 사실로 미루어보아서 한국인들은 일찍부터 성의 쾌미에 정통했던 것 같다. 성이 너무도 즐겁고 재미난 것을 알았기 때문에 깊숙이 빠지면 헤어나지 못하고 끝내 가문과 개인을 망친다는 진리를 깨우쳤을 것이다. 그래서 유독 계색론을 강조했다. 여색을 경계하라고 누누이 강조했다는 것 자체가 성의 쾌미를 너무도 잘 알고 있었다는 증거이다.

내노라 했던 학자들의 한담(閑談)에도 이러한 냄새가 진하게 배어 있다.

송강(松江) 정철(鄭澈), 서애(西崖) 유성룡(柳成龍), 백사(白沙) 이항복(李恒福), 일송(一松) 심희수(沈喜壽), 월사(月沙) 이정귀(李廷龜)가 한 자리에 모였다.

술이 얼근해지자 이들은 소리〔聲〕에 대한 품격을 논하게 되었다. 요지는 세상에서 제일 듣기 좋은 소리는 무슨 소리인가를 말해 보자는 것이었다.

먼저 송강이 입을 열었다.

"뭐니해도 달 밝은 밤의 좋은 노랫소리가 제일 좋겠지!"

일송이 말을 이었다.

"가을 단풍이 든 산에서 원숭이 우는 소리가 제일 들을만 하지."

이어서 서애의 차례였다.

"새벽녘 졸음이 밀리는데, 술독에 술거르는 소리야말로 정말 운치있게 들리지."

서애의 말을 이은 월사가,

"고요한 초당에서 젊은이의 시 읊는 소리가 들려오는 것이 제일 듣기 좋을걸."

하자 백사는 너털웃음을 웃으며,

"그 소리들은 모두 듣기 좋지요. 하지만 동방화촉(洞房花燭) 좋은 밤에 가인(佳人)이 치마끈 푸는 소리 이상 더 듣기 좋은 소리는 아마 없을 것 같소."

하자 모두들 크게 웃었다.

백사는 우스갯소리를 가장하여 솔직 담백하게 본심을 털어놓고 있다. 백사의 이 말에 좌중이 모두 크게 웃었다는 사실 또한 강한 공감을 표출하고 있다.

뿌리 깊은 한국인의 이중성이 엿보이는 대목이다. '치마끈 푸는 소리'는 곧 섹스를 암시하며, 모두들 그 소리가 세상에서 가장 듣기 좋은 소리라고 인정하고 있는 것이다.

섹스의 쾌락과 쾌미를 솔직히 인정하는 것은 한국인의 속내다. 그러나 겉으로 내색하는 것은 사뭇 다르다. 성을 부끄러운 것, 추한 것, 더러운 것으로 치부하여 입에 담거나 글로 쓰는 것을 기피했던 것이다.

그 이유는 무엇 때문일까? 이렇게 생각해볼 수 있다. 당시의 지성인들은 '성의 본질'을 꿰뚫고 있었다. 성이 가장 아름답고 숭고한 것이지만, 강한 쾌락을 수반한 본능이기 때문에 어떤 견제 장치가 없으면 그 자체를 가장 추악하게 소모하게 된다는 것을 깨달은 것이다.

성풍속은 그 나라 도덕 기준의 바로미터이다. 성도덕이 문란하면 온갖 사회 문제가 야기되어 사회적 질서를 유지시킬 수가 없다. 그래서 통치 차원에서 고상한 기준(유교사상)을 세우고 그것을 지키도록 강요한 것이다.

문제는 그 고상한 기준이 절대적인 개념이기도 하고 상대적인 개념이기도 했다는 데에 있다. 그것을 지켜야 하는 계층(피지배층)에게 있어서는 절대적인 개념이었고, 그것을 강요하는 계층(지배층)에게 있어서는 상대적인 개념이었다. 다시 말해서 지배층 남성들에 의하여 몹시 불평등한 윤리관이 마련된 것이다.

어쨌든 가부장사회는 남성 에고이즘의 사회였다. 지배층 남성들은 자기들에게 유리한 쪽으로 법을 만들고 풍속을 조장했다. 과부재가금지법만 보더라도 그렇다. 권력을 가진 남성이 여성을 규제하고 구속하기 위한 장치로서 여성의 정절을 강요한 것이다.

과부재가금지법을 만들었다면 '홀아비재취금지법'도 만들었어야 옳았을 것이다. 그런데 그런 법은 눈을 씻고 찾아봐도 없다. 이는 여성들의 본능을 억압하면서도 남성의 본능은 허락해 준 남성 에고이즘의 대표적인 사례이다.

과부재가금지법을 만든 성종은 누구보다도 여색을 좋아했던 군왕이었다. 그는 호색가로서 많은 염문을 뿌렸기에 후세에 '로맨스 대왕'이란 애칭으로 불리우고 있다.

성종은 곡연(曲宴)에서 술이 거나하게 취한 후에는 으레 기생이며 시녀(侍女) 등으로 하여금 노래 부르고 춤추게 하였다. 가끔 그녀들 중에서 이야기 잘하는 여자가 있으면 이야기로 밤을 새우는 경우도 있었고, 어떤 때는 자기 자신이 노래 부르고 춤을 추면서 흥겹게 놀았다. 그러는 중에 자태가 곱고 성적 매력이 있는 여성이 있으면 특별히 사랑하는 사이가 되는 일도 없지 않았다.

그렇다고 해서 성종이 주색에 빠져 다른 일을 돌아보지 않는 것은 아니었다. 낮에는 공명정대하게 백관을 지휘 감독하여 국태민안(國泰民安)의 황금시대가 계속되도록 정치에 힘썼다.

그래서 당시 사람들이 성종을 평하기를 '주요순 야걸주(晝堯舜夜桀紂)'라 하였다. 즉 낮에는 옛날 중국에서 가장 선정(善政)을 하였다는 요(堯)와 순(舜) 임금과 같이 정치를 했지만, 밤에는 중국 하(夏)나라의 걸(桀)과 은(殷)나라의 주(紂) 임금처럼 주색을 좋아하고 잘 논다는 것이다.

성종 자신이 호색을 좋아했기 때문인지는 모르지만 사내들의 방종에는 매우 관대했다.

성종 치세에 신종호(申從濩)와 조위(曺偉)라는 신하가 있었다. 두 사람은 문장(文章)과 풍채(風采)로 쌍벽을 이뤘는데, 신종호는 문장으로 조위는 풍채로 한몫 단단히 보았다.

성종은 서울 장안 어디든지 미복(微服)으로 순시하지 않는 곳이 없었고, 이따금 궐내(闕內)도 순시했다.

어느 달 밝은 밤, 성종은 무예청 별감도 따르지 못하게 하고 홀로 궐내를 돌고 있었다. 이곳 저곳 둘러보던 성종의 발길은 조위의 직소(直所)에 다다랐다.

밤은 이미 삼경(三更)이 넘었는데 조위의 직소에서는 글을 읽는 낭랑한 소리가 흘러나오고 있었다. 성종은 조위를 더욱 믿음직스럽게 생각하면서 살짝 안을 엿보았다.

밝은 촛불 아래 단정히 앉아 글을 읽는 조위는, 남자였지만 참으로 아름다워 보였다.

'아아, 미장부로다! 선관(仙官)이란 것이 있다면, 바로 저사람 조위와 같은 남자를 말하리라.'

성종은 속으로 감탄하며 조위의 방으로 들어가려고 했다. 바로 그때 휘황한 달빛 사이로 앞문이 열리면서 담장화복(淡粧華服)한 어여쁜 여인이 조위의 방으로 들어서는 것이었다.

흰 나비와 같은 여인은 조위의 책상머리에 살포시 앉으며 만면에 고혹적인 미소를 지었다. 성종은 그 광경이 너무 흥미로웠기 때문에 몸을 숨기고 그들의 동태를 지켜보았다.

조위는 여인을 거들떠 보지도 않고 글만 읽고 있었다. 그러다가 조위는 읽던 책을 덮고 준엄한 목소리로 여인을 꾸짖었다.

"대관절 너는 어떤 여자인데 깊은 밤 남자가 있는 곳에 들어왔느냐? 까닭을 말하여라."

여인은 얼굴을 붉히며 나지막한 소리로 입을 열었다.

"저는 나인(內人) 처소에서 심부름하는 계집이옵니다. 궐내에서 큰 잔치가 있을 때마다 당신의 늠름하신 모습을 뵈옵고 연모의 정이 샘솟는 것을 누를 길이 없었사옵니다. 일구월심으로 가슴을 태우다가 병이 되었기에 부끄러움을 무릅쓰고 당돌하게도 이 자리에 왔사옵니다. 그러니……."

여인은 말끝을 흐리며 고개를 떨구었다. 조위는 그런 여인의 모습을 유심히 바라보고 있다가 정색을 하고 목청을 높혔다.

"아무리 그렇다 하더라도 남녀가 유별한데 외간 남자의 방에, 그것도 야심한 시각에 들어오는 것은 떳떳하지 못한 일이다. 그러니 당장 물러가렷다."

조위는 이렇게 말한 후에 책을 펼치며 차갑게 여인을 외면했다. 그러자 여인은 길게 한숨지으며 탄식하더니 갑자기 가슴에서 은장도를 꺼내들었다.

"근심하다 죽는 것보다는 차라리 당신께서 보시는 앞에서 죽는 것이……."

여인은 이렇게 말한 후에 날쌔게 은장도를 치켜들었다. 성종은 이 광경을 보고 손에 땀을 쥐었다.

"대체 무슨 짓을 하려는 게요?"

깜짝 놀란 조위는 크게 소리치며 여인의 칼을 빼앗아 저만치 던져 버렸다.

"흑……!"

칼을 빼앗긴 여인은 울음을 터뜨렸다.

"눈물을 그치라. 그대의 뜻이 여기에까지 미친 줄은 몰랐다. 정녕 그대의 뜻이 그렇다면 내가 소원을 풀어주겠으니 부질없는 생각일랑 하지 말라."

조위는 다정한 목소리로 여인을 위로하며 그녀의 섬섬옥수를 잡아당겼다. 여인은 쓰러지듯 조위의 품에 안겼다. 이윽고 조위는 여인의 옷을 벗겨 이불 속으로 들어가며 촛불을 껐다.

성종은 그 광경을 매우 흐뭇하게 생각하였다. 그토록 엄격하고 냉정했던 조위의 태도가 생명의 위기 앞에 봄바람과 같이 변한 것이야말로 대장부의 아량이라고 생각했던 것이다.

성종은 환궁하자 곧 내관을 시켜 임금이 덮는 이불을 그들이 잠든 사이에 몰래 덮어주도록 하였다. 다음날 아침 눈을 뜬 조위가 크게 놀란 것은 당연한 일이었다.

"아이쿠야! 이 일을 어쩔꼬."

조위는 즉시 성종께 석고대죄하였다. 이때 성종은,

"과인이 다 보았노라. 사람이 사람의 힘으로 한 목숨을 구한다는 것이 얼마나 아름다운 일이냐."

하고 칭찬하는 것이었다.

그로부터 며칠 후, 옥당(玉堂) 신종호가 성종께 아뢰었다.

"전하, 옥당신(玉堂臣) 조위는 몰래 궁녀와 음란한 행위를 했사옵니다. 그러니 중벌로 다스리는 것이 가한 줄로 아뢰옵니다."

성종은 궁금하여 어떻게 조위의 일을 알았느냐고 물었을 때 신종호가 대답했다.

"소신이 그날 밤 입직(入直)하여 글을 읽다가 의심나는 구절이 있어 조위에게 물으러 갔사옵니다. 그때 조위의 처소에서 궁녀가 나와 뒷문으로 나가는 것을 보았사옵니다."

"하하하……. 과인도 그것을 보았느니라. 그러나……."

성종은 그 일의 자초지종을 말해 주고 다시는 그 문제를 거론하지 못하게 했다. 그러나 신종호는 단호히 조위의 죄를 추궁하며 중벌을 내릴 것을 주청했다.

신종호의 끈질긴 주청에 마침내 성종도 손을 들었다.

"알았노라. 장차 상당한 형벌을 내릴 것이니 그리 알고 있으라."

며칠 후 성종은 갑자기 신종호를 불러 평안도 어사(平安道

御史)를 제수했다.

“경은 평안도를 순행하여 탐관오리를 숙청하고 어진 백성을 도우라.”

성종은 이런 분부를 내린 다음 용안에 가벼운 미소를 띄우며 덧붙였다.

“예로부터 평안도는 미색지지(美色之地)로 유명하노라. 여간해서는 탈선치 않을 수가 없을 것이니 경은 각별히 조심하라.”

“전하, 명심하여 어명을 받들겠사옵니다.”

신종호는 곧 평안도로 떠났다.

한편 성종은 비밀리에 평안감사에게 하교했다.

“이번에 내려가는 어사에게 무슨 계책을 써서든지 기생 하나를 수청들게 하라. 만일 그만한 일도 성사시키지 못한다면 일도 방백(一道方伯)으로서 자격이 없는 걸로 인정하여 삭탈관직 하겠노라.”

평안감사는 이러한 임금의 하교를 받은 후부터 근심과 걱정으로 하루하루를 보냈다. 어사로 오는 사람이 여색과 담을 쌓은 사람이기 때문에 임금이 직접 그런 분부를 내린 것이 분명하다고 감사는 생각했던 것이다.

“싫다는 여색을 어떻게 범하게 한단 말인가. 또 그는 방백들의 호랑이라 일컫는 어사가 아니가!”

평안감사는 구들장이 꺼져라 하고 한숨만 몰아쉬었다. 이때 감사의 걱정거리를 들은 수청기생 옥란(玉蘭)이가 의견을 내놓았다.

“지혜롭고 아리따운 기생은 고을마다 있사옵니다. 감사께서 각 읍의 수령에게 일러 여럿의 지혜를 모으면 성사시킬

방도가 나오지 않겠습니까?"

"음, 네 말에 일리가 있다."

평안감사는 은밀히 각 읍에 통지하고, 만약 공을 이루는 사람이 있으면 후한 상을 내리겠다고 하였다. 그때 성천(成川)에 옥매향(玉梅香)이라는 기생이 있었다. 미모가 출중하고 슬기로운 매향은 성천부사(成川府使)의 이야기를 듣고 자신이 그 어사를 유혹하겠다고 나섰다.

신종호는 신분을 감추고 비밀리에 다니는 암행어사가 아니었다. 노문(路文)을 놓고 다니는 어사, 즉 먼저 어느 고을로 간다는 통지를 내고 다니는 어사였기 때문에 이르는 곳마다 대접이 융숭하였다.

그러나 그는 아예 여색을 접근하지도 못하게 하였다. 고을마다 기생이요, 더구나 평안도는 색향(色鄕)이라 도처에 아름다운 기생이 많았다. 그럼에도 신종호는 조금도 여색의 유혹에 흔들리지 않았다.

평안감사를 비롯한 각 읍의 수령들은 어사의 의연한 태도를 접하고 조바심을 쳤다. 색향 평양에서 무사했으니 기생 수청은 불가능한 일로만 생각되었다.

마침내 신종호는 평양을 떠나 성천에 도달하였다. 기생 옥매향은 벌써부터 어떤 계책을 마련하고 어사가 오기만을 기다리고 있었다.

성천부사는 옥매향의 말에 따라 어사를 호젓한 객사(客舍)에 묵게 하였다. 통인(通引) 한 사람이 어사의 수발을 들었는데, 그 또한 옥매향의 모사(謀士)였다.

밤이 깊었다. 어사 신종호는 객창(客窓)의 쓸쓸함을 덜기 위해 책을 읽고 있었다. 그런데 홀연히 어디선가 이상한 소리가 들려왔다. 그 소리는 사람의 구곡간장을 녹여내리는 듯한 여인의 울음소리였다.

신종호는 괴이쩍게 생각하면서도, 한편으로 너무도 마디마디 간장을 녹이는 울음소리에 객회가 스산스러웠다.

"누가 무슨 까닭으로 저리도 슬피 우느냐?"

신종호가 궁금증을 참지 못하고 물었을 때 통인은 천연덕스럽게 대답했다.

"나이 열아홉에 남편을 여읜 여인이옵니다. 의지할 부모나 친척도 없으며……, 그래서 외로움과 슬픔을 못이겨 밤마다 저렇게 울고만 지내옵니다. 선녀처럼 자태가 고운 여인인데……."

통인의 말을 들은 신종호는 마음이 움직이지 않을 수 없었다. 그러나 애써 마음을 추스리고 그날 밤을 지냈다.

다음날 신종호는 통인을 앞세우고 고을 구석구석을 살펴보았다. 해질 무렵 객사로 돌아오던 신종호는 우연히 소복단장한 어느 여인을 보게 되었다. 눈이 확 뜨일만큼 아름답고 젊은 여인이었다.

"바로 저 여인이 간밤에 슬피 울었던 그 여인이옵니다. 저토록 곱고 젊은 여인이 안타깝게도……."

통인은 이렇게 말하면서 살짝 신종호의 안색을 살폈다. 어사의 눈빛은 안타까움으로 흔들리고 있었다.

이날 밤도 여인의 처량한 울음소리는 그대로 들려왔다. 여인의 아리따운 자태를 본 신종호는 마음이 더욱 심란하여 참고 견디는 것이 힘들었다.

"저렇게 날마다 울기만 하면 필경 울다가 쓰러질 것이 아니겠느냐? 그녀의 인생이 가엾구나. 아무래도 내가 사리

(事理)로 달래어 조금이라도 위로해 주어야 하겠으니 네가 가서 그 여인을 불러오너라."

신종호가 말하자 통인은 난처하다는 얼굴 표정을 지으면서 손을 비볐다.

"그 여인은 수절과부인데……, 외간 남자의 부름에 응하겠습니까? 정녕 어사또께서 그 여인을 불쌍히 여기시고 도우실 생각이시라면 직접 행차하시어 위로하심이 좋지 않겠사옵니까?"

신종호는 잠시 생각했다. 남녀가 유별한데 깊은 밤에 수절과부를 찾아간다는 것은 법도에 어긋나는 일임에는 분명했다. 그래서 없었던 일로 하려고 했으나 그게 생각처럼 쉽지가 않았다.

어사 신종호는 다시 생각했다.

'어사라는 직분이 본시 백성의 어려움이 있으면 그것을 덜어주어야 하는 것이 아닌가!'

신종호는 자기가 그 여인의 집으로 가는 것을 합리화시키기에 여념이 없었다. 생각이 그쪽으로 향하다보니 오히려 안 가는 것이 직무유기라는 생각이 들었다.

"가자! 어사의 직분이 직분인만큼……."

신종호는 통인을 앞세우고 그 여인의 집으로 갔다. 깨끗한 방이었다. 촛불 한쌍이 타오르고 있는 방 한가운데 여인은 소복단장을 하고 앉아 처량히 울고 있었다. 그 모습은 도저히 보통 사람이라고 생각할 수가 없었다. 마치 천상의 선녀가 내려와 울고 있는 것처럼 보였다.

신종호는 몹시도 가슴이 두근거렸지만 애써 어사의 위품을 보이면서 울음을 그치라고 타일렀다. 그러나 여인은 더욱 구슬프게 울기를 계속했다. 그녀의 희고 맑은 볼 위로 흘러내리는 눈물은 남자의 애간장을 녹이고도 남음이 있었다.

"잠시 울음을 그치시오. 나는 봉명(奉命)한 어사로서 이틀밤이나 그대의 울음소리를 듣고 측은한 생각이 들어 이렇게 왔으니 사정을 말하시오. 내 힘 닿는대로 도와주겠소."

어사의 이 말을 듣고서야 여인은 울음을 그쳤다. 이윽고 여인은 고운 입술을 열어 쟁반에 옥을 굴리는 듯한 목소리로 말했다.

"일찍이 남편을 여읜 저는 즉시 목을 매어 남편의 뒤를 따르고자 하였으나……, 차마 부모가 물려 주신 모진 목숨을 끊지를 못했습니다. 그래서 울다가 지치면 죽겠거니 하여 벌써 두 달 동안이나 이렇게 울고 있습니다. 어명을 받드신 어사또께서 이처럼 누추한 곳에 행차하시어 고마우신 말씀을 내리심은 무엇이라고 감사해야 할지 모르오나……, 이왕 죽기로 작정한 목숨이니 그냥 돌아가 주시면 고맙겠습니다. 세상 어디에도 의탁할 곳이 없는 제가 무슨 수로 살아갈 수가 있겠습니까?"

여인은 말을 마치고 다시 눈물을 흘리면서 흐느끼기 시작했다. 어사는 여인의 말과 태도를 듣고 보면서 진정으로 애틋한 생각이 일어나서 더욱 부드럽게 여인을 효유했다.

"부모가 물려준 지고한 목숨을 울어서 끊으려 함은 옳지 않소. 의탁할 곳이 없다면 적당한 자리를 골라 다시 금슬 좋게 살면 되는데, 무엇 때문에 아까운 청춘에 목숨을 끊으려 한단 말이오?"

"말씀이야 옳습니다만, 과부인 저를 진심으로 은혜해 줄 사람을 만나는 것이 어디 쉬운 일이겠습니까? 수절로 한

평생을 마칠까 하여도 가날픈 홀몸이라 욕을 당하기 쉽습니다. 하여서 아무래도 한 목숨 죽는 것이 상책인가 하옵니다."

여인의 목소리는 가련하게 떨리고 있었다. 어사는 여인의 미모와 젊음이 너무 아까워서 그냥 죽으라고 버려둘 수가 없었다. 그래서 깊이 생각해 보지도 않고 입에 발린 소리로 이렇게 말했다.

"내가 비록 용렬을 벗어나지 못하였으나 아주 형편없는 사람은 아니오. 나를 좇아 목숨을 보존함은 어떻겠소?"

여인은 잠시 놀라는 듯한 표정으로 어사 신종호를 쳐다보다가 고개를 떨구었다. 한참 후에 살며시 고개를 쳐든 여인이 고운 입을 열었다.

"저와 같이 미천한 계집에게 그러한 말씀을 해주시니……, 너무 기쁘고 놀라서 믿기가 힘이 드옵니다. 그러나 어사또와 같이 높으신 어른께서 허언(虛言)을 하시지 않는다는 것을 믿고 감사의 말씀을 드리옵니다."

여인은 이렇게 말한 후에 자리에서 일어나 사뿐히 절을 하였다. 실로 예기치 않았던 일이었다. 어사 신종호는 처음부터 그런 결과가 생기리라고는 생각하지 못했다. 적이 당황하여 적당히 얼버무려 넘길 생각으로,

"내가 오늘은 일이 바빠서 그냥 가겠소. 훗날 다시 와서 그대를 데려갈 것이니 그리 알고 기다리시오."

하면서 자리에서 일어서려고 했다.

그러자 여인은 파르르 몸을 떨며 목청을 높혔다.

"아니, 어사또께서 사람을 놀리시는 겁니까? 온갖 감언이설로 수절과부를 꾀어 놓고 별안간 딴 말씀을 하시다니

요. 이렇게 놀림을 당하고 사느니보다 차라리 죽는 편이 좋겠습니다.”

여인은 원망이 가득한 말을 하면서 분연히 품속에서 은장도를 꺼내들었다. 어사는 여인의 돌연한 행동에 깜짝 놀라 소리쳤다.

“당장 칼을 거두시오!”

“싫습니다. 어사또의 꾐에 빠져 수절을 망친 몸이 무슨 면목으로 목숨을 부지하겠습니까?”

여인은 손에 힘을 주어 천천히 날카로운 칼날을 가슴에 대었다. 신종호는 재빨리 여인의 손을 잡았다.

“경거망동하지 마시오. 장부일언 중천금인데, 내가 어찌 그대를 농락했겠소?”

“그렇다면 오늘밤 어사또께서 소첩을 거두어 주시겠단 말씀입니까?”

“…….”

신종호는 말없이 고개를 끄덕였다.

“그럼 소인은 이만 물러가겠습니다요.”

통인이 약삭 빠르게 자리를 피했다. 이윽고 여인의 방에 비단 이부자리가 깔리고, 어사와 여인은 옷을 벗고 잠자리에 들었다.

다음날 날이 환하게 밝아서야 어사는 눈을 떴다. 향긋한 여인의 체취가 콧속을 파고 들었다.

“내가 공사를 마친 후에 너를 데리러 오겠다.”

여인은 수줍게 웃으며 고개를 끄덕였다.

“소첩은 서방님 뜻에 따를 뿐입니다.”

이 여인은 다시 말할 필요도 없이 기생 옥매향이었다. 매향은 어사 신종호가 떠난 뒤 그에게 수청 든 사실을 성천부사에게 고하였고, 성천부사는 평안감사에게 보고했다.

"으허허……. 여색에 장사인 사내가 어디 있겠는가! 그런 사내가 있다면 내 손에 장을 지지겠다. 으허허……."

평안감사는 그 사실을 상세히 적어서 임금에게 주달(奏達)하였다. 임금은 다시 평안감사에게 분부를 내려 그 기생을 곱게 치장하여 한양으로 보내라고 하였다.

한편 신종호도 어사의 임무를 마치고 한양으로 귀환했다. 성종은 그의 수고를 치하하고 위로하기 위하여, 또한 민간 사정을 듣기 위하여 내연(內宴)을 배설하였다.

군신이 화락하여 홍겹게 놀았다. 그러다가 성종이 신종호에게 물었다.

"평안도는 유명한 색향인지라 그곳에 내려간 어사 중에 색을 범하지 않은 자는 없다고 들었노라. 그래, 경은 어떠하였는고? 경은 본시 색에는 범연한 사람이니까 다른 사람과 같지는 않았겠지?"

신종호는 얼굴이 발갛게 달아올랐다. 몸둘 바를 몰라 쩔쩔매다 자기가 저지른 일을 바른대로 아뢰었다.

"인명과 관계되는 일이 있어서 기생 아닌 여염집 여자와 상관한 일이 있사옵니다."

성종은 홍미로운 표정으로 신종호의 말을 끝까지 들었다. 그 자리에는 조위도 앉아 있었다.

"하하하……. 사람의 목숨이 관련되어 여인을 품에 안았단 말이렸다.!"

성종은 크게 웃으면서 한쪽 구석에 쳐놓은 병풍을 치우도록 했다. 내관이 병풍을 치우자 곱게 단장한 두 여인이 다소 곳이 앉아 있었다. 한 여인은 조위가 상관했던 궁녀였고, 다른 여인은 신종호를 유혹했던 옥매향이었다.

"경들은 인명을 버릴 수가 없어서 부득이 여인을 가까이 했다. 그것을 법도에 어긋난다 하여 과인이 벌을 내려야 옳을까?"

성종은 신종호를 향하여 말했다.

"경의 생각을 말하라."

"황공하옵니다, 전하."

신종호는 고개를 푹 떨구고 말을 하지 못했다. 그 모습을 본 성종은 호방하게 웃으며 말을 이었다.

"모름지기 군자란 인명을 중시해야 하느니라. 경들이 목숨을 구한 이 여인들을 끝까지 책임지는 것 또한 군자의 도리가 아니겠는가!"

성종은 이렇게 사내들의 방종에는 관대했다. 그러나 여자들에게는 달랐다. 여자의 본능, 즉 여자의 성(性)은 '과부재가금지법' 등을 만들어 철저히 통제했던 것이다.

과부재가금지법을 왕명으로 실시한 성종은 여자의 입장에서 보면 무척이나 잔인한 남자였던 것은 분명하다.

열녀의 상징

조선조의 남성들은 여성들에게 '열녀'라는 당의정(糖衣錠)을 입혀 에로스 본능을 억제시켰다. 그리고 열녀의 출현을 가문의 영광이자 마을의 자랑으로 여겼다.

대개 열녀문은 정절을 지키기 위해 기꺼이 목숨을 버린 여인에게 내려졌다. 따라서 과부가 된 여인은 남편의 뒤를 따라 자살해 죽어주는 것이 가문을 위해서는 가장 좋은 일이었다. 가문에서도 그래주기를 은근히 바랬다.

예컨대 젊은 나이에 과부가 된 며느리가 자살을 했다. 그러면 가문에서는 조금도 슬퍼하지 않는다. 오히려 기뻐하며 그 사실을 만천하에 알려 나라로부터 열녀문을 하사받고, 그 사실을 자랑삼아 대를 물렸다. 때문에 과부가 된 며느리를 집안 남성들이 공모하여 타살한 후에 자살로 위장시킨 경우도 적지 않았다.

영조(英祖) 12년(1736), 강춘도(江春道; 지금의 강원도) 관찰

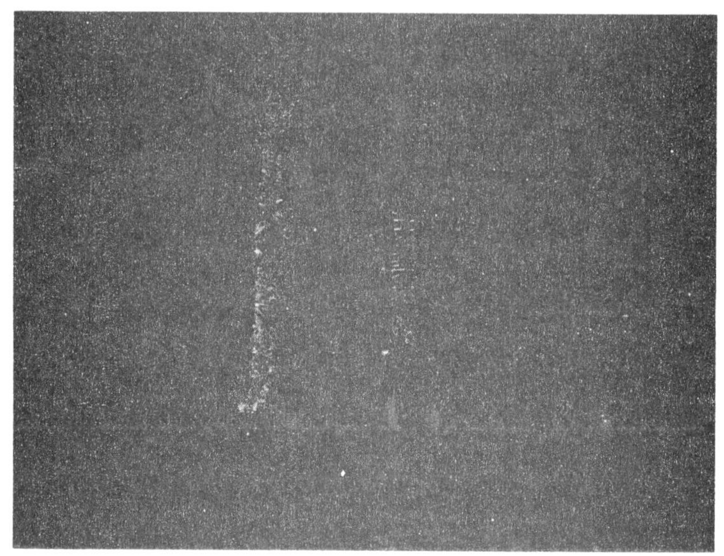

▶장도 ; 부녀자들의 호신 · 자해 · 치레용 장신구로 쓰였다.

부에서 이런 일이 있었다. 박씨 문중의 한 젊은 과부가 남편이 죽은지 얼마 후에 목매달아 죽었는데, 열녀가 났다고 고을이 떠들썩하였다. 그런데 그집 하녀의 누설로 타살임이 밝혀져 나라에서 내렸던 열녀문이 철거되는 소동이 있었다.

이러한 열녀 소동은 여성들의 입지를 한없이 축소시켰다. 특히 과부가 되어 살아남은 여성을 '미망인(未亡人 ; 남편과 함께 죽었어야 할 몸이 아직 살아 있다는 뜻)'이라 하여 곱지 않은 시선을 보냈기에 과부들은 목숨을 부지하고 있다는 사실조차 죄악감을 느껴야 했다.

또한 남성들은 여성들이 정절을 잃었을 때 자결할 수 있는 무기를 항상 몸에 지니게 했다. 그것이 바로 장도(粧刀)

인데, 부녀자들은 자신의 정절을 지키는 도덕적 상징으로 가지고 다녔다.

장도는 호신(護身) · 자해(自害) · 치레용 장신구로 쓰였다. 옷섶 안에 차면 패도(佩刀), 주머니 속에 지니면 낭도(囊刀)라 하는데, 큰 것은 전체길이 5치〔寸〕에 칼길이 3치 정도이며, 작은 것은 전체길이 3치, 칼길이 1치 5푼〔分〕 정도이다.

한국에서는 신석기시대부터 석도(石刀)를 장신구로 차고 다녔다는 기록이 있으며, 고구려인들은 등급의 표시로 도려(刀礪)를 차고 다녔다. 그러던 것이 통일신라와 고려시대를 거치면서 보편화되고, 조선시대에 들어와 여인들의 필수 장신구로 자리매김을 한 것이다.

유교 관념을 가진 사람들이 흔히 말하는 '남녀칠세부동석'이라는 말은 중국의 하(夏)나라 · 은(隱)나라 · 주(周)나라의 3대에 걸쳐 아동을 가르치는 법이었던 《소학(小學)》의 〈입교(入敎)〉편에 명시되어 있다. 유교 윤리를 국가 윤리로 숭상했던 조선시대는 이 책을 행동지침으로 삼아 철저히 남녀 유별을 생활화 했다. 따라서 여아가 7세가 되면 어머니가 딸의 옷섶에 은장도를 채워주며 그 용도를 귀에 못이 박히도록 일러줬다.

"여자는 정조를 생명처럼 여겨야 하고, 정조를 잃는 것은 목숨을 잃는 것이나 진배 없다. 만일 누군가에게 몸을 더럽히게 될 경우에 처하게 되면 이 칼을 뽑아 필사적으로 네 몸을 지켜라. 그래도 몸을 지키지 못했다면 지체없이 자결하여 가문의 명예를 보존해야 한다."

여아들은 이런 교육을 받으면서 '정조는 곧 생명'이라는 관념을 가슴 속에 새겼다. 그러기에 몸을 망친 조선의 수 많은 여인들이 한을 품고 생목숨을 끊었고, 여인네의 은장도에 찔려 죽은 사내들도 많았다. 특히 임진왜란과 병자호란 때 조선을 침공한 왜놈과 오랑캐들이 부녀자를 겁탈하려다 무수히 은장도에 찔려 죽었는데, 그런 이유 때문에 적군들은 관군(官軍)보다 부녀자의 은장도를 더 두려워했다고 한다.

임진왜란 때의 사료를 보면 충신이나 효자에 비해 압도적으로 열녀가 많았다는 사실이 이에 대한 반증인데, 《역사학보(歷史學報)》에 수록된 충신과 효자와 열녀의 수는 다음과 같다.

▶ 임진왜란 때의 정문

도 명	효 자	충 신	열 녀
경상도	19	1	113
충청도	6	2	35
경기도	23	4	87
황해도	·	·	20
평안도	·	·	4
강원도	8	3	46
함경도	4	1	18
전라도	7	·	33
합 계	67	11	356

자료 ; 〈임진왜란과 민간인 피해에 대하여〉
(李崇寧, 歷史學報, 第 17 · 18 合集號)

그런데 몸을 망쳤다는 것에 대한 해석이 매우 광범위하다. 남자의 생식기와 여자의 생식기가 접촉한 것만을 실절로 여기지 않았다. 엉겁결에 손목 한번 잡힌 것을 가지고도 몸을 망쳤다며 비관 자살한 사례가 많았으며, 심지어는 헛소문에 분개하여 목숨을 버린 여인들도 있었다.

순조(純祖) 5년(1805) 전라도 순천부에 사는 이씨 문중의 한 과부가 임신했다는 헛소문에 항의하여 분연히 자결해 버렸다. 그런가 하면 철종(哲宗) 21년(1861) 8월에 경주 최씨 문중의 한 부인이 나룻배를 탈 때 사공이 손을 잡아줬다 하여 강물에 몸을 던져 죽었다.

그러기에 조선시대 여인들은 병이 들어도 의원에게 직접적인 진맥을 받지 않았다. 의원과 환자가 창문을 사이에 두고 명주실을 이용하여 진맥을 했으며, 심한 경우에는 그것마저 거부하고 그대로 숨을 거두었다.

이런 관념을 현대에 적용시킨다면, 모르기는 해도 살아남을 여성은 아무도 없을 것이다.

아무튼 은장도는 여인의 정절과 열녀의 상징이었다. 여인들이 은장도를 몸에 지니면서부터 끊임없이 정절을 염두에 두어야 했고, 그래도 본능이 꿈틀거릴 때는 은장도를 빼어 허벅지를 찔러대는 육체적인 학대를 가함으로써 본능적인 욕구를 잠재워야 했다.

은장도를 여인의 필수 장신구로 패용하게 했던 조선시대의 관습은 여성만을 옭아맸던 성차별의 악습이었던 것은 분명하다. 하지만 그런 관습이 있었기에 건전한 사회적 질서가 유지되어 온 것도 사실이다.

그러나 이제 한국사회에서 은장도를 패용하고 사는 여성은 없다. 이것은 무엇을 뜻하는가? 도덕적 타락과 문화의 퇴폐를 지켜왔던 보루(堡壘)였던 여성들의 정조관념이 은장도의 소멸과 함께 무너졌다고 봐도 무방하다.

그 결과 성풍속이 극도로 문란해 졌고, 그에 따른 심각한 사회 문제들을 야기시키고 있다. 혼전 섹스는 일반적인 현상이 되었고, 에로스적 엔조이를 부르짖는 여성들이 기하급수적으로 늘었다. 또한 유부녀가 다른 남자의 자식을 낳는 사례가 적지 않고, 사생아 수출 세계 1위라는 국제적인 오명까지 뒤집어쓰고 있다.

그뿐인가. 오죽하면 '간 큰 남자 시리즈'가 생겨났고, 섹스 횟수가 적다고 이혼 당하는 남자까지 생겨나기에 이르렀다.

이러한 현상은 아무리 온화한 표현을 빌려 설명하더라도, '인간 파멸의 전조'이다. 왜냐하면 누가 뭐라 해도 정조관념은 가정과 사회의 질서를 잡는 데 필수 요소이며, 또한 섹스는 쾌락적 본능이기 때문에 어떤 고상한 기준이나 외부적인 세력에 의하여 견제받지 않는다면 그 자체를 추악하게 소모하는 속성이 있기 때문이다.

너나없이 성을 추악하게 소모하게 되면 필연적으로 인간문명은 붕괴된다. 그것을 막기 위해서는 더이상 성도덕의 타락을 방치해서는 안되며, 정조 관념이 종교적 차원으로 승화되어 지켜져야 한다. 그러나 전통사회처럼 여성만을 일방적으로 옭아 매는 성차별의 악습이 되어서는 곤란하다. 남녀 공히 도덕성을 회복하고 넓은 의미로서의 정조 관념을 지키는 것이 가장 바람직하다.

열녀문

경상도 초계면 약면리에 가면 여인의 정절을 기리기 위한 성문과 비각이 세월의 풍파 속에 남아 있다. 이 비각에 서린 주인공은 영조(英祖) 때의 열녀 염씨(廉氏) 부인의 정절을 기리기 위한 것이다.

염씨는 이슬 머금은 해당화를 무색하게 할 만큼 자태가 고왔고 품행 또한 방정했다. 열일곱 꽃다운 나이에 그녀는 같은 고을 송씨(宋氏)댁의 며느리로 들어갔다. 살림은 비록 가난했지만 일찍이 홀로된 시어머니를 정성껏 봉양하면서 남편과 금실 좋게 살았다.

그러던 어느 해 가을, 시어머니가 갑자기 병을 얻어 자리에 눕게 되었다. 효성이 지극했던 염씨 부부는 백방으로 병에 좋다는 약을 구하러 다녔다. 병간호에 몇 마지기 되지 않던 전답마저 팔았다.

그러나 그런 보람도 없이 어머니의 병환은 악화되었다.

결국 가산만 탕진한 채 노모는 세상을 떠났다. 이때부터 부부는 극심한 가난에 허덕이게 되었다. 농사 지을 땅이 없었기에 남의 집에 품을 팔아 하루하루를 근근이 연명했다.

꽃이 아름답고 향기로우면 사방에서 벌과 나비가 꼬여들고, 여인이 아름다우면 욕심을 품는 사내가 있게 마련인 것이 세상의 이치이다. 염씨 부인도 그 빼어난 자태가 뭇 사내들의 가슴에 욕심을 품게 만들었다.

고을에서 으뜸가는 부자 윤첨지도 그중 한 사람이었다. 오래 전부터 그는 염씨 부인을 어떻게 해보려고 호시탐탐 기회를 엿보고 있었다. 그런데 염씨 부부가 생활고에 시달리게 되자 한 가지 흉계를 꾸미고 염씨의 남편인 송서방에게 접근했다.

"송서방, 언제까지 가난에 허덕이며 살텐가. 돈을 벌어 남들처럼 번듯하게 살아야 하지 않겠는가?"

윤첨지는 송서방을 불러 술을 대접하며 은근히 마음을 간지럽혔다. 세상에 어느 누가 번듯하게 살고 싶지 않겠는가. 가능하다면 많은 돈을 벌어 떵떵거리며 살고 싶은 것이 인지상정이지만, 그럴 형편이 못되기 때문에 힘들게 살고 있는 것이다.

"저도 사람인데 잘살고 싶지 않겠습니까만……, 소도 언덕이 있어야 비비지요. 땅뙈기 한뼘 없는 제가 무슨 수로 돈을 벌겠습니까. 목구멍에 풀칠하기도 힘이 든 판인데……."

송서방은 자기도 모르게 신세 한탄을 한다.

"허어, 자네처럼 착한 사람이 그토록 곤궁하게 사는 모습이 참으로 보기에 딱하네. 그래서 하는 말인데……."

윤첨지는 잠시 말을 끊고 송서방의 눈치를 살핀 다음 이렇게 덧붙인다.

"자네 한번 장사를 해보는 것은 어떻겠는가? 서울 가서 좋은 물건을 사와 팔면 이문이 쏠쏠하지 않겠는가?"

"그야 그렇겠지요. 하지만 밑천이 있어야……."

"밑천? 자네가 장사를 하겠다면 내가 밑천을 대줌세."

"정말이십니까?"

"정말이네."

윤첨지는 이렇게 말한 다음 당장에 엽전 백 냥을 꺼내주었다. 정말 뜻밖에 윤첨지의 도움을 받게 된 송서방은 기쁘고 고마워서 어쩔 줄 몰랐다.

"고맙습니다. 정말 고맙습니다. 이 은혜는 죽어서라도 잊지 않겠습니다."

송서방은 연신 고개를 조아려 고마움을 표시하고 윤첨지의 집을 나왔다. 장사를 하면 금방이라도 떼돈을 벌 수 있을 것이라는 희망이 그의 가슴 속에서 뭉게뭉게 피어올라 발걸음도 가벼웠다.

며칠 후 송서방은 장사차 서울로 떠났다.

이날부터 윤첨지는 방앗간에 쥐 드나들듯 염씨 부인이 홀로 있는 집을 드나들며 온갖 호의를 베풀기 시작했다.

"잉어가 싱싱하여 한 마리 가져왔습니다."

송서방이 집을 떠난지 닷새가 되던 날 밤, 윤첨지는 잉어 한 마리를 가지고 염씨 부인의 사립문을 들어서는 것이었다.

"부인, 혼자 적적할 것 같아 얘기 상대라도 되어 주려고 왔소만……."

윤첨지는 이렇게 말하면서 은근슬쩍 안방으로 들어가 아

랫목에 앉았다. 염씨 부인은 적이 당황했다. 남편이 없는 집에, 그것도 밤에 외간 남자가 찾아와 아랫목을 차고 앉으니 어찌 당황하지 않을 수 있겠는가.

"밤인데……, 남이 볼까 두렵습니다. 그러니……."

염씨는 윤첨지를 푸대접할 수가 없어 공손한 말로 돌아가 줄 것을 청했다. 그러나 윤첨지는 엉뚱한 소리를 지껄이며 돌아갈 생각을 하지 않았다.

"부인같이 고운 여자가 이렇게 고생을 해야 하는지……. 내가 송서방에게 장사 밑천을 대준 것은 송서방이 예뻐서가 아니오. 다 부인께서 고생하는 것이 보기 딱해서 장사 밑천을 대준 것이오."

윤첨지는 말끝마다 '장사 밑천'을 운운했다. '빚진 죄인'이라는 말이 있듯, 그것이 염씨가 윤첨지를 냉정하게 대하지 못하는 이유였다. 그러다 보니 밤이 한없이 깊었다.

"밤이 늦었으니 이젠……."

염씨는 그만 가라고 독촉한다.

"아무리 봐도 부인은 아름답소!"

윤첨지는 딴청을 피운다.

"그런 말씀 마시고 제발……."

염씨가 또 가주십사 하고 애원조로 말한다.

"나는 부인같은 미인과 한번 살았으면 여한이 없겠소."

윤첨지는 염씨의 말을 외면하고 능구렁이 같은 속셈을 드러내며 점점 염씨에게로 다가앉는다.

"그만 돌아가 주십시오."

염씨는 뒷걸음질치며 냉정하게 말한다.

"부인……."

윤첨지는 마치 솔개가 병아리 낚아채듯 염씨의 손목을 잡아끌며,

"아무도 보는 사람이 없으니까……."

하고 노골적인 유혹의 말을 던진다.

"왜 이러세요!"

염씨가 화들짝 놀라 손을 뿌리치려고 하지만, 윤첨지는 와락 염씨를 끌어안는다.

"점잖으신 양반이 이 무슨 망측한 행동입니까?"

염씨가 준열하게 꾸짖었다. 그러나 욕정에 사로잡힌 윤첨지의 귀에 그 말이 들릴 리가 만무했다.

"안돼! 몸을 더럽히게 되면 죽어 버리고 말겠어요."

염씨는 필사적으로 저항했다. 하지만 끝까지 억센 남자의 완력을 당해낼 수는 없었다.

"으흐흑……."

윤첨지에게 정조를 유린당한 염씨는 목을 놓아 울었다. 울면서 생각했다. 욕된 삶을 사느니 자진하여 죽는 것이 낫다고.

"그래, 죽자!"

염씨는 은장도를 꺼냈다. 칼을 손에 들고 보니 자기의 인생이 너무 불쌍하고 원통했다. 죄를 지은 것은 윤첨지인데, 피해자인 자기가 죽어야 하는 세상의 부조리에 분노가 치솟았다.

"이대로 죽는 것은 너무 원통하다. 모든 사실을 밝히고 죽어도 늦지 않다."

염씨는 치욕을 참고 남편이 돌아오기를 기다렸다. 남편에게 그 사실을 알리고 죽으면 분명히 남편은 자기의 원한을

갚아줄 것이라고 믿었다.

마침내 남편이 돌아왔다. 그날 밤 염씨는 눈물로 그 사실을 고백했다. 송서방은 아내의 말을 듣고 피가 머리끝까지 치밀어 이를 박박 갈았다.

"찢어 죽일 놈!"

"이 말을 당신께 전하기 위하여 욕된 목숨을 지금까지 부지하고 있었습니다. 이제 당신이 알았으니 저는……."

말을 끝낸 염씨는 비장한 표정으로 밖으로 나갔다. 이상한 낌새를 느낀 송서방은 재빨리 뒤를 따라 나가 아내의 손을 붙잡았다.

"허튼 생각일랑 하지 마시오!"

"아닙니다. 큰 욕을 당하고서 어떻게 얼굴을 들고 살아갈 수 있겠습니까?"

"그런 소리 마시오. 그게 어디 당신의 잘못이었소? 그런 흉계를 모르고 돈을 빌려 쓴 내 잘못이 크오."

송서방은 자결하겠다는 아내를 가까스로 설득하여 방으로 들어왔다. 부부는 서로 부둥켜안고 밤새도록 울었다.

"여보, 이왕 저질러진 일을 떠들어 봤자 망신만 커질 뿐이오. 그러니 꾹 참고 복수할 기회를 노립시다. 내 결코 그놈을 용서하지 않겠소."

"……."

이렇게 하여 사건은 표면적으로 드러나지 않게 되었다. 그러자 윤첨지는 아예 염씨를 자기의 소실로 앉히려고 송서방을 상대로 대담하게 홍정했다.

"여보게 송서방. 내가 단도직입적으로 말하겠네."

윤첨지는 눈이 번쩍 뜨일 만큼 많은 엽전꾸러미를 꺼내

송서방 앞으로 밀면서 말했다.

"이 돈이면 자네는 새장가 들어 부자로 살 수 있네. 그러니 이 돈을 가지고 멀리 다른 곳으로 가서 살면 어떻겠는가? 자네도 부자가 되고……, 자네 아내도 내 소실이 되면 평생 호강하며 살 걸세. 이런 것을 두고 누이 좋고 매부 좋다는 것이 아니겠는가?"

윤첨지는 온갖 감언이설과 막대한 돈으로 송서방을 매수하려고 애썼다.

원래 송서방은 어리석은 위인이었다. 게다가 돈에 눈이 멀어 윤첨지가 제시한 조건이 황홀하기까지 했다.

"저야 괜찮지만……, 아내가 승락할지……."

"허허……. 이 사람아, 여필종부란 말도 모르는가. 아내는 반드시 남편에게 순종하며 좇아야 한다는 말일세. 그러니 자네가 잘 설득하면 되지 않겠는가?"

송서방은 며칠을 아내의 눈치를 살피며 주저하다가 윤첨지의 제안을 아내에게 말하기에 이르렀다.

"다, 당신……. 미, 미쳤군요! 미치지 않고서야 어, 어떻게 그런 말을 나에게……."

염씨는 그 소리를 듣고 기겁을 했다.

"그 말을 한 놈도 사람이 아니지만, 어떻게 당신마저 그런 말을……! 실망, 정말 대실망입니다."

염씨는 남편을 호되게 꾸짖으며 죽일듯이 노려봤다.

"여, 여보! 오해하지 말구료. 그 똥물에 튀겨 죽일 놈이 그런 말을 했다는 것을 말한 것 뿐이오."

송서방은 몹시 당황하며 자기의 말을 얼버무렸다.

그러나 윤첨지는 포기하지 않고 어떻게 하든지 염씨를 차지할 계략으로 헛소문을 퍼뜨렸다.

"염씨는 나하고 오래전부터 정을 통해온 사이다. 그녀가 나와 함께 살기를 간절히 원하기 때문에 나는 염씨를 소실로 삼으려고 한다."

이 소문을 듣고 염씨는 분통을 참지 못해 관가로 달려가 호소했다. 그러나 윤첨지에게 매수당한 관원들은 그녀의 말을 묵살해 버렸다.

"천벌을 받을 놈들. 하늘이 너희의 부정을 용서하지 않을 것이다."

염씨는 관원들을 크게 꾸짖은 후에 동헌을 나왔다. 이때 관노가 염씨의 젖을 만지며 희롱하였다.

그러자 염씨는 그 자리에서 은장도를 꺼내 희롱당한 젖가슴을 잘라버리고 곧바로 한양을 향해 달리기 시작했다.

"이 치욕을 풀지 않고는 죽지 않으리라!"

염씨는 이를 악물고 정신없이 뛰었다. 잘려나간 젖가슴에서 흘러내린 피가 옷을 물들이고, 그것이 흙먼지와 뒤범벅이 되어 염씨의 몰골은 귀신을 방불케 했다.

한편 궁궐 안에서는 영조가 문무백관과 더불어 국사를 논의하고 있었다. 이때 염씨가 뛰어들어 억울한 사정을 호소하고 그 자리에서 자결하고 말았다.

영조는 곧 경상감사에게 명하여 이 사실을 철저히 규명하여 보고하라 일렀고, 어명을 받은 경상감사는 염씨의 원한을 적어 장계를 올렸다.

영조는 염씨를 욕보인 윤첨지를 참형에 처하게 하고, 지방의 관원들을 죄질에 따라 벌주었다. 그리고 염씨의 집 앞에 열녀문을 세워 그녀의 정렬(貞烈)을 표창했다.

이런 저런 이유로 인하여 내려진 열녀문은 우리나라의 곳곳에서 흔히 찾아볼 수 있다.

우리나라에 열녀문이 언제부터 생겼는지 확실한 기록은 없다. 그러나 조선이 성립되고 유교적 사회 질서가 확립되는 과정에서 생겨난 것은 분명한 것 같다.

조선조 세종 때 충청도에서 '살부(殺父)' 사건이 생겼다. 유교 윤리를 국가 윤리로 신봉했던 당시로서는 어마어마한 사건이 아닐 수 없었다.

이 사건은 곧 조정에 보고 되었고, 사건의 전말을 들은 세종임금은 깊은 탄식을 하며 안타까워 해다.

현명한 군주 세종은 그 사건으로 인하여 오래도록 괴로워하다가 마침내 결단을 내렸다. 아들이 아버지를 죽이는 천인공노할 사건이 다시는 있어서는 안 된다는 뜻에서 충청도의 명칭을 '공홍도(公洪道)'로 바꾸어 버린 것이다.

그뿐이 아니었다. 즉시 직제학 설순 등에게 명하여 《삼강행실도(三綱行實圖)》를 제작하게 하여 전국에 배포했다. 《삼강행실도》란 한국과 중국의 서적에서 군신·부자·부부의 삼강에 모범이 될 만한 충신·효자·열녀를 뽑아 그 덕행을 찬양한 국민 교화서적이다.

내용은 삼강행실 효자도·삼강행실 충신도·삼강행실 열녀도의 3부작으로 이루어져 있으며, 편마다 당대의 화가인 안견·최경·안귀생 등의 그림을 넣어 내용을 한눈에 알아볼 수 있게 하였다.

열녀도에는 〈아황·여영이 상강에서 죽다〉 외에 94명 열녀를 소개하고 있는데, 한국 사람으로는 6명의 열녀 이야기를 싣고 있다. 또 1797년(정조 21)에 편찬된 《오륜행실도(五

倫行實圖)》에도 열녀 35명의 행적이 수록되어 있는데, 그중 한국의 열녀 5명이 포함되어 있다.

열녀란 죽음을 무릅쓰고 남편에 대한 정성과 절개가 곧은 여자를 말한다. 열녀가 되기 위해서는 무엇보다 정조 관념이 투철해야 한다. 죽는 날까지 오직 한 사람, 즉 남편에게만 몸을 허락하는 것이다. 만약 남편이 일찍 죽으면 본능적인 욕망을 깡그리 버리고 수절(守節)해야 열녀가 된다. 문학작품이나 영화에서 보는 것처럼 은장도로 허벅지를 팍팍 찔러가면서까지 필사적으로 본능을 제어하는 것이다.

그렇다면 어찌하여 열녀를 표창하여 나라에서 열녀문을 내렸을까? 그 배경이 궁금하지 않을 수 없다.

열녀문에 숨은 뜻

필자의 고향 마을에 좀 고약한 취미를 가진 사람이 있었다. 그는 장난삼아 아이들에게 꿀밤을 잘 먹였는데, 그 방법이 참으로 교활했다.

"얘가 얼마나 용감한 줄 알아?"

그는 동네의 조무래기들을 모아놓고 한 아이를 한껏 추겨준다.

"얘는 용감해서 꿀밤을 먹어도 안 운다."

이렇게 아이의 불알을 살살 긁어 준 다음 살짝 꿀밤을 먹인다. 아이는 울지 않는다.

"너희들 봤지? 정말 용감하지? 얘는 더 세게 때려도 안 운다. 볼래?"

그는 주먹의 강도를 더하여 아이의 머리를 때린다. 역시 아이는 안 운다.

"와, 진짜로 용감하다! 더 세게 때려도 울지 않을까?"

그는 차츰차츰 주먹의 강도를 높여가며 아이의 머리를 콱콱 쥐어박는다. 그래도 아이는 눈물을 찔끔거려가며 아픔을 참고 끝까지 울음보를 터뜨리지는 않는다.

아이에게 울고 싶은 것을 꾹 참게 만든 것은 무엇일까? '용감하다'는 형용사 때문이다. '용감하다'는 말에 고무된 아이는 울고 싶어도 못 우는 것이다.

'열녀(烈女)'라는 말도 그것과 비슷하다. 아이들을 고무시키는 데는 '용감하다'는 말이 최고의 효력을 발휘하듯이 '열녀'라는 말은 여성의 치마끈을 단단히 조여 매게 하는 주술적인 힘이 들어 있는 것이다.

열녀란 한마디로 죽을 힘을 다해 본능을 외면한 여성이다. 그리고 그런 여성의 눈물 겨운 인내력을 찬양하기 위하여 남성들은 '열녀'라는 단어와 '열녀문'이라는 상징물을 만들어 낸 것이다. 말하자면 정절을 지킨 여성에게 열녀라는 미명을 부여함으로써 철저히 여성의 본능을 옭아맨 것이다.

열녀라는 용어는 매우 가부장적(家父長的) 이데올로기의 산물이다. 역사학적 여성학적 인류학적으로 보면, 한국의 원시공동체사회에서는 남녀 불평등이나 차별은 없었다. 오히려 여성은 임신·출산·육아 등의 기능에 의하여 풍요를 기원하는 제천 의식의 집행자였으며, 신석기시대에는 토기의 제작이나 직포 등을 생산함으로써 존경의 대상이 되었다.

그리고 원시사회의 최고신인 산신·호국신 등은 대부분이 여성이었다. 이러한 경향은 신라 초기까지 나타나는데, 남해 차차웅의 누이인 아로(阿老)는 시조묘의 주제자(主祭者)

였으며, 박혁거세의 비 알영(閼英)은 백성들의 농상(農桑) 등을 독려하여 박혁거세와 함께 이성(二聖)으로 존경을 받았다.

남성에 대한 여성의 종속은 청동기와 철기 등 금속문화가 보급되어 농경사회가 정착되면서부터 시작되었다. 농업의 발달로 남성의 노동력이 필요해지자 여성의 역할은 축소되었고, 가부장권이 강화된 것이다.

계급이 발생한 부족사회 이후부터 여성의 예속은 급속도로 강화되었다. 일찍이 고조선에서는 일부다처제(一夫多妻制)를 인정하는 한편 여자의 정숙을 강조하여 투기는 처벌의 대상이 되었다. 부여에서는 투기한 여자는 사형에 처하였고, 백제에서는 간음한 여자는 노비로 삼았다.

삼국시대에는 이미 가부장권이 확립되어 있었으나 기층사회에서는 여전히 모계사회적 풍습이 남아 있었다. 고구려에서는 서옥제(婿屋制 ; 혼인한 남자가 여자의 집에 따로 지은 서옥에서 사는 것)가 존속되었고, 신라에서는 부자 상속을 원칙으로 삼으면서도 서자(庶子)보다는 딸을 우선하였기 때문에 3명의 여왕을 배출했다.

고려시대에서도 적자입사(嫡子入嗣)를 원칙으로 하였으나 딸의 계승권도 인정하였다. 또한 재산 상속에 있어서도 출가여부에 관계 없이 딸에게도 재산을 분배하였다.

그러나 고려 말기 중국에서 주자학(朱子學)이 도입되면서 남녀 차별을 강화하는 제도가 마련되었다. 이후 조선시대에 들어와 유교적 사회 질서 확립을 위하여 여성의 행동을 규제하는, 이른바 삼종지도 · 남녀칠세부동석 · 칠거지악 등의 성차별적 문화가 이루어졌다.

여자의 수절을 제도적으로 강요한 사람은 조선 제3대 임금 태종(太宗)이다. 태종은 왕위에 등극한 후 과감히 개혁정치를 시행하였다. 그는 유교의 교리에 따라 사회 윤리를 확립하고자 하였다. 특히 혼인 문제가 인륜의 대사요 기본이므로 이 윤리가 확립되어야 다른 질서도 잡혀진다고 믿었다.

그리하여 일부다처제를 없애고 일부일처제의 미풍을 살리기로 했다. 따라서 정식 결혼한 부인 외에는 모두 첩(妾)으로 규정하였고, 첩의 자손을 서자(庶子)로 칭하여 서얼차별법이 시행되었다.

조선시대 유교사상이 남긴 가장 악명 높은 제도인 남자의 축첩(蓄妾) 제도와 과부 재혼 금지는 이렇게 시작되었다. 태종이 이 법을 시행하게 된 것은 고려시대에 혼인 제도가 문란하여 여러 폐단이 있었기에 바로잡고자 했던 이유도 있지만, 태종 자신이 계비 강씨(康氏)의 소생 방석(芳碩)에게 왕위를 빼앗길 뻔했던 일도 무시할 수 없다.

물론 이때 과부의 재혼을 금지하는 법은 제정되지 않았다. 그러나 태종은 1406년에 양반의 정처(正妻)로서 실절(失節)한 부녀의 자손은 과거에 응시하지 못하게 했기 때문에 자연 과부의 재혼은 금지된 셈이다.

이때부터 양반가에서 여성의 정절은 절대적인 여성 모럴로 정착되었고, 그것을 장려할 목적으로 열녀를 표창하기 시작한 것이다.

열녀 표창의 이면에는 가부장사회의 실권자인 남성들의 에고이즘이 진하게 배어 있다. 왜냐하면 신분에 따라 남녀 차별적인 정조관념을 두고 있기 때문이다. 이를테면 왕을 비롯한 지배계급층은 후궁을 두거나 첩을 두는 등으로 예외적인 특권을 맘껏 누렸다. 그러면서도 기층사회와 여성들에게 성적인 방종을 엄하게 단속했다.

이것은 무엇을 의미하는가. 정조관념이라는 것이 절대적인 개념이 아니라는 것을 뜻한다. 다시 말해서 정절을 강제로 요구하는 측과 그것을 지켜야 하는, 정치적인 지배 · 피지배와 연관성을 가지고 있는 것이다.

정절을 강제로 요구하는 측(지배층 남성)은 본처 외에도 여러 명의 첩을 두어 섹스 욕구를 충족했다. 뿐만 아니라 여종을 건드리기도 하고, 기생과 실컷 놀아나면서도 그것을 풍류로 치부했다. 반면에 정절을 지켜야 하는 측(여성과 상민)은 엄격한 윤리관에 의하여 통제를 받아야만 했다. 지배층에게는 풍류로 치부되는 것이 피지배층에게는 큰죄가 되었던 것인데, 이는 권력이나 남녀 차별에 의한 성적 억압이나 불평등의 대표적인 사례였다고 말할 수 있다.

벼슬은 전통적인 선비사회의 최고 목표였고, 높은 벼슬아치를 배출하는 것은 개인에 앞서 가문의 영광이었다. 그런데 여성의 실절로 인하여 벼슬길의 등용문인 과거를 금지당하는 것은 가문을 중시하는 남성들에게 있어서 실로 두려운 일이 아닐 수 없었다.

그래서 여성의 실절을 원천적으로 봉쇄할 장치가 필요했다. 이래서 생겨난 것이 '내외(內外)'이다. 내외는 남녀간의 자유로운 접촉을 금하는 것으로, 부부간의 예의 또는 소임의 분담에 따른 공간적 분리를 규정한 《예기(禮記)》의 〈내칙편(內則篇)〉에서 비롯된 행동규제 관습이다.

여성이 지켜야 할 최우선의 덕목은 정절이기 때문에 여자는 아예 외출도 못하게 했다. 부득이 외출을 해야 할 경우에는 반드시 쓰개치마 등으로 얼굴을 가렸고, 길거리의 행사 따위를 구경하지 못하게 하였다.

이런 관습에서 남녀간의 접촉을 꺼리는 일을 '내외를 한다'고 표현하는데, 남과는 물론이거니와 형수나 시동생, 처제와 같은 사이에서도 내외를 하였다. 내외의 대표적인 예로 남녀간의 접촉 방식을 들 수 있다. 예컨대 낯선 남자가 방문하여,

"이리 오너라. 쥔장 계시냐고 여쭈어라!"

하고 부른다. 이때 나가서 응대(應對)할 남자가 집에 아무도 없다면, 여성들은(7세 이상이면) 나가서 응대할 수가 없다.

본래 이러한 풍습은 노비를 부리는 집에서 노비가 중간에서 말을 전해준다는 전제에서만 통용될 수 있었다. 그러나 노비를 둘만한 처지가 아니거나 때마침 남성이 집을 비운 경우는, 여성이 음성만으로 찾아온 손님을 응대하였다.

"사랑에 한 분도 안 계신다고 여쭈어라."

마치 손님과 주인(부녀자) 사이에 노비가 있는 듯한 대화를 취하였다. 이렇게 남녀가 얼굴을 마주 대하는 것을 철저히 차단함으로써 혹시라도 생길지 모르는 불상사를 미연에 방지했던 것이다.

이렇게 단속을 했는데도 불구하고 사고가 발생했다. 이럴 경우 가혹한 형벌로 다스렸다.

그 대표적인 형벌이 '조리돌림'이다. 조리돌림은 주로 간음한 여인에게 가해졌는데, 그 형태는 북을 머리에 이고 맷돌을 등에 지고서 화살을 귀에 꿰어 온마을을 돌게 했다. 심한 경우에는 친척이나 마을 사람들이 집단으로 매질하여 추

방하기도 하였다.

하여튼 간음한 여성은 죄인 중의 죄인이었다. 국법(國法)으로 다스리기 전에 어떠한 방법으로 잔인하게 죽여도 무방했다. 개인의 목숨보다도 소중하게 여긴 가문의 명예를 더럽혔기 때문에 오빠가 동생을 몽둥이로 때려 죽이고, 시동생이 형수를 물에 빠뜨려 죽이고, 심지어 아들이 간통한 어머니를 잔혹하게 살해했다.

한마디로 남성들은 여성들에게 목불인견의 만행(蠻行)을 거리낌없이 자행했는데, 이런 만행을 합리화하고 미화시키기 위하여 특별히 열녀문을 세워 표창했던 것이다.

과부 재가 금지법

고려시대까지는 계급을 막론하고 과부의 재혼이 자유로웠다. 그러나 고려의 마지막 보위를 이은 공양왕 때부터는 산기(散騎) 이상인 자의 처로서 봉작(封爵)받은 과부의 재혼을 금지하기 시작했다. 또 6품 이상 벼슬아치의 처는 남편이 죽은 뒤 3년 안에 재혼하는 것을 금했고, 이들이 수절하면 정려와 포상을 하여 과부의 수절을 장려하기 시작했다.

조선시대에 들어와 성리학(性理學)을 국풍으로 숭상하고 실천함에 따라 여성의 행동들을 규제하는 규범들이 마련되었다.

조선 제3대 임금 태종(太宗) 6년(1406)에 양반의 정처(正妻)로서 삼가(三嫁)·실절(失節)한 부녀의 자손은 과거에 응시하지 못하게 함으로써 재가를 윤리적으로 비난하고 죄악시 하기에 이르렀다.

이때부터 양반가의 남성들은 자신들의 출세에 지장이 크

기 때문에 문중 여성들의 실절을 감시하고 단속했다. 그 강도가 얼마나 심했는 지는 조선의 개국공신 박강생(朴剛生)의 가훈에서 찾아볼 수 있다.

"딸을 한 번 시집에 주고 나면 죽을 때까지 그 뜻을 바꾸지 않는 것이 부녀자가 행할 도리이다. 여자가 비록 일찍 남편을 잃고 아들이 없다고 하더라도 두 남편을 섬기지 않도록 하는 것을 밀양 박씨의 가정 법도로 만들라. 만약 나의 가르침을 따르지 않는 사람이 있으면 그로 하여금 종족(宗族)의 계열에 끼일 수 없게 하라."

딸자식을 재혼시키는 사람은 가차 없이 족보에서 추방시키라는 지엄한 분부를 내리고 있다. 무엇보다 가문을 소중하게 생각했던 그 당시로서는 문중 축출이야말로 가장 무서운 일이었을 것이다.

그래서 딸자식 교육에 엄격했다. '출가 외인'이니 '죽어도 시댁 귀신이 되어야 한다'라는 말 등이 여기에서 비롯되었는데, 친정의 체모와 명예를 위해 죽는 날까지 시댁에 헌신하라고 귀에 못이 박히도록 가르쳤던 것이다. 성종(成宗) 8년(1477) 7월에 관제를 개혁할 때 부녀의 재가에 대한 금지의 가부가 논의되었다. 찬성하는 쪽과 반대하는 쪽이 팽팽히 맞서 갑론을박했다.

임원준(任元濬)을 필두로 한 개가 반대론자들은 절의(節義)를 내세우며 반대했다. 충신은 두 임금을 섬기지 않으며, 열녀는 두 남편을 섬기지 않는다는 논리였다.

이에 맞선 개가 찬성론자들은 '식욕과 색욕은 인간의 본성'이라고 갈파한 맹자(孟子)의 말을 앞세우며, 음양 오행의 자연 섭리를 인정으로 막을 수 없다고 주창했다.

처음부터 개가 찬성론자들의 논리가 우세했다. 단지 여자라는 이유 때문에 본능을 억제하고 살아야 한다는 것은 너무 가혹한 일이라는 주장이 설득력을 가졌던 것이다.

이 문제는 임금(성종)의 결정만 남아 있게 되었다. '왕명이 곧 법'인 사회였다. 때문에 임금의 생각 여하에 따라 차후 조선 여성의 운명이 바뀌게 될 역사적인 순간이었다.

임금은 결단을 내렸다.

"여인의 절개는 생명과도 같다. 설혹 일찍 과부가 된 여인이 의지할 데 없어 굶어 죽는다 하더라도 이는 작은 일에 지나지 않는다. 그러나 절개를 잃고 개가를 한다면 이는 중대한 일이다. 그러니 나라가 법을 세워 마땅히 이런 중대한 일을 다스리지 않을 수 없다."

마침내 성종은 유교적인 입장에서 대의명분을 세우고 풍속을 바로잡기 위해서 불가론을 채택하였다. 이 한마디 이후 조선 여성의 본능은 철저히 억압당했다.

여자는 한번 시집가면 종신토록 불개(不改)해야 하고, 재가한 여성의 자손은 벼슬을 시키지 않는다는 내용의 전교를 내려 과부의 재가금지를 입법화하게 되었고, 성종 16년(1485) 《경국대전(經國大典)》에 이상의 전교가 법문(法文)으로 편입되었다.

이후 수절 과부들의 눈물과 한숨과 원망의 세월이 400여 년 동안 지속되었다. 그러나 인정에 끌려 국법을 위반하는 사례도 적지 않았던 것 같다.

과부 재가금지법이 입법화되자 열녀 불갱이부(烈女不更二夫)라는 사상이 빠르게 뿌리를 내려 감히 상인(常人)도 이를 어기지 못했다. 하물며 양반가에 있어서는 얼마나 철두철미하게 이 법을 지켰겠는가는 굳이 설명할 필요도 없다.

다음에 소개하는 이야기는 조선 중엽 명문 세족(名門世族)에 있었던 실화이다. 그의 이름이 너무나 유명하기 때문에 이름을 밝히지 않는 것이 그의 후손들을 위해서도 좋겠다는 생각이 들어 여기서는 '김판서(金判書)'라 명명한다.

김판서는 가슴이 답답했다.

김판서는 명문 세족의 자손이니만큼 유교를 하늘같이 숭상했다. 그는 이름난 선비요, 학자요, 일국의 대신으로서 항상 '열녀불경이부'를 입버릇처럼 되뇌이던 사람이었다.

그러나 이 말을 되뇌이던 자신의 입을 원망하는 사건이 생겼다. 딸 옥란(玉蘭)이 열여덟 꽃다운 나이에 그만 생과부가 되고 만 것이다.

우여곡절 끝에 친정으로 돌아온 옥란은 벙어리가 되고 말았다. 누구와 말을 주고받는 것을 의식적으로 피하며 하루 종일 방안에만 틀어박혀 지냈다.

이러한 딸을 지켜보는 김판서 내외는 근심이 태산같이 쌓여 밥이 목을 넘어가지 않고 잠도 이룰 수 없었다. 나오는 것은 한숨뿐이었다.

"휴우, 어쩌다가……."

그러나 속수무책이었다.

옥란은 깊은 밤 이불을 뒤집어 쓰고 요절한 남편을 생각하며 밤을 새워 목메도록 울었다. 운다고 죽은 남편이 살아 돌아올 리는 만무하건만 설움에 겨워 꺼이꺼이 울었다.

세월이 흐를수록 남편을 잃은 슬픔보다는 옥란 자신의 신세가 그저 처량하기만 해서 눈물을 흘리곤 했다.

홀로 지내는 밤이 너무 외로워 잠못 이루는 날도 많았다. 그때는 허벅다리에 뜸을 뜨면서 불같이 일어나는 본능을 억제했다. 그러나 그것은 어디까지나 일시적인 제지 수단에 불과했다.

옥란은 너무나 젊었다. 이슬 머금은 해당화가 무색할 정도로 아름답던 옥란의 얼굴에 시나브로 병색이 깃들기 시작했다. 파리한 얼굴에 퀭한 눈은 보는 사람으로 하여금 애처로움을 자아내게 했다.

"휴우, 달은 왜 저리도 환장하게 밝은가! 꽃은 또 왜 저렇게 아름다운가!"

옥란은 달 밝은 봄밤에 꽃이 만발한 후원 뜰에 서서 달 한번 보고 꽃 한번 보면서 이렇게 중얼거리고 있었다.

김판서는 숨어서 딸의 그런 모습을 바라보고 있었다. 옥란의 입에서는 한숨과 넋두리가 흐르고, 숨어 보는 김판서의 주름잡힌 볼에는 두줄기 눈물이 주르륵 흘러내렸다.

"아아, 세상의 법도가 원망스럽구나! 꽃다운 나이에 과부가 된 것도 서러울진데, 국법으로 평생 수절을 강요한다는 것은 너무도 가혹하지 않은가!"

김판서는 흘러내리는 눈물을 닦지도 않고 누군가를 한없이 원망했다.

우두커니 후원 뜰에 서서 시름없이 꽃과 달을 바라보던 옥란은 "흑" 하고 울음을 터뜨리며 힘없이 바닥에 주저앉았다. 김판서는 가슴이 천갈래 만갈래로 찢어지는 듯했다.

"저러다 저 애가 죽고 말겠구나! 세상에 그 무엇이 사람의 목숨보다 소중하단 말인가."

김판서는 주먹을 불끈 쥐었다. 불갱이부의 유도(儒道)를 범하더라도 딸의 목숨을 살려야겠다고 결심한 것이었다.

며칠 후 김판서는 밤이 깊기를 기다렸다. 밤이 깊자 어둠 속에서 황급히 움직이는 물체가 있었다. 그 물체는 주변 상황을 경계하며 재빠르게 김판서의 집으로 잠입했다.

이윽고 옥란이 방에서 나와 가마에 탔다.

김판서는 딸이 일생을 먹고 살 만한 돈을 주며 이렇게 말했다.

"이젠 너는 내 딸이 아니다. 이 순간 이후로 너는 죽었으니 평생토록 이 고장에 발길을 해서는 안되느니라."

"……."

옥란은 말없이 눈물만 흘렸다.

가마는 쥐도 새도 모르게 사내들의 손에 들려 대문을 빠져나갔다. 동쪽을 향해 닷새만 가다가 적당한 곳에 내려놓고 돌아오라는 김판서의 분부를 받고 걸음을 재촉했던 것이었다.

그후 옥란이 어떻게 되었는지는 기록에 나와 있지 않다. 하지만 좋은 남자를 만나 상민으로서의 순탄한 삶을 살았을 것이다.

아내도 모르게 딸을 멀리 떠나보낸 김판서는 다음날 딸이 죽었다고 소문을 낸 후에 장사까지 지냈다. 나라에서는 김판서의 딸이 수절하다 죽었다 하여 열녀문을 내렸다.

보 쌈

과부재가금지법은 여성의 에로스 본능을 철저히 차단하는 족쇄였다. 실절(失節)에 대한 죄를 자손까지 미치도록 했기 때문에 집안 남성들은 눈에 불을 켜고 과부의 실절을 경계했다. 만일 과부가 간음을 하다 들키면 세상에서 가장 수치스런 형벌을 받아야만 했다.

심지어는 아들이 어머니를 단죄한 경우도 있었다.

영조(英祖) 34년(1758) 황해도와 경기도 지방에 천주교가 크게 보급되었다. 이때 황해도 송화(松禾)에 사는 최씨 가문의 과부가 천주교를 믿다가 어떤 남자와 눈이 맞아 간통을 했는데, 그녀의 아들이 어머니를 몽둥이로 때려죽인 사건이 있었다.

이러한 사례는 근세까지 이어졌다. 〈제국신문(帝國新聞)〉을 보면 간통한 여자와 재가한 과부를 처단한 기사가 적지 않게 실려있다.

친위대 3대 병정 김홍준(金弘俊)은 홀어머니가 동거하는 현장을 동료 병정들과 습격하여 무수히 난타하였다〈제국신문 1901. 2. 14〉. 그런가 하면 조기홍(趙氣虹)이란 사람은 누이동생이 간통했다 하여 간부(姦夫)의 생식기를 자르고 누이동생의 코를 베어 버린 사건도 있었다〈제국신문〉.

과부재가금지법이 생긴 후로부터 과부들은 본인이 원하건 원하지 않건 간에 열녀가 되어야만 했다. 세상의 이목과 법이 너무도 무서웠기 때문에 실절한 과부는 온전히 살아남을 수가 없었다.

그러나 그때도 사람이 사는 세상이었다. 법(法)보다 인정을 중요하게 생각했던 사람들은 비밀리에 과부를 구휼하는 풍습을 만들었다. 이른바 '보쌈'이 그것이다.

보쌈은 본시 조선시대 일부 상류층에 있었던 약탈혼(掠奪婚)의 성격을 띤 풍습이었다. 과부가 될 사주(四柱)를 가진 처녀의 집에서 밤에 지나가는 미혼남자를 다짜고짜로 자루속에 넣어 납치한 후 강제로 그 처녀와 동침을 시켰다. 그런 후 감쪽같이 살해하거나 소문이 돌지 않도록 단단히 타일러서 보냈다.

처녀의 순결을 정복한 남자를 첫남편이라 생각했던 것이다. 그 남자를 살해하면 처녀는 어쩔 수 없이 과부가 되는데, 그런 일을 겪게한 연후에 시집보내면 과부의 액운을 면하였다고 믿었다.

유몽인의 《어우야담》에 이런 이야기가 있다.

어느 시골 선비가 과거를 보기 위해 한양으로 올라왔다. 그는 저녁 늦게 종로 뒷골목을 지나가다가 갑자기 괴한들에게 붙잡혔다. 괴한들은 선비의 입을 막고 손발을 묶은 후에 큰 자루 속에 담아 급히 어디론가 메고 갔다.

"이게 무슨 날벼락인가!"

선비는 몸부림을 쳤지만 손발이 꽁꽁 묶여 소용이 없었다. 게다가 입마저 막혀 소리칠 수도 없었다. 그래서 그는 이제 쥐도 새도 모르게 죽는구나 하고 생각하며 극심한 공포에 몸을 떨었다.

괴한들은 한참을 가다가 어느 곳에 이르러 자루를 내려놓았다. 그런 다음 자루 속에서 선비를 꺼내어 묶은 것을 풀어주었다. 선비가 정신을 차려 주위를 살펴보니 자기가 끌려온 곳은 어느 사대부집의 호화로운 방이었다. 좋은 향기가 감도는 방안 아랫목에는 병풍이 둘러쳐져 있고, 금침이 깔려 있었다.

"시키는 대로 하시오."

괴한들 중의 우두머리로 보이는 사내가 나직하지만 힘이 실린 목소리로 말했다.

"지금부터 무엇을 묻거나 알려고 하면 당신은 바로 황천행이오. 밖에 목욕물과 옷이 있으니 깨끗이 목욕하고 옷을 갈아 입으시오."

선비는 시키는대로 했다. 목욕을 한 후에 옷을 갈아 입고 방에 돌아오니 괴한들은 아무도 없었다. 그런데 텅빈 방에는 진수성찬이 차려져 있었다.

"대체 이게 무슨 일인가?"

선비는 영문을 몰라 어찌할 바를 모르고 방안을 서성거렸다. 이때 홀연히 옆문이 열리면서 한 여인이 시녀와 함께 들어왔다. 그 여인은 두 시녀의 부축을 받고 있었는데, 얼굴은 오랜 병고에 시달린 것처럼 누런 빛이 감돌고 있었다.

"즐거운 밤 보내십시오."

시녀들은 이 말을 남기고 밖으로 나갔다. 그러자마자 여인이 선비의 품속으로 파고들며 힘차게 껴안았다.

이렇게 하여 두 남녀는 하룻밤을 보내게 되었다.

그러나 그 밤은 너무 짧았다. 새벽 닭이 울자 밖에서 인기척이 나더니 어젯밤 선비를 납치했던 괴한들이 다시 나타났다. 그들은 선비를 어젯밤처럼 입을 막고 손발을 묶은 후에 자루 속에 넣어 어디론가 나갔다.

괴한들은 정신없이 골목길을 돌고 돈 다음 선비를 풀어주었다. 괴한들이 사라진 후에 선비가 그 장소를 보니 간밤에 자기가 납치당했던 바로 그 자리였다.

과거에 낙방한 그 선비는 그 뒤 몇 차례나 상경했다. 그때마다 그 여인을 잊지 못해 늦은 저녁 종로 뒷골목을 서성이며 괴한이 나타나 주기를 바랬지만 허사였다.

이야기 속에 나오는 여인은 서울의 어느 사대부집 젊은 과부인 것은 분명하다. 오랜 수절 끝에 병이 들었는데, 그것을 안타깝게 여긴 집안 어른이 선비를 납치해서 과부와 하룻밤을 지내게 했으리라.

하류층의 과부가 노총각이나 홀아비를 납치하는 것은 보쌈이라 하였고, 남자가 과부를 보에 싸서 데려와 혼인하는 것을 일컬어 '과부업어가기' 또는 '과부 보쌈'이라 하였다.

돈이 없어 장가 못간 노총각이나 수절할 자신이 없는 과부들은 보쌈이란 방법을 통해 짝을 찾았다. 그리고 보쌈은 주변의 은밀한 약조를 통해 재가한 것으로 인정되었다.

한국의 설화에 보쌈을 소재로 한 내용이 많은데, 다음은 과부보쌈에 얽힌 이야기이다.

조선 중엽, 원주 주천면(原州週泉面)에 이씨(李氏) 성을 가진 아름다운 미인 과부가 살았다. 일찍 남편을 여의였으나 워낙 자태가 고운지라 인근 백리 안쪽의 노총각과 홀아비들이 군침을 흘렸다. 과부는 이러한 동네 인근의 자자한 소문을 모를리 없고, 시시각각 보쌈의 위기를 느끼고 있던 터였다.

그러던 어느 날 우물가에서 동네 아낙네들로부터 모종의 정보를 입수하게 되었다. 산넘어 서쪽 마을에 사는 안씨(安氏) 성을 가진 홀아비가 아름다운 과부를 노리며 보쌈에 동참할 청년들을 모으고 있다는 정보였다.

"그 홀아비에게 과년한 딸이 있다던데……."

"게다가 얼굴이 박박 얽은 곰보라지요?"

"그럽디다. 곰보에다 술주정까지 심하여 죽은 제 마누라를 마구 때렸다나 어쨌다나……."

동네 아낙네들은 이렇게 입방아를 찧었다.

과부는 마음이 불안해서 어찌할 바를 몰랐다. 우악스런 장정들이 깊은 밤중에 들이닥치면 꼼짝없이 보쌈을 당할 수밖에 없는 일이었다.

돈푼이나 있고 잘생긴 홀아비라면 과부댁으로서도 마다할 이유는 없었다. 그런데 과년한 딸이 있는 곰보에다가 술주정까지 심한 가난뱅이 홀아비에게 보쌈을 당한다는 것은 너무도 싫었다.

"장차 이 일을 어떻게 해야 하나?"

과부는 고민 끝에 한가지 계책을 생각해 냈다. 친정 오빠가 일찍이 상처하고 홀아비로 살고 있었는데, 그 오빠를 이용하면 꿩먹고 알먹는 수가 있었던 것이다.

과부는 서둘러 친정 오빠를 불러 속닥속닥 의논을 했다. 동생의 계책을 들은 오빠는 입이 헤벌어지며 좋아라 했다.

"그렇게만 하면 내가 처녀 장가든단 말이지?"

"그럼요."

그날 밤 과부의 오빠는 동생의 치마저고리를 입고 동생 대신 이불속에 누웠다. 물론 동생인 과부는 잠시 옆집으로 몸을 피했다.

밤이 깊었을 때 대여섯 명의 사내들이 과부집 사립문으로 들이닥쳤다. 그리고 조금도 주저하지 않고 안방으로 들어가 잠든 사람을 냉큼 보쌈했다.

"됐다! 어서 튀자!"

사내들의 동작은 참으로 민첩했다. 순식간에 여장한 과부의 오빠를 보쌈한 그들은 쏜살같이 동네를 빠져나갔다. 잘 훈련된 과부 보쌈 팀이었다.

곰보 홀아비는 보쌈해온 과부를 일단 딸의 방에 넣고 밖에서 문을 잠궜다. 그리고 성공리에 과부 보쌈을 해온 사내들에게 넉넉한 행하(行下)를 줌과 아울러 술과 음식을 대접했다.

"수고들 했네. 오늘은 맘껏 마시고 놀게."

"암, 그래야지요. 그렇게 미인 과부를 얻었으니 크게 한턱 내셔야지요."

사내들은 희희낙락하며 질탕하게 술을 마셨다.

"그런데, 그 과부는 조금도 앙탈하지 않더군요."

"아마도 보쌈 당하기를 학수고대하고 있었나 봅니다그려.

"으흐흐……. 그 맛을 알고서 어찌 혼자서 살겠나."

사내들이 마시고 떠드는 가운데 사경(四更)이 지났다. 곰보 홀아비와 보쌈에 참여했던 사내들이 만취하여 곯아떨어지고 사위는 쥐 죽은 듯이 고요했다.

이때 자루 속에서 숨을 죽이고 있던 과부의 친정 오빠가 슬그머니 자루 밖으로 나왔다. 그리고 깊이 잠든 곰보 홀아비의 과년한 딸을 무차별 공격했다.

이윽고 날이 밝았다. 흐뭇한 마음으로 딸의 방문을 연 곰보 홀아비는 딸의 방에서 벌어진 일에 대하여 망연자실하지 않을 수 없었다.

"아니, 세상에 어떻게 이런 일이……!"

아름다운 과부가 있어야 할 자리에 볼품없고 늙수그레한 영감이 알몸으로 누워 역시 알몸인 딸을 껴안고 잠들어 있었다. 그런 그림이 설명하는 것은 너무도 자명했다. 홀아비 힘으로 애지중지 기른 딸이 치마저고리 입은 늙은이에게 사정없이 물총(?)을 맞아버린 사실을 적나라하게 보여주고 있었던 것이다.

곰보 홀아비는 문지방에 털썩 주저앉으면서 이렇게 한탄했다.

"이런 놈의……. 장가 들려다 나보다 더 늙은 사위를 보게 되었구나! 이 일을 어쩔꼬!"

피가 뜨거웠던 조선 여인들

인간은 매우 복잡한 감정과 미묘한 기질을 지닌 동물이다. 그래서 어떤 유혹에 직면했을 때, 피가 뜨거워질 때, 불꽃같은 욕망이 피어오를 때는 자칫 잘못된 길로 빠져들기 쉽다. 이런 점이 인간의 본질임과 동시에 불완전한 인간의 어쩔 수 없는 약점이기도 하다.

시대가 아무리 변해도 인간의 본질은 변하지 않으며, 옛날 여성들이라고 해서 욕망이 없었던 것이 아니다. 여성의 정절을 강제했던 조선시대에도 인간의 마음 속에서 흐르는 본능적인 욕망을 완전히 통제하지 못했던 것은 분명하다.

조선시대의 해학(諧謔)을 보면 본능의 몸부림이 질탕한데, 성여학의 《속어면순(續禦眠楯)》에 이런 이야기가 실려 있다.

한 촌부가 우연히 집에서 부리던 머슴의 음경을 보았다. 머슴의 그것은 몹시 장대하면서도 힘차게 보였다.

"어머나, 세상에……!"

촌부는 머슴의 장대한 음경을 본 순간부터 어떤 욕망으로 가슴을 태웠다. 그러나 남편이 항상 집에 있었기 때문에 기회를 얻지 못하고 있었다.

그러던 어느 하루, 마침내 기회가 왔다. 남편이 출타한 틈을 타서 촌부는 한 꾀를 썼다. 갑자기 배를 움켜쥐고 죽는다고 고함을 질렀다.

머슴이 달려와서 물었다.

"마님, 어디가 편찮으시기에 그렇게 신음하십니까?"

"배가 아프다."

촌부는 배를 문지르며 말을 이었다.

"내 배는 냉배라 한 번 배앓이를 시작하면 이렇게 아프단다. 아이고 배야!"

"약을 지어올까요?"

"아니다. 이 배앓이는 약을 써서 듣는 병이 아니다. 더운 배로 문질러야 났는데, 남편이 출타하고 없으니……. 아이고 배야!"

촌부는 더욱 크게 신음하며 살짝살짝 머슴의 눈치를 살폈다. 머슴은 어찌할 바를 모르고 갈팡질팡하였다.

"아이고, 난 죽네! 더운배로 문지르기만 하면 즉차하는데 남편이 없으니 이 일을 어쩔꼬. 아이고 배야!"

"마님! 정 참기 힘드시다면……."

"너의 더운배로 내 배앓이를 고치겠다는 것이냐?"

"안 되겠습니까?"

머슴이 난처한 표정을 짓자 촌부는 눈을 흘겼다.

"아픔이 심하여 죽을지언정 어찌 머슴의 배로 문질러 배앓이를 낳겠느냐? 남녀가 유별한데……."

"그렇다면 소인은 이만……."

머슴이 나가려고 하자 촌부는 재빨리 머슴의 바짓가랑이를 잡고 늘어졌다.

"아이고! 너무 배가 아파 더이상 견딜 수가 없구나. 무슨 좋은 방법이 없을까?"

머슴은 우멍한 눈을 몇 번 끔벅거리다가,

"나뭇잎으로 음호(陰戶)를 가리우고 배를 문지르면 되지 않겠습니까?"

하고 제의하자 촌부는 고개를 끄덕였다.

즉시 나뭇잎으로 그곳을 가리고 머슴으로 하여금 그 배를 맞붙여 문지르도록 하였다. 그러자 부지불식간에 머슴의 '철(凸)'이 촌부의 '요(凹)' 속으로 들어가 버렸다.

"나뭇잎은 어디로 갔지? 너의 그것이 내 문에 들어왔으니 말이다."

촌부의 흥분한 목소리에 머슴이 대답했다.

"소인의 물건은 본시부터 굳세어 나뭇잎쯤 뚫는 것은 강노(强弩; 센 활)로 노고(魯縞; 중국에서 나는 비단)를 쏘는 것과 같이 아무 것도 아닙니다."

"어쩜!"

촌부는 감탄하며 말을 이었다.

"더운배로 문지르는 것이 과연 좋기는 좋다. 아픈 것이 씻은 듯이 사라지고 이렇게도 황홀하니……."

이야기 속의 여인은 대담하게 머슴을 유혹하여 액티브하게 본능을 풀어버리고 있다. 아마도 이 촌부의 남편은 성기가 빈약하거나 정력이 신통치 않았을 것이다. 그래서 머슴의 장대한 음경을 보는 순간 반했고, 그런 물건의 소유자와 섹스를 하고 싶다는 강한 욕망을 추스리지 못했으리라.

여자가 한번 불륜의 정사에 맛을 들이면 좀처럼 헤어나질 못한다. 사실 남자들은 바람을 피우더라도 가정을 버리는 경우는 드물다. 그러나 여자는 다르다. 한번 다른 남자를 알게 되면, 그 맛(?)을 언제까지나 잊지 못하게 되어 있는 것이다.

송세림은 그의 저서《어면순》에 이러한 여자의 생리를 실감나게 묘사하고 있다.

소금장수가 길을 가다가 날이 저물었다. 어느 집에 들어가 유숙을 청했는데, 공교롭게도 방이 하나밖에 없는 오막살이였다.

형편이 그러했지만 인정 많은 주인은 소금장수를 안으로 들게 하여 윗목에 잠자리를 깔아주었다.

밤이 깊었다. 곤하게 잠들었던 소금장수는 주인 내외의 방사 소리를 듣고 그만 잠에서 깨었다.

목석이 아닌 이상 태연할 수가 없었다. 걷잡을 수 없이 마음이 어수선했다. 더군다나 마누라를 떠난 것이 달포도 넘었기 때문에 불같은 욕정이 끓어올라 참고 견디기가 힘들었다.

소금장수는 점잖게 말을 붙였다.

"주인장, 지금 하시는 일이 대체 무슨 일입니까?"

방사를 들킨 주인 남자는 민망하여 둘러댔다.

"죄송합니다, 손님. 나는 낯선 사람이 곁에 있으면 이상하게도 성욕이 동하기 때문에……."

"아, 운우지락을 나누는 소리였군요. 그것도 모르고 제가 실례를 범했습니다. ……그런데 주인장, 주인장께서도 알고 계시겠지만……, 운우를 누리는 데도 그 품격이 있지요."

"품격이라니요?"

"예, 크게 상품과 하품으로 나눌 수 있지요. 깊이 꽂아 오래 희롱하여 여인으로 하여금 뼈를 녹게 하는 것이 상품이고, 번개치듯 잠깐 사이에 끝나는 것은 하품입니다. 이것을 잘 구별하셔야 합니다."

남편 밑에 깔려 있는 주인 아낙이 가만히 듣고보니 바로 자기의 남편이 전형적인 하품이었다.

'아이고, 이년의 팔자야! 저 소금장수는 분명 상품이니까 저런 소리를 지껄이겠지. 상품 맛을 좀 보았으면…….'

주인 아낙은 미진한 욕망으로 미칠듯이 되었다.

뜻이 있으면 길은 있는 법. 주인 아낙은 곧 한 꾀를 생각해 내고 배 위의 남편을 밀어내며 소리쳤다.

"여보, 큰일났어요! 내가 지금 잠깐 사이에 꿈을 꾸었는데, 우리 감자밭에 커다란 산돼지 한 마리가 들어가서 이리 뛰고 저리 뛰며 밭을 망치고 있었어요. 꿈이 몹시 불길하니 당신이 한번 가보세요. 농사를 망치면 큰일이잖아요."

주인 아낙은 급히 남편의 옷을 입히고 등을 떠밀었다.

"이 밤중에 나더러 밭에 가란 말이야?"

남편은 못마땅하여 퉁명스럽게 소리쳤다.

"그렇다면 금년 농사를 망쳐도 좋다는 말예요? 우리는 뭘 먹고 살죠? 내 꿈은 언제나 꼭꼭 맞아요."

아낙은 바가지를 긁어대며 억지로 남편을 방안에서 밀어

냈다. 남편은 하는 수 없이 활을 가지고 터벅터벅 사립문을 나섰다.

남편을 쫓아낸 아낙은 냉큼 소금장수의 이불 속으로 기어들며 코맹맹이 소리를 냈다.

"당신은 상품이 분명하지요? 내게 상품의 솜씨를 보여주세요. 이 몸의 뼈를 녹여 주세요. 어서 빨리."

과연 소금장수는 상품이었다. 절륜한 정력과 기막힌 테크닉으로 아낙의 뼈를 녹신녹신하고 말랑말랑하게 녹여 놓았다. 그런 황홀경을 처음 경험한 주인 아낙은 그만 넋까지 홀랑 빠져,

"여보세요. 우리 어디로 도망쳐서 함께 삽시다. 남편이 오기 전에 어서요."

하면서 당장 보따리를 싸는 것이었다.

소금장수는 어안이 벙벙했다. 여인이 그렇게 적극적으로 나오리라고는 생각지도 않았다. 그러나 저지른 죄가 있는지라 여인의 말을 면전에서 거절하지 못했다.

"어서 갑시다. 상품의 맛을 보니 하품과는 죽어도 못 살겠어요."

보따리를 싼 여인은 소금장수의 손을 이끌어 집 밖으로 나갔다. 여인의 손에 이끌린 소금장수는 마치 도살장에 끌려가는 소처럼 걸었다.

'이런 낭패가 있나!'

소금장수로서는 이미 맛을 본 여인에게 흥미가 없었다. 여자는 정복하기 전에는 못생긴 여자라도 성적 매력이 있지만, 막상 정복하고 나면 그 매력이 급속도로 감소되어 버리는 것이다. 게다가 남의 유부녀를 데리고 야반도주한다는

사실이 꼭 도둑놈같이 생각되어 한 조각 양심의 가책을 느꼈다.

소금장수는 열심히 머리를 굴려 여인을 떼어버릴 방법을 생각했다.

“당신과 함께 이렇게 도망하니 기쁘기 한량없소. 그런데 밥을 해먹을래도 솥과 냄비는 있어야 할 게 아니오.”

소금장수는 여인의 등을 토닥거리면서 계속 말을 이었다.

“그러니 수고스럽겠지만 눈썹이 휘날리도록 달려가 솥과 냄비를 가져오시오. 당신 남편은 아직도 산돼지를 찾아 이리 뛰고 저리 뛰고 있을 것이니 시간은 충분하오.”

“당신 말을 듣고 보니 정말 그렇군요.”

“빨리 갔다 오시오. 나는 여기에 망부석처럼 우뚝 서서 당신을 기다리고 있겠소.”

여인은 부리나케 집으로 달려갔다. 소금장수도 걸음아 나 살려라 하고 반대편으로 줄행랑을 놓았다.

집에 간 여인은 솥과 냄비를 비롯하여 화로까지 챙겨 머리에 이고 나왔다. 그런데 막 사립문을 나서는데 밭에서 돌아오는 남편과 맞닥뜨리고 말았다.

“아니, 오밤중에 화로와 솥을 이고 웬 야단이오?”

교활한 아낙은 조금도 주저하지 않고 둘러댔다.

“아, 글쎄 그놈의 소금장수가 우리 세간을 죄다 가지고 내뺐어요. 그래서 내가 급히 점쟁이에게 가서 물어보지 않았겠어요?”

“뭐? 그놈이 그랬어? 배은망덕한 놈! 그래 점쟁이가 뭐라고 했나?”

“그 소금장수가 금속인(金屬人)이기 때문에 쇠로 만든 물건을 가지고 쫓아가면 곧 잡을 수 있다고 하더군요. 그래서 이렇게 하고 나서는 거예요."

아낙은 남편에게 냄비 하나를 주었다.

"당신은 이것을 가지고 저쪽으로 가세요. 나는 이쪽으로 갈 테니까요."

"알았어. 그놈 잡히기만 하면 묵사발을 만들어 놓겠어!"

남편은 쭈그러진 냄비 하나를 들고 어둠 속으로 달려갔다. 남편이 사라지자 아낙은 숨을 헉헉거리며 망부석이 되어 있을 소금장수에게로 달려갔다. 그러나…….

남편이 아닌 다른 남자를 통해 섹스의 쾌미를 맛 본 여인은 이렇게 무모하다. 남편이고 자식이고간에 생각하지 않는다. 체면도 정조도 헌신짝처럼 팽개치고 그 남자를 따라 새처럼 훨훨 날아가 버린다.

그래서 남편들은 아내의 외도를 두려워하는 한편 정력키우기에 집착한다. 한국 남성들은 정력에 좋다고 하면 물불을 가리지 않고 먹어치운다. 녹용, 보신탕, 개소주는 일반화되었고 뱀, 개구리, 까마귀, 자라, 지네를 비롯하여 각종 동물의 쓸개를 소주에 타서 마신다.

정력에 병적으로 집착하는 한국 남성들의 심리는 곧 한국인의 강한 에로스 본능의 표출이다.

4

양생론과 방중술

성에 관한 속설

어떤 기생이 한량의 코가 큰 것을 보고 말했다.

"나리의 그것도 꽤 크겠네요?"

한량이 웃으며 기생의 얼굴을 보니 입이 작았다.

"네 것은 입처럼 작겠구나?"

이렇게 지껄이다 보니 서로 욕망이 동하여 화합하게 되었다. 일이 끝난 후 기생이 실망한 목소리로 말했다.

"나리의 그것은 코와 어울리지 않네요."

한량도 역시 실망한 얼굴로 기생의 말을 받았다.

"네 것도 입과는 어울리지 않더구나."

여자는 거양(巨陽)을 탐하고, 남자는 협음(狹陰)을 좋아한다는 것을 풍자한 이야기이다. 그런데 어째서 양(陽)은 코요, 음(陰)은 입이라 비유했을까? 아마도 그 형태가 유사하기 때문에 유래된 말 같은데, 필자의 관찰로 비춰보아서는 허무맹랑한 속설이 분명한 것 같다.

그러나 옛날 여자들은 철석같이 이 말을 믿었다.
코와 성기를 결부시킨 민요도 있다.

언니는 좋겠네. 언니는 좋겠네.
형부의 코가 커서 언니는 좋겠네.

여자들은 남성을 볼 때 무의식중에 가장 먼저 코를 본다고 한다. 코와 성기의 상관관계에 대한 속설을 굳게 믿고 있기 때문이다.

그런 이유 때문인지는 모르지만, 한국의 해학에는 유난히 코에 대한 이야기가 많다. 다음은 강희맹의 《촌담해이》에 나오는 이야기이다.

몹시 섹스를 밝히는 여인이 있었다. 그녀의 평생 소원이 양물이 큰 남자를 만나는 것이었다. 속말에 코가 크면 양물도 크다는 말을 듣고 버릇처럼 남자들의 코를 유심히 살폈다. 그러나 좀처럼 코 큰 남자를 만날 수가 없었다.

"아아, 코 큰 남자는 어디에 있을까"?

여인은 날이면 날마다 코 큰 남자를 그리다가 병이 들 지경에 이르게 되었다. 그래서 장(場)이 서는 곳으로 찾아다니면서 오가는 남자들의 코를 살폈다.

그러던 어느 하루, 해가 뉘엿뉘엿 숨어 가는 파장 무렵에 갈지자 걸음을 걷는 만취한 사나이를 보게 되었다. 행색은 비록 보잘 것 없었으나 그 코는 실로 우람했다. 마치 주먹덩이 하나를 얼굴 복판에 턱하고 붙여놓은 것만 같았다.

'어머나, 어머나! 저 사람은 반드시 양물도 크리라. 그

렇지 않으면 어찌 저다지도 코가 크겠는가?'

여인은 두근거리는 가슴을 애써 달래며 그 사나이의 뒤를 따라갔다. 인적이 드문 곳에 이르자 여인은 수단을 부려 그 사나이를 유혹하는데 성공했다.

사나이를 집으로 데려온 여인은 온갖 산해진미로 떡 벌어지게 상을 차려 저녁 대접을 했다. 이제야 소원을 풀게 되는가 싶어 기쁨을 참지 못하면서 방에 적당히 군불도 집혔다.

밤이 이슥해지자 여인은 곱게 단장하고 다시 술상을 차려 방으로 들어왔다. 사나이는 여인의 융숭한 대접에 저절로 입이 해발쪽해지며 마치 선경에 온 기분이었다.

"으흐흐……. 내가 지금 꿈을 꾸고 있는 기분이오."

"호호호……. 술은 적당히 드세요."

술상이 물러가고 비단금침이 깔렸다. 황밀 촛불도 꺼졌다. 잠자리에 든 여인은 달뜬 목소리로 사나이의 귀에 입을 대고 속삭였다.

"첩은 벌써 오래전부터 오늘과 같은 일이 있기를 학수고대하고 있었어요. 서방님같이 훌륭한 분을 만나려고 오늘도 장에 나가 진종일 돌아다녔답니다."

"그래요? 하고 많은 사람들 중에 하필이면 나같은 사람을 찾았나요? 얼굴이 잘생긴 것도 아니고 돈이 많은 것도 아닌데……. 그 곡절이나 좀 압시다."

"에이, 그건 물어 뭣해요. 이제 곧 알텐데. 어서 옷이나 벗으세요."

사나이가 옷을 벗자 여인도 뒤질세라 홀홀 옷을 벗어던졌다. 두 남녀의 육신과 영혼은 화끈 달아올라 불꽃같이 훨훨 탔다.

드디어 일은 시작되었다. 그러나 번개같이 끝났다. 여인의 불만은 이루 말할 수 없었다. 힘차고 장대한 양물을 상상하고 있던 여인의 기대에 반하여 그 사나이의 양물은 참으로 보잘 것 없었다. 마치 대여섯 살짜리 어린아이의 물건과 흡사했다. 그마저 몇 번 일렁이더니만 제풀에 죽고 말았다.

"세상에 이럴 수가……."

여인은 분했다. 이가 갈리도록. 또한 벼르고 벼르던 욕망이 타올라 몸과 마음을 주체할 수가 없었다.

"찾고 또 찾던 코 큰 자식이 이 모양이란 말인가! 코 값도 못하는 멍추 같은 놈을 그냥……."

여인은 분에 못이겨 혼자 중얼거리는데 문득 한 가지 묘안이 떠올랐다.

"옳지! 저 자식의 코가 크니……."

여인은 슬그머니 몸을 일으켜 거꾸로 누웠다. 사나이는 이상하였다. 그러나 융숭한 대접을 받고도 일을 부실하게 했던 것이 마음에 걸려 그대로 있었다.

여인의 행동은 더욱 이상했다. 사나이의 코에다 음부를 대고 비비더니만 아차하는 사이에 코를 그 안에 집어넣어 버렸다. 코가 형편없이 빈약한 양물보다 더 나았다. 여인의 쌓이고 쌓인 욕정이 머리끝까지 사무쳤으니 당한 사나이야 어찌 되든 알 바가 아니었다.

"윽! 윽……!"

사나이는 연발 괴이한 신음을 토해냈다. 창졸간에 당한 일이라 피할 길도 없었다. 처음에는 그래도 입으로 약간 숨을 쉴 수 있었다. 그러나 여인의 옥문에서 계속 흐르는 물로 인하여 수염과 입이 온통 젖었다. 도저히 숨을 쉴 수가 없었기 때문에 괴롭고 고통스럽기가 이루 말할 수 없었다.

"읔! 읍……!"

사나이는 살기 위하여 몸부림을 쳤다. 여인의 옥문에서 코를 빼려고 고개를 이리저리 흔드니 여인은 더욱 좋아라고 마구 누르며 비볐다. 끊임없이 물을 흘리면서……. 사나이는 마침내 숨을 못쉬고 완전히 의식을 잃고 말았다.

닭이 홰를 치며 울었다. 어느 정도 분이 풀린 여인은 그제서야 사나이의 코에서 옥문을 빼었다.

"……?"

여인은 사나이의 얼굴을 보고 이상하게 생각하였다. 허연 물을 머리와 얼굴에 온통 뒤집어 쓴 사나이는 꼼짝달싹하지 않고 누워 있었다. 숨소리도 들리지 않았다.

"여보! 여보시오!"

여인은 사나이의 몸을 세차게 흔들며 불렀다. 그러나 사나이는 죽은 듯이 꼼짝하지 않았다.

"큰일났다! 죽은 것이 분명하다!"

여인은 소스라치게 놀라 안절부절 못했다. 여자 혼자서 송장을 치울 일도 걱정이었다.

"건넛마을 백정(白丁)에게 부탁을 하는 수 밖에 없다. 그 놈이 내게 눈독을 들이고 있으니……."

여인은 부랴부랴 옷을 주워 입고 문을 박차고 밖으로 나와 건넛마을로 달려갔다.

열린 문으로 찬바람이 스며들었다. 오싹한 한기에 사나이는 비로소 제 의식이 돌아왔다.

"어이쿠, 여기가 어디야?"

사나이는 주위를 살펴보았다. 빈방에 자기 혼자 누워있

고, 머리와 얼굴은 고리탑탑한 물로 흠뻑 젖어 있는 것을 느꼈다. 그제서야 그는 간밤의 일이 주마등처럼 머리에 떠올랐다.

"그년이, 그 화냥년이……!"

사나이는 간밤에 있었던 악몽같은 일을 상기하고 부르르 몸을 떨었다. 다시 그 여자가 그런 일을 한다면 살아남지 못할 것만 같았다.

"그년이 오기 전에 빨리 도망을 치자."

사나이는 주섬주섬 옷을 주워입고 황급히 그 집을 빠져나왔다. 이미 아침 해가 떠있고, 들녘에는 부지런한 농부들의 일하는 모습이 보였다.

"으으, 끔찍하다! 세상에 그런 여자가 또 있을까?"

사나이는 고개를 설레설레 흔들며 정신없이 자기 마을을 향하여 걸었다. 도중에서 아는 사람을 만났다.

"어? 자네 내외간에 싸웠나? 웬 미음을 그렇게도 머리에 덮어썼어?"

당황한 사나이는 함구불언하고 코만 킁킁거렸다.

"허! 그 사람 이상하군 그래? 미음을 입으로 먹지 코로 먹나? 코는 왜 자꾸 킁킁 거려."

이 이야기는 코와 성기의 상관관계에 관한 속설을 음탕한 여자의 행동을 빌려 뒤집으려 애쓰는 몸부림이 엿보인다. 어쩌면 이야기의 채록자인 강희맹 자신의 코가 적었는지도 모른다.

《성수패설(醒睡稗說)》에도 코와 성기의 상관관계를 뒤집으려고 애쓴 이야기가 나온다.

한 선비가 방안에 들어앉아 밤낮으로 글읽기로만 **세월**을 보냈다. 그는 유학을 신봉했기 때문에 부부유별(有別)을 철저히 지켰다.

그러니 그 부인은 늘 적적하였다. 사랑방에 거처하는 남편을 남같이 보며 부인은 안방에서 바느질과 길쌈으로 세월을 보내었다.

어느 달 밝은 가을 밤이었다. 이날도 부인은 조용히 앉아 바느질을 하는데, 귀뚜라미와 풀벌레가 사무치게 울어 저절로 마음이 심란하였다.

"아아, 달은 왜 저리도 밝을까?"

부인은 안마당을 거닐며 달바라기를 하였다. 그러다가 어떤 생각이 간절하여 크게 용기를 내어 남편이 있는 사랑마당으로 나갔다. 그런데 어찌된 영문인지 글 읽는 소리가 들리지 않았다. 남편의 신발도 보이지 않았다.

'아마 달이 좋아서 바람이라도 쏘이러 나갔나 보다.'

부인은 이렇게 생각하며 슬그머니 사랑방 문을 열고 들어갔다. 과연 남편은 글을 읽다가 잠깐 나간 모양으로 책상 위에 책이 펼쳐져 있었다.

"글 읽는 것이 그렇게도 좋을까?"

부인은 조금 원망스럽다는 듯이 중얼거리며 남편의 손때가 묻은 책을 이리저리 뒤적여 보았다. 그런데 책장마다 표시가 되어 있었다. 어떤 것은 동그라미를 그렸고, 어떤 것은 작은 점을 찍어놓은 것도 있었다. 또한 삼각형이나 가위표를 해놓은 곳도 있었고, 어떤 책장에는 종이를 잘라 붙여 놓기도 하였다.

"이게 무슨 표시일까? 점잖은 양반께서 장난한 것은 아닐 텐데……."

부인은 의아하게 생각하여 다음날 아침상을 들여가는 길에 그 이유를 물어 보았다.

"아녀자가 그런 것을 알아 뭘 하겠소? 그저 내가 글 읽기 편하라고 표시해 놓은 것이오."

"무방한 것이면 좀 가르쳐 주십시오."

부인이 이같이 청하였기 때문에 선비는 설명했다.

"동그라미는 문장이 썩 좋은 것을 표시한 것이고 점은 그저 그런 것이오. 세모는 무방한 것이며 가위표는 신통치 못한 것을 표시해 놓았소."

"그러면 종이를 붙여 놓은 것은요?"

"음, 그것은 이해가 잘 안되거나 의문 나는 문장을 표시한 것이오."

이런 일이 있고서 며칠이 지났다. 그날 남편은 잔칫집에 갔다가 대취하여 돌아왔다. 부인이 남편의 옷을 벗겨 자리에 눕혔는데도 남편은 이를 전혀 의식하지 못했다.

"누가 업어 가도 모르겠군."

부인은 밖으로 나와 시원한 꿀물을 한 사발 타 가지고 방으로 들어왔다. 남편은 이불을 걷어차 버리고 콩 태(太)자로 잠들어 있었다. 요란하게 코를 골면서. 그런데 남편의 물건이 우뚝 서서 바지를 뚫을 것만 같았다.

"어머나, 멋져라!"

부인은 장대한 그 물건이 하도 좋아 보였다. 그래서 남편의 바지를 내리고 물건 머리에 동그라미를 그렸다. 이어서 불알에는 점을 찍고, 무성한 음모 둘레에는 가위표를 해놓고 요란하게 고는 코끝에는 종이를 오려 붙여 놓았다.

아침에 남편이 깨어 이것을 보았다.

"아니, 누가 이런 장난을……?"

남편은 놀라 곧 안채로 가서 부인에게 물었다.

"간밤에 내가 술이 과하여 정신없이 잤더니 어떤 놈이 내 몸에 장난을 했구료. 누가 왔었소?"

"호호호……. 당신은 그것을 조금도 몰랐단 말입니까?"

"웃는 것을 보니 당신이……. 점잖지 못하게 왜 그런 장난을 했소?"

"어제 당신이 주무시는 것을 보니 장대한 물건이 하도 탐스럽고 좋아 보여서 동그라미를 그렸지요."

"그러면 점은?"

"그야 불알이 양물만큼이야 못하지만 그저 있어 탈이 없으니까 점을 찍었지요."

"그러면 가위표는?"

"음모는 무성하기만 했지 없어도 될 물건이어서……."

"그럼, 코에 종이는?"

"제가 듣기로는 코 큰 사람이 그것도 크다고 합디다. 그런데 당신의 코는 비록 작고 빈약해도 물건이 아주 크고 훌륭하니 어찌 의문이 아니겠어요? 그래서 종이를 붙인 것입니다."

남성들은 흔히 여성은 크고 강한 것을 좋아한다고 생각하는 경향이 있다. 그래서 대개의 경우 남성들은 '거근 콤플렉스'를 가지고 있으며, 양물(陽物)이 작은 남성들은 남모르게 고민한다. 또한 삽입한 이후 얼마나 오랜 시간을 끌었는가에 대한 관심이 지대하다.

어느 정신과의사는 양물이 작거나 조루(早漏)하는 남성 중에 의처증 증세를 보이는 경우가 많다고 말했다. 자기의 생식기와 성에 자신이 없기 때문에 아내를 의심하게 된다는 이야기이다.

그러나 양물의 크기 및 성교 시간이 긴 것은 남성들 세계에서나 감탄할 내용이지 여성에게는 그렇게 반가운 내용은 아니라고 한다.

여성의 생리구조는 매우 복잡하고 신비롭게 되어 있어서 양물의 크기에 따라 성적 만족이 크게 좌우하지 않는다는 것이 현대의학의 지배적인 이론이다.

여성의 질(膣)은 신축성이 높기 때문에 양물의 크고 작음이나 두께와는 상관없이 이를 수용하여 밀착상태를 이루므로 오르가슴을 느끼는 데 별반 차이가 없다는 얘기이다. 오히려 남성의 거근은 섹스의 쾌미를 주는 도깨비 방망이가 아니라 고통과 더불어 공포를 주는 흉기로 작용할 우려마저 있다.

혹자는 '긴 섹스'를 자랑 삼아 말하는데, 이 또한 여성의 생리구조를 모르기에 하는 치기 어린 과시욕에 불과하다. 섹스의 환희는 남녀 오르가슴의 일치에 있고, 극치의 즐거움은 어디까지나 마음의 상태에서 오는 것이다.

여성의 성반응이 어느 경지에 도달했는지 감지해내어 적절한 시기에 알맞게 끝낼 줄 아는 능력이 사랑의 기법상 매우 중요한 사실이다. 따라서 쓸데없이 거대한 음경을 동경하거나 섹스 시간을 오래 끄는 것을 자랑하기 보다는 사정의 타이밍을 뜻대로 조절할 수 있는 능력을 함양하는 것이 중요하다. 그것이 곧 여성에 대하여 남성이 갖춰야 하는 예의이고 의무이다.

여자의 등급

전통사회 한국 남성들은 합법적으로 여러 여자들과 상관할 수 있었다. 그래서 자연스럽게 여자들의 차이를 알게 되었고, 그런 것을 이야기로 만들어 주고받았다.

다음은 《기문(奇聞)》에 나오는 이야기이다.

비가 와서 한가한 어느 날, 동네의 사내들이 한 곳에 모여 음담패설을 나누며 시간을 보내고 있었다.

"난 순진한 처녀가 좋아."

"아냐, 풋내기보다는 농염한 여자가 더 좋은 거야."

"흐흐흐……. 몰라도 한참 모르는군 그래? 자네들은 경험이 없어 모르는 모양인데, 뭐니뭐니 해도 과부가 제일이야. 마치 범이 하룻밤에도 몇 번이나 산을 넘듯, 잉어가 물 위를 팔딱팔딱 뛰듯이 잠자리에 임하는 과부 맛을 자네들이 어찌 알겠는가!"

이 말에 모두가 고개를 끄덕이며 수긍을 하였다. 이때 묵

묵히 이 말을 듣고 있던 한 사내가 입맛을 쩝쩝 다시며 이렇게 말했다.

"아, 나도 마누라를 빨리 과부로 만들고 싶다!"

이 말에 모두가 배를 잡고 웃었다.

그들 중에는 고을에서도 소문난 난봉꾼 영감이 있었다. 다른 사람들의 이야기를 가소롭다는 듯이 듣고 있는 그에게 누군가가 물었다.

"영감님, 숫처녀가 좋다느니 과부가 좋다느니 서로들 우기면서 떠들고 있는데, 과연 여자란 어느 쪽이 제일 맛이 좋습니까? 영감님께선 경험이 많으시니까 잘 아시겠지요?"

"흐음……."

늙은 난봉꾼은 헛기침을 한 후에 몇 가닥 안되는 염소수염을 어루만지면서 입을 열었다.

"그것은 예로부터 이르기를 일도 이비 삼기 사첩 오처(一盜二婢三妓四妾五妻)라고 했네."

"그게 무슨 말입니까?"

"일도(一盜)란 남의 계집을 잠깐 훔친다는 뜻이고, 이비(二婢)는 계집종을 말하지."

"그렇다면 삼기(三妓)는 기생을 말하는 것이겠군요?"

"그렇지. 사첩(四妾)은 남의 첩을 간음하는 것이고, 꼴찌가 자기의 마누라일세."

늙은 난봉꾼의 이 말에 한 사내가 고개를 갸우뚱했다.

"자기 마누라가 제일 하치구만요.……과연 그 말씀은 맞지만……, 기생이 세째라는 것은 아무래도……. 저 신개루(新開樓)라는 유곽에 있는 일홍(一紅)이라는 기생은 참으로 끝내줍지요. 영감님이 몰라서 그렇지 그녀의 몸매랑 하는 짓은 양귀비 뺨칠 정도이지요."

"허어, 일홍이란 기생년에게 단단히 빠졌군 그래?"

"그 나긋나긋한 태도하며 탄력 있는 몸매란……."

사내가 꿈을 꾸는 듯한 얼굴로 기생 칭찬에 열을 올리자 늙은 난봉꾼은 혀를 끌끌 차며 말했다.

"자네가 진정한 계집의 맛을 몰라서 하는 소릴세. 금싸라기 같은 돈을 주고 품에 안는 계집은 그 순간이 지나면 본전 생각이 나서 속이 얼마나 쓰라린가. 안 그런가?"

"하기야 그렇지요. 만나고 싶어도 돈이 없을 때는 열병난 사람처럼 끙끙 앓지요. 그때는 불을 끄고 마누라를 일홍이라고 생각하면서 하지만……."

"이 사람아, 그건 죄일세."

"죄라니요?"

"죄가 아니고 뭔가. 그걸 두고 동상이몽(同床異夢)이라고 하네. 즉 한 잠자리에서 딴 꿈을 꾼다는 것은 잘못이네. 마누라는 마누라로서 사랑하고 귀여워해야 하는 것이 남편의 도리일세. 그런데 마누라를 품으면서 딴 계집을 그린다는 것이 될 법이나 한 말인가. 만일 자네 마누라가 자네와 운우지락을 나누면서 딴 사내를 생각하고 있다면 자네 마음은 어떻겠나?"

"그렇다면 용서할 수 없죠."

"그것 보게. 동상이몽은 큰 죄이니 생각지도 말게."

"알겠어요."

이 사내가 늙은 난봉꾼의 말을 귀담아 듣고 집으로 돌아왔다. 마누라가 선잠에서 깨어나 눈을 비볐다.

"에그, 오늘은 웬일로 이렇게 일찍 왔소? 해가 서쪽에서

뜨겠네. 난 졸려서 먼 저 자겠으니 당신은 술이나 한잔 드시고 주무시든지 하시구려.”

“홍, 서방이 왔는데도 일어날 생각은 않고……. 참! 뭐라든가? 일등 이등……. 아니야, 그게 아니지. 삼처 사처 오처라고 했던가?”

“삼치라니요? 당신이 하도 알량해서 삼치 구경을 한 것은 까마득한 옛날이예요. 그런데 웬 삼치타령이죠?”

“으흐흐……. 이 오처야!”

“뭐요? 당신 지금 뭐랬어요? 오처라니요?”

“무식하긴……. 오처란 다섯째의 마누라를 말하는 거야.”

“뭐라구요? 그렇다면 내가 당신의 다섯번째 마누라란 말이예요?”

“웃기지 마, 이 멍청아. 오처란 제 마누라를 일컫는 말이야. 계집 중에서 제일 맛이 없는…….”

“사돈 남 말하시네. 흰소리 작작하고 어서 자기나 해요.”

불을 끄고 이불 속으로 들어간 사내는 한잔 마신 김에 기분이 도도하여 넌지시 마누라를 끌어당겼다. 마누라는 불감청이언정 고소원이라 엉덩이를 오리궁둥이처럼 흔들며 아양을 떨었다.

그러나 사내는 마누라와 방사(房事)를 하면서도 신개루의 기생 일홍이를 생각하고 있었다. 마누라는 한창 기분이 나는 판인데, 넋나간 듯이 일을 멈추곤 하는 남편의 태도가 석연치 않아 그 까닭을 묻지 않을 수 없었다.

“당신 지금 무슨 생각을 하는 거예요?”

남편은 영감에게서 들었던 이야기를 그대로 전했다.

“…….”

이윽고 방사의 쾌미가 최고조에 이르게 되었을 때, 마누라는 이렇게 중얼거리고 있었다.

"아아, 동상…… 이몽을 어쩔꼬……."

이야기 속에 나오는 '일도, 이비, 삼첩, 사기, 오처'라는 말은 예로부터 전해 내려와 널리 알려진, 정사의 짜릿한 재미를 순서대로 나열한 말이다. 이 말에 염치없지만 필자도 동감한다. 또한 이 글을 읽는 대부분의 기혼남성 독자께서도 그러리라고 믿는다. 이 말에는 남성 성욕의 메커니즘이 함축되어 있다.

일반적으로 남자들은 신혼 당시에 매일밤 거르지 않고 그 일을 치른다. 그러나 적잖은 신부들(성경험이 없는)은 즐거움보다는 고통을 더 느낀다. 그렇지만 날이 감에 따라 신부는 차츰 고통이 사라지고 쾌감을 느끼기 시작한다.

그렇게 되면 남자들은 더욱 신이 나서 오늘은 이렇게 내일은 저렇게 밤마다 기교를 바꿔가며 그 일에 열과 성을 다한다. 드디어 신부는 부끄러움도 잊고 숨을 할딱거리며 교성을 지른다. 이쯤되면 남자들은 만족한 미소를 짓는다.

그러나 결혼한 지 6개월 내지 2년이 지나면 아내가 교성을 질러도 그다지 신통해 보이지 않는다. 매일처럼 같은 얼굴, 같은 말, 같은 사이즈에다 판에 박은 포즈를 되풀이 하고 있자니 서로 싫증이 나는 것도 무리가 아니다.

성(性) 과학자들의 말에 따르면 한 상대와의 연애 감정은 약 4년 정도 지속된다고 한다. 이는 결국 '진정한 사랑은 영원한 것이다'라는 수많은 연인들의 낭만적 기대를 뒤엎는 것인데, 그런 로맨틱한 환상을 자연의 섭리는 허용치 않는다는 것이다.

《사랑의 해부학》의 저자 헬렌 피셔는 세계적으로 결혼 4년째에 이혼율이 급속히 높아진다는 통계가 바로 이러한 논리에 대한 증거가 될 수 있다고 주장한다. 이렇듯 연애 감정이 일시적인 것이라면 바람기 역시 자연스럽다는 것이 그의 생각이다.

인간의 성욕(특히 남성)은 대뇌(大腦)에 지배당하고 있다는 것은 생태학적 진리이다. 원래 인간은 원숭이나 개 등 일반 포유동물과 똑같이 무의식화(無意識化)된 성본능(性本能)을 가지고 있었는데, 대뇌생리(大腦生理)가 진화됨에 따라 본능으로서의 성행위가 퇴화되고 성에너지의 충족욕으로만 존재하게 되었다는 것이다.

남성의 경우 대뇌로부터 에로틱한 무드를 발기중추에 전달하지 않으면 성교가 불가능해진다. 음경이 발기되지 않기 때문이다. 여기에는 여러 가지 정신과 육체적 원인이 있지만, 대체로 상대방의 성적 매력에 식상했기 때문인 경우가 많다. 이를테면 아내와는 주 1회 정도 섹스를 갖는데도 마음이 무겁지만, 매혹적인 젊은 여성이 파트너라면 하룻밤에 대여섯 차례의 섹스를 하고도 생동감이 넘쳐 흐르는 것이 일반적인 남성들의 성 메카니즘이다.

파트너에 따라 성욕이 급격히 증가되거나 감소된다는 사실은 인간의 성적 욕구가 대뇌에 지배당하고 있다는 것에 대한 가장 명쾌한 본증이다.

그러나 여성의 성은 남성과는 다소 차이가 있다. 그것은 먼저 육체적 기능의 차이에서 찾을 수 있다. 남성의 발기부전은 섹스 자체를 불가능하게 만들지만 여성의 경우는 다르다. 여성은 아무리 싫은 상대와도 섹스는 가능하며, 성주기(性周期; 월경)에 맞으면 수태·분만을 하게 된다. 이러한 생리학적 사실은 여성의 생식기능이 본질적으로 동물적이라는 것을 말해주고 있다.

그렇다고 여성의 성욕이 동물적이라는 이야기만은 아니다. 여성에게 있어서 고등감정과 성욕은 밀접한 관계를 갖는다. 섹스가 즐거운 것이란 것을 여성이 경험하려면 남성과의 사이가 애정과 신뢰로 맺어져 있어야만 한다. 곧 남성에 대해서 신뢰를 가지고 매혹되어 있어야만 여성의 신체는 성적 자극에 정상적인 반응을 나타내게 된다.

보통 여성에게 있어서의 성적 욕망과 그에 대한 노력은 남성에 대한 애정을 바탕으로 일어나며, 애정이 강할수록 성욕이 높아진다. 따라서 애정이 없는 남자와의 섹스는 여성의 성욕을 저하시키며 성욕 자체를 없애기도 한다. 그 결과 불감증이 되는 것이다.

그러나 역시 여성의 성욕은 동물적인 성향이 강하다. 여성의 몸은, 특히 섹스에 있어서는, 매우 탐욕스런 구조로 되어 있다. 그래서 여성의 머리끝부터 발가락끝까지 모두 성감대라고 해도 과언이 아니다. 이를테면 젖꼭지만을 놓고 보더라도 그 중심과 언저리와는 쾌감의 정도를 다르게 느끼며, 애무의 방법에 따라서도 쾌감은 달라진다.

여성의 성은 경험에 의하여 서서히 눈을 뜬다. 경험이란 섹스의 반복이다. 한번 두번 반복하는 동안 섹스의 쾌미를 느끼게 되는데, 그것은 육체가 성의 쾌락에 길들여졌다는 것을 의미한다.

"청상(靑孀)은 수절해도 마흔 과부는 수절 못한다."

청상과부는 혼자 살아도 사십대의 과부는 혼자서 못산다는 속담인데, 밑변에 섹스가 깔려 있다. 젊은 나이에 과부가 된 여성은 성경험이 적어 아직 섹스의 쾌미를 모르기에 수절할 수 있지만, 마흔이 된 여자는 이미 관능에 눈을 떠버린 후이기 때문에 수절할 수 없다는 말이다.

과연 인간 생리의 정곡을 찌른 속담이라 아니할 수 없다.

대개 남자의 섹스는 지성적(知性的)이고 시각적(視覺的)이어서 경험을 거듭할수록 권태를 느끼지만, 여자의 섹스는 감성적이며 촉각적(觸覺的)이어서 단련을 받을수록 더욱 즐거움을 느끼게 된다. 그래서 일단 관능에 눈을 뜨게 되면 싫증은 커녕 오히려 적극적으로 남편의 육체를 요구하게 된다.

결국 남편은 연애 감정이 지속되던 신혼기에 아내에게 쾌감의 이모저모를 가르쳐 놓은 것을 후회하게 된다. 왜냐고? 아내가 자꾸만 남편에게 보채기 때문에…….

"우리 애들 아빠는 겉보기와는 달리 그게 매우 약해요. 그래서 한 달에 한 번, 어떤 때는 두 달만에 한 번쯤 해요. 그러고도 이튿날에는 머리가 아프네 하고 드러눕기가 일쑤니 속상해 죽겠어요."

"그렇다면 좋은 약이 있어요. 우선 우엉·참마·마늘, 뱀장어·생사탕 등을 매일 먹게 하세요."

"그게 그렇게도 좋은가요?"

"호호, 결과는 직접 해보시고 느끼세요. 틀림없이 제게 절하고 싶은 마음이 들거예요."

부인은 그 길로 집으로 돌아와서 우엉·참마·마늘, 뱀장

어구이 등을 준비하여 남편을 기다린다.

이윽고 집에 돌아온 남편은 저녁밥과 함께 그 요리를 다 먹어치운다. 그리고는 밤중이 되어 아내를 흔들어 깨운다.

"이봐! 불좀 켜."

이제나 저제나 하고 기다리던 아내는 돌아누우며 코먹은 소리를 낸다.

"에잉~, 어두운 것이 더 좋잖아요."

"무슨 잠꼬대 같은 소릴 하는 거야? 화장실에 가고 싶단 말야. 급하니까 빨리 휴지나 줘!"

파울 플라이다. 앞으로 힘이 모아지기를 바라고 준비했던 스테미너식품들이 뒤로 쏟아져버린 경우이다.

화장실에 다녀온 남편은 곧바로 등을 보이고 누워 코를 곤다. 그 등을 바라보는 아내의 눈길이 곱지 않다. 아마 모르기는 해도, 속으로 '18, C발'을 잠들 때까지 되뇌일는지도 모른다.

다음날 아침, 아내의 기분이 좋을 리가 없다. 아침상이 부실하기 그지 없다. 분에 못이겨 죄 없는 아이의 머리통을 쥐어박는 경우도 생긴다. 애비가 미우면 새끼도 미운 법이니까.

이쯤 되면 남편은 아내가 싫어진다. 그리고 바람을 피우고 싶다. 그 바람 피울 상대자로는 가장 손쉬운 것이 창녀다. 창녀는 돈으로 간단히 살 수 있다. 또 아내를 배반했다는 죄책감없이 마음 놓고 그녀들을 희롱할 수 있다. 물론 아내와의 그것보다 한층 더 재미도 있다.

그러나 창녀와 바람을 피우다보면 어쩐지 자꾸만 허전해진다. 남자의 독점욕을 만족시킬 수가 없기 때문이다. 그래서 다음에는 첩을 얻게 된다. 첩은 독점할 수 있을 뿐만 아니라 아내에 대한 죄책감을 강하게 느끼게 된다. 사람의 심리란 이상한 것이어서, 특히 섹스에 있어서 죄책감은 더욱 짜릿한 홍분을 유발시키는 것이어서 창녀에게서는 느낄 수 없는 재미를 느끼게 된다.

그러나 결코 그것도 오래 가지는 않는다. 시일이 지날 수록 특정한 상대자이므로 차츰 권태를 느끼게 된다. 그런 점에서는 아내와 비슷하다. 한편 섹스란 마약과 같아서 보다 강한 자극을 요구하게 되는 성질을 지니고 있으며, 자극은 또한 경험할 수록 자극으로써의 기능을 상실하게 된다. 그런데도 강한 자극, 새로운 자극만을 추구하는 것이 인간의 상정이고 보니 딱하기도 한 일이다.

그래서 일부의 남자들은 가장 강한 자극을 추구하여 강간을 하게 된다. 그 강간의 가장 손쉬운 상대자는 자기가 부리고 있는 종업원이나 가정부이다. 곧 아내의 눈을 피해 한지붕 밑에 있는 젊은 여인을 범한다는 것은 드릴이 만점이기 때문에 죄책감을 느끼면서 강간을 하는 것이다. 서로 눈이 맞을 경우에는 간통이 된다.

또한 남의 아내와 즐기는 정사는 그녀의 남편에게 발각될 경우를 생각하기 때문에 최상의 드릴을 맛보게 된다. 그리고 유부녀인 경우, 그 섹스는 남편으로부터 여러 가지 훈련을 받았기 때문에 독신녀보다 훨씬 감칠맛이 있는 것이다.

여자를 아는 남자에게 있어서는 유부녀의 육체만큼 짙은 매력을 풍겨주는 것이 없다. 남편의 노력으로 섹스가 잘 개발되어 있기 때문이다.

그래서 일단 간통에 맛을 들인 사나이는 어떠한 위험도 불사하게 되는 것이다.

양생론과 방중술

조선 중기의 태의(太醫) 허준(許浚)이 지은 《동의보감(東醫寶鑑)》을 보면 회춘 강장(回春强壯)의 여러 가지 방법과 방중술의 조절로 불로장생을 추구하는 의학지식이 많이 수록되어 있다. 또한 일찍이 삼국시대에 중국의 《황제내경(黃帝內經)》, 《소녀경(素女經)》, 《옥방비결(玉房秘訣)》, 《양생요집(養生要集)》 등을 받아들여 응용했기 때문에 은밀한 가운데 성의학이 발달했다.

원래 한방은 섹스학으로써 발달했다. 한방의 모토라 할 수 있는 '불로장수', '장생구시(長生久視)'는 생명을 어떻게 오래 유지하며 정력을 어떻게 보지하여야 할 것인가, 젊음을 어떻게 변치 않는 그대로 육체에 정착시키느냐의 깊은 연구에 들어가 이른바 '방중술'에 이르른 것이다.

인류사적으로 보면 권력을 손에 잡은 각 나라의 왕후 귀족들은 '반드시'라고 할 만큼 아름다운 여인들에 둘러싸여

인생을 즐겼다. 중국 진나라의 시황제는 후궁이 3천 명에 달했다고 하며, 백제의 의자왕도 삼천 궁녀를 거느렸다는 기록이 있다.

그렇게 많은 여성들을 거느리다 보니 왕성한 정력이 절실했을 것이다. 옛날 제왕들이 불로불사의 약을 탐구한 이야기는 많다. 왕위에 오른 사람은 반드시 신하에게 이 탐색을 명령했다. 만리장성을 구축하고 아방궁을 건축하여 후궁 3천 명을 거느렸다는 진시황제는 서복(徐福)을 멀리 봉래국, 즉 일본에까지 불로초를 찾으러 보냈었다. 히틀러나 스탈린도 화학적 방법을 포함하여 신구(新舊)의 불로장수약을 찾아서 동분서주하게 한 것은 잘 알려져 있는 사실이다.

이렇게 하여 찾아낸 것들은 산삼, 인삼, 구기(枸杞), 감초(甘草), 우황(牛黃), 녹용(鹿茸), 물개, 뱀 등을 비롯하여 동물의 성선(性腺), 태아의 기관, 젊은 남녀의 배설물에 이르는 것까지 이루 헤아릴 수도 없을 정도이다.

양생의 첫째는 식양생(食養生)이다. 옛날 제왕들은 음식물은 모두 약이라고 생각하여 신중히 먹었다. 미식(美食), 대식가로 유명한 청조 말기의 서태후(西太后)는 아침식사 5백 종류, 점심식사 1백 50 종류, 저녁식사 2백 종류의 요리를 탐식했는데, 그중에서 가장 영양가 있는 음식물을 균형 있게 섭취하고 나머지는 모두 신하에게 내려주었다고 한다.

제왕들이 상식했던 스테미너 식품으로는 미꾸라지 · 뱀장어 · 잉어탕 · 누에나방 · 해마(海馬) · 해구신(海狗腎) · 뿔도마뱀 · 사마귀알집 · 토란즙 · 진주요리 · 고양이정력요리 · 동녀단(童女丹) 등이었다.

미꾸라지와 뱀장어는 유명한 스테미너 식품이며, 잉어는

정자(精子)를 열 갑절 늘려준다는 말이 있다. 광동(廣東)의 오랜 기록에 의하면 잉어탕을 좋아한 어느 사나이는 90살이 되어도 정력이 절륜하여 스무살 처녀와 새장가를 들고 10년 후인 1백 살이 넘은 나이에 아들을 낳았다고 한다.

한국에서 정력과 관계 있는 탕 종류가 성행한 것은 백제 의자왕 때부터인데, 의자왕이 왕성한 정력을 유지하기 위하여 스테미너 식품을 복용했던 것을 짐작할 수 있다.

누에나방은 '원잠아(原蠶蛾)'라 하는데, 교접을 하지 않은 숫놈을 종이에 싸서 불에 구워 머리, 날개, 다리를 떼고 사용하면 성욕 결핍에 특효가 있다. 옛 처방에 따르면 다른 약재와는 달리 누에나방의 활용이 적은 까닭은 그것을 먹고 정력을 지나치게 소모하여 요절하는 것이 두려웠기 때문이라고 한다. 《천금방(千金方)》에 의하면, 누에나방 2되를 볶아 꿀로 환을 지어 술과 함께 먹으면 능히 여러 여자를 거느릴 수 있다고 했다.

5백여 명의 여신도를 성의 노리개로 삼아 세상을 놀라게 했던 용화교의 서백일 교주도 누에나방알을 채집하여 상용했다고 한다.

해마(海馬)는 정력 쇠약에 효과가 크며, 해구신(海狗腎)의 효력은 몹시 뛰어난 것으로 되어 있다. 해구신은 문자 그대로 물개의 음경이다. 《동의보감》에는 해구신을 '올눌제(膃肭臍)'라고 한다. '배꼽 제(臍)' 자를 쓴 이유는, 원래 물개의 음경은 평상시 하복부 피부 속에 묻혀 있다가 발기될 때만 배꼽 부위로 빠져나오기 때문에 붙여진 이름으로 여겨진다. 해구신의 효능을 굳게 믿었기 때문인지 옛날 함경도 정평(定平)에서 해구신의 모조품을 귀신처럼 똑같이 제조했다고 한다.

한방에서는 해구신을 비롯한 소·말·개·돼지 등의 음경은 정력에 효과가 있다고 전한다. 고려 말엽의 중 신돈(辛沌)과 연산군이 말의 음경을 즐겼다고 하며, 《본초강목》에는 개의 음경을 말려 가루내어 술에 타서 먹으면 음경이 커지고 강해진다고 하였다.

정력제 중 그 효력이 강해서 섹스를 오래 해도 힘든 줄 모르고 여자들도 피로해지지 않는 것으로는 미각(麋角)이 전한다. 사슴의 뿔을 깎은 분말 150g에 복령(茯苓)을 100g 넣은 후 잘 혼합해서 중간크기의 숟가락으로 하루 3회 복용하면 놀라운 효과를 본다고 전한다.

그러나 현대 의학에서는 거창하게 알려진 정력식(精力食)의 효능에 대하여 의문을 제기한다. 전혀 효과가 없는 것은 아니지만 알려진 것처럼 절륜의 신약은 아니라는 것이다. 다만 '플러세보효과(자기 암시)'로 인하여 정력에 자신감을 갖는 것에 불과하다고 한다. 즉 성력이 강한 동물의 생식기를 먹었으니까 자기도 강해진다는 암시가 자신을 주어 성욕을 불붙게 한다는 것이다. 식양생에 관한 설명을 하자면 한도 끝도 없기 때문에 부득불 여기에서 줄인다.

양생의 둘째는 음료이다. 신비한 약초주(藥草酒)를 비롯하여 도마뱀술 종류 등이 그것인데, 당시 황제가 즐겨 마신 강정주나 불로장수주는 대단히 귀중품이었다. 시황제(始皇帝)에 대한 기록을 보면, 장수가 전투에서 큰 공을 세우고 개선하면 그 보상으로 시황제 비장의 불로장수주 한 잔을 내렸다고 되어 있다.

양생의 셋째는 경혈(經穴) 요법이다. 즉 침이나 뜸, 그리

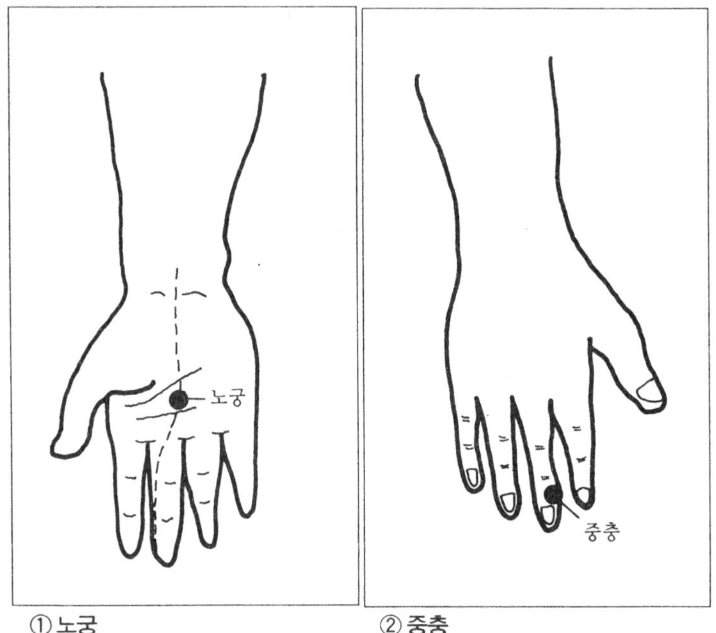

① 노궁 ② 중충

고 지압 등으로 인체를 자극하여 성력을 배증시키는 방법인데, 남성의 성력을 배증시키는 가장 보편적인 경혈은 다음과 같다.

1) 손의 노궁(勞宮)

손바닥의 한가운데 약지를 굽혀 손가락끝이 닿는 곳이 '노궁'이다. 수상(手相)에서 말하는 감정선과 지능선의 접근한 부근으로 누르면 우묵 들어가는 곳이다(그림 ① 참조).

노궁은 온몸의 권태감이 나타나는 곳이며, 특히 왼손의 노궁혈은 생식홀몬 및 타액선 등의 경혈이다. 이곳을 하루 3

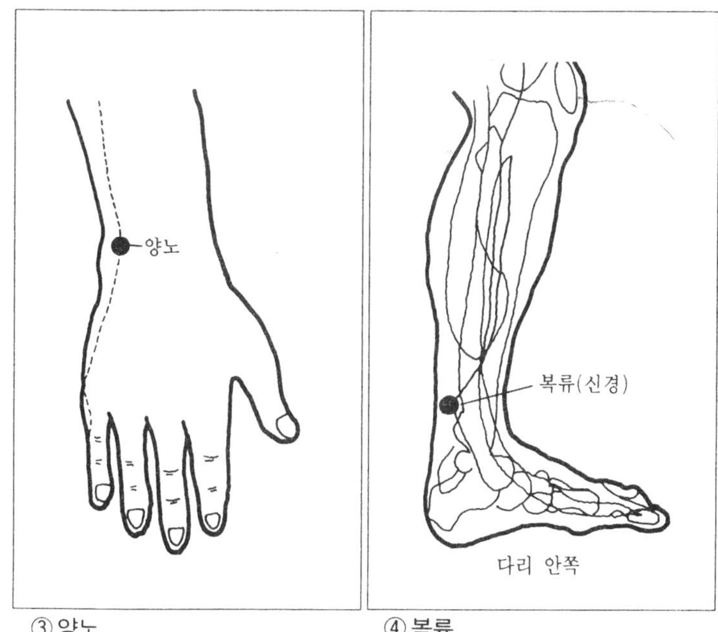

③ 양노　　④ 복류

~5회 반복하여 매일 계속하면 효과가 있다. 방법은 엄지손가락의 지문이 있는 쪽으로 10초 동안의 압박을 10회 반복한다.

2) 가운데 손가락의 중충(中衝)

중충은 심포경(心包經)의 민감한 반응점으로써 성능력을 높여주는 이상한 경혈이다(그림 ② 참조).

반대쪽 손의 엄지손가락과 집게손가락으로 집어 엄지손가락의 지문 부위로 압박을 5초 한 다음 그대로 손가락의 뿌리쪽으로 쓰다듬는다. 10회를 1기간으로 하여 좌우의 손을 같

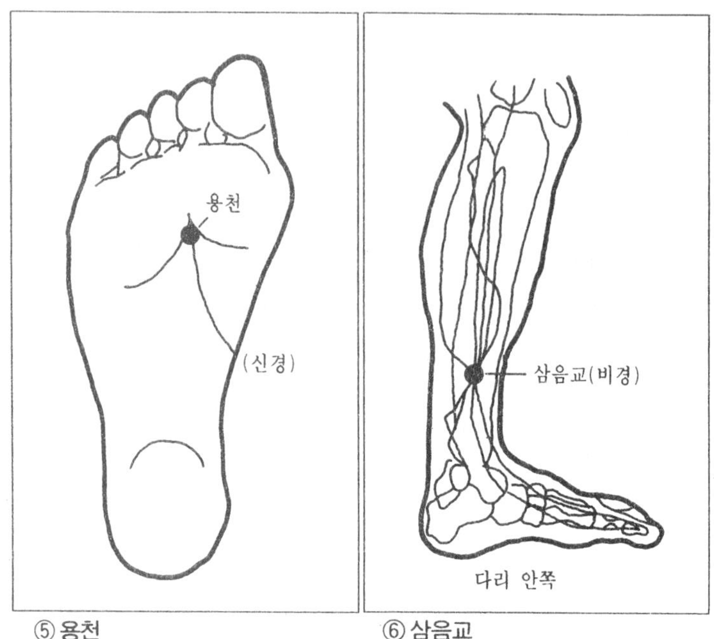

⑤ 용천　　⑥ 삼음교

이 실행한다. 아침 · 점심 · 저녁으로 하루 3회 반복하면 효과가 있다.

3) 좌우 손목의 양노(養老)

이름 그대로 젊음을 회생시키는 경혈이다(그림 ③ 참조). 각 홀몬의 분비를 촉진시키는데 특효가 있다. 10초 지압을 3~5회, 아침 · 점심 · 저녁으로 실행한다.

4) 다리의 복류(復溜)

복류는 정력감퇴 및 피로감 등의 경혈이다(그림 ④ 참

조). 이 경혈을 압박하면 부신(副腎)이 강화되며 정액분비를 촉진시키는데 특효가 있다. 방법은 1회 압박에 10초씩 10회를 아침 · 점심 · 저녁으로 매일 실시한다.

5) 용천(湧泉)

기사회생(起死回生)의 경혈이라고 일컫는 곳이다(그림 ⑤ 참조). 직접적으로는 신유(腎兪)의 기능을 촉진시켜 발의 피로, 부증, 마비, 동맥경화 방지의 힘이 있다. 또한 각 홀몬분비의 자극적인 효과도 크게 기대할 수 있다. 손으로 누르기도 하고 대나무밟기와 같은 각종 기구를 이용하는 것도 좋다.

6) 삼음교(三陰交)

이 경혈은 예로부터 성력을 강화하는 경혈로써 유명하다(그림 ⑥ 참조). 3천 명의 후궁을 거느렸다고 전하는 진시황의 초상화를 보면 반드시 왼다리를 오른쪽 무릎 위에 올려놓고 오른손으로 삼음교를 누르고 있는 모습이다. 엄청난 후궁을 거느린 성력의 원천은 이 삼음교를 한 때도 잊지 않고 계속해서 압박한 효과였다고 말해도 과언이 아닐 정도이다.

경혈요법 이외에도 발근의 지속력 유지법이 있다. 고환을 냉수로 식히는 '금냉법(金冷法)'이다. 매일 아침 저녁으로 냉수에 고환을 식히면 정력이 강해진다는 것이다.

그러나 필자가 잘 알고 있는 저명한 한의사는 이 금냉법을 잘못하면 오히려 역효과를 초래할 수 있다고 했다. 그러면서 효과적인 남근 단련법을 일러줬는데, 그것은 페니스의 3분 냉수마찰이다.

그 방법은 이렇다. 먼저 세면기에 냉수를 가득 채운다. 그런 다음 페니스를 자극하여 엘렉트 상태가 되면 냉수에 담가 천천히 훑어준다. 그리고 1분이 지나면 물을 바꾼다. 이유는 체온으로 인하여 물이 미지근해지면 효과가 떨어지기 때문이라고 한다.

3분 동안 세 차례 물을 바꾸어 매일하면 놀랍도록 지속력이 생긴다고 단언하는데, 돈이 드는 일은 아니니까 독자들도 시험해 보시길 바란다.

옛날 중국에서는 젊은 여자의 질 속에 마른 대추를 넣었다가 애액(愛液)으로 부풀면 꺼내어 왕에게 바쳤다고 하며, 이것은 방중의 더없는 묘약이라 한다. 요즈음에도 대추의 약효는 로열젤리 이상으로 알려져 100g 정도를 달여서 마시면 부부화합에 좋다고 한다.

옛 성인들은 남성이 원기왕성해서 정기가 있으면 남근이 뜨거워지고 정액이 많지만, 쇠약해지면 다음과 같은 징후가 나타난다고 했다.

- 사정하면 정신이 흐릿해 진다.
- 정액이 적은 것은 육체가 손상되어 있기 때문이다.
- 사정할 때 기세좋게 나오지 않는 것은 뼈가 약하기 때문이다.
- 남근이 서지 않는 것은 전신이 손상되어 있기 때문이다.

이러한 장애는 성교를 천천히 해야 할 것을 서둘러서 난폭하게 했기 때문인데, 치료방법은 '접촉하되 사정하지 않는다'이다.

《소녀경》에서는 이점을 강조하고 있다. 남자가 섹스를 할 때마다 사정하는 것은 건강에 매우 나쁘다는 것이다. 왜 그런가? 《소녀경》에서는 건강의 근본은 바른 체위로 바른 성교를 하는 것에 있다는 입장을 일관하고 있다. 중요한 것은, 우선 여성을 쾌감으로 인도하여 애액이 샘처럼 솟아나게 하는 것에 있다고 설명한다. 여성이 쾌감을 느껴 애액을 펑펑 방출할 때 그 정기를 흡수하는 것으로 남성은 점점 건강해진다고 한다.

다시 말해서, 젊은 여성과 매일같이 섹스를 하여 그 정기를 흡수하는 한편 자기 쪽은 정력의 낭비를 금한다는 것이다. 그래서 《소녀경》은 여성이 클라이맥스에 달하면 그쯤에서 잠깐 쉬라고 충고하고 있다. 덩달아 흥분하여 행위를 계속하면 사정으로 이어지기 때문이다.

사정을 억제하는 다른 방법도 친절하게 설명하고 있다. 먼저 요도구부(尿道球部)를 눌러서 사정을 억제하는 방법을 설명하고 있다.

불알과 항문 사이를 회음부(會陰部)라 하는데, 이 부분을 손가락으로 만지면 세로로 된 하나의 관이 있다. 이것을 요도구부라 한다. 흥분하여 사정하려는 찰나에 이를 악물고 이 요도구부를 손가락으로 꽉 쥐면 고조되어 있는 사정욕이 떨어진다.

또 사정하려는 찰나에 빨리 머리를 쳐들고 눈을 부릅뜬다. 그런 다음 머리를 상하좌우로 세차게 흔들면서 숨쉬기를 멈추면 사정을 억제할 수 있다고 한다. 그 외에, 여성에게 도움을 받아 한창 섹스 중에 허리의 움직임을 멈춰 주거나, 일부러 무드에 물을 붓는 듯한 대화를 교환하여 삽입한 채 잠시 쉬는 것도 좋다고 설명하고 있다.

이렇게 하여 남성이 사정을 억제하면 기력이 남아돌게 되고, 몸은 잘 움직여서 건강해 지고, 눈과 귀는 분명해 지며, 성욕은 더욱 왕성해 진다고 《소녀경》은 말하고 있다. 그러나 이 말은 '결코 사정하지 않는다'로 해석하면 옳지 않다.

접촉할 때마다 일일이 사정하는 것은 아니지만, 적정한 빈도로 사정해야 한다는 것도 《소녀경》에서 설명하고 있다. 즉 오랫동안 억지로 사정하지 않으면 종기 같은 것이 몸에 생긴다는 것이다.

《소녀경》은 사정의 빈도를 나이와 체력에 따라 명쾌하게 구분해 놓고 있다.

年二十盛者日再施虛者一日一施
年三十盛者可一日一施劣者二日一施
四十盛者三日一施虛者四日一施
五十盛者可五日一施虛者可十日一施
六十盛者十日一施虛者二十日一施
七十盛者可三十日一施虛者不瀉

해석하면 다음과 같다.

20세로 건강한 사람은 하루에 두 번, 약한 사람은 한 번 사정하라.

30세가 되면 건강한 사람이면 하루에 한 번, 약한 사람은 이틀에 한 번 사정하라.

40세의 중년이면 강한 사람이라면 사흘에 한 번, 약한 사람은 나흘에 한 번 사정하라.

50세 때는 강한 사람은 5일에 한 번, 약한 사람은 10일에 한 번 사정하라.

60세 때는 강한 사람은 10일에 한 번, 약한 사람은 20일에 한 번 사정하고, 70세라도 기력이 강한 사람은 한 달에 한 번, 약한 사람은 참아야 한다.

이렇게 나이와 체력에 따라 사정하는 횟수를 줄여가는 것이 건강에 좋다고 설명하고 있다. 여기서 유의할 점은, 이것은 어디까지나 사정하는 횟수이지 성교의 횟수가 아니라는 점이다. 그리고 이 규칙을 엄수한다면 고령에도 성생활이 가능하다고 한다.

《소녀경》을 비롯한 수많은 성서(性書)에는 방중술을 세심한 부분까지 상세히 설명하고 있다.

우선 섹스에 앞서 마음을 편안하게 가지라고 충고한다. 편안한 마음으로 정신을 온화하게 하여 충분한 전희(前戱)를 거친 다음 여자의 애액이 질에 고였을 때를 파악하여 얕게 성기를 삽입한다.

이때 등장하는 것이 '팔천이심 우삼좌삼법(八淺二深右三左三法)'이라는 섹스 테크닉이다. 여덟 번은 얕게 넣어 여성을 조급하게 만들고, 두 번은 깊게 넣어 충족감을 준 후에 질의 좌벽과 우벽을 세 번씩 압박해 준다는 것이다. 또한 남성이 4가지의 도를 지녀야 여성이 9기(九氣)에 이른다고 설명하고 있다.

남성이 지녀야 할 4가지 도란 화기(和氣), 기기(氣氣), 골기(骨氣), 신기(神氣)가 가득 차는 일이다. 쉽게 설명하여 남성의 성기가 발기, 팽창, 딱딱해짐, 열을 갖는 변화를 말한다.

여성의 9기는 다음과 같은 상태를 말한다.

여성이 크게 숨을 내쉬고 침을 삼키는 것은 폐기(肺氣)가 가득찬 상태이다. 목소리를 높이고 상대의 입을 빠는 것은 심기(心氣)가 가득찬 상태이다.

꽉 껴안고 떨어지지 않는 것은 비기(脾氣)가 가득찬 상태이며, 질이 매끈매끈해지는 것은 신기(腎氣)가 가득찬 상태이다. 친밀하게 남성을 무는 것은 골기(骨氣)가 가득한 상태이고, 다리를 남성에게 감는 것은 근기(筋氣)가 가득찬 상태이다. 남근을 만지거나 가지고 노는 것은 혈기(血氣)가 돌게 된 징후이며, 남성의 가슴을 가지고 노는 것은 육기(肉氣)가 가득한 상태라 한다.

이렇게 해서 장시간 섹스를 하면 남성에게도 9기가 충족되어 전해진다고 하는데, 만약 충족되지 않은 기가 있으면 심신에 해를 끼치므로 충족되기까지 몇 번이라도 성행위를 하지 않으면 안된다고 한다.

《소녀경》에서는 성관계를 가질 때 여성의 혀를 깊게 빨아서 수액(침)을 많이 마시라고 설명하고 있다. 또 다른 책에도 오장의 분비액은 반드시 혀에 모여 있기 때문에 매일 수액을 마시면 음식물을 끊어도 좋을 정도라고 말하고 있다. 성행위를 할 때 여자의 혀를 빨고 그 수액을 많이 마시면, 좋은 약을 먹은 것처럼 위속이 상쾌해지고, 갈증도 순식간에 치유되어 피부는 처녀와 같이 부드러워진다고 말하고 있다.

섹스 파트너에 대해서도 설명하고 있다. 최상의 파트너를 '입상여인(入相女人)'이라고 하는데, 이것은 성적 의미가 있는 여성을 말한다.

입상여인의 조건은 다음과 같다.

- 천성이 순해야 한다.
- 목소리에 정취가 있어야 한다.
- 머리카락은 검고 가늘며 윤택해야 한다.
- 살결은 부드럽고 뼈는 가늘어야 한다.
- 키는 크지도 작지도 않아야 하고 몸은 뚱뚱하거나 마르지 않아야 한다.
- 다리가 쭉 뻗어 날씬하며 옥문이 위로 치붙어 있어야 한다.
- 국부에 언제나 기름을 바른 듯 미끈미끈해야 한다.
- 음모가 없어야 한다.
- 아이를 낳은 경험이 없어야 한다.

이런 여성은 성관계를 가질 때 애액이 샘솟고 몸은 부드럽게 움직이며, 자신을 제지할 수 없을만큼 땀으로 음부 근처를 흠뻑 적시면서 남성의 리드에 따른다고 한다. 남성은 이런 상대를 얻으면 몸을 상하는 일이 없다고 한다.

또 늙은 여자와의 성행위는 절대 금하라고 충고한다. 젊은 여자는 남성의 장수무병에 여러 가지 이익을 주는데 반하여 늙은 여자는 해롭다는 것이다.

노녀(老女)와의 동침을 금하는 별난 사상은 《구약성경》과

이슬람 문화에서도 찾아볼 수 있다. 다윗왕이 늙자 아름다운 동녀(童女)를 구했다는 기록이 있고, 아라비아 문헌에는 노녀와 성교를 하는 것은 독극물이 들어 있는 음식을 먹는 것과 같으므로 젊은 여성만을 상대하라고 기록하고 있다.

소녀 동침은 한국에서도 성행했던 것 같다. 이수광(李睟光)의 《지봉유설(芝峰類說)》에 그러한 실례가 기록되어 있다.

경기도 포천에 사는 참봉 백인웅(白仁雄)은 나이가 90세가 넘었는데도 얼굴이 10대 소년과 같았다. 그 비법은 소녀 동침이다. 그는 항상 나이 어린 여종과 잠자리를 같이 했는데, 그 여종이 20세가 되면 가차없이 다른 여종으로 바꾸었다.

전남 함평의 신석조(申錫祖)도 1백 세에 동안(童顔)을 유지했고, 영조(英祖) 때의 박사익(朴師益)도 소녀 동침으로 무병장수했다고 전한다.

오늘날에 와서 소녀 동침은 도덕적 윤리적으로 바람직하지 않다. 그러나 소녀 동침을 제외한 다른 방중술에는 부정적인 면보다 긍정적인 면이 더 많다고 생각된다. 특히 '접촉하되 사정하지 않는다'의 법은 여성에 대한 남성 최대의 배려일 수도 있다.

이 법을 실천하기 위해서는 아무래도 남성의 지속력과 인내력이 요구된다. 여성이 황홀한 경지에 달할 수 있도록 남성은 부단히 남근을 단련하여 섹스의 지속력을 높여야 하는 것이다. 그것이 여성에 대한 남성의 예의가 아닐까?

한국인의 성(性)풍속

1996년 3월 10일 / 1판 1쇄 인쇄
1996년 3월 15일 / 1판 1쇄 발행
2009년 6월 5일 / 2판 1쇄 발행
2013년 6월 20일 / 3판 1쇄 발행
2016년 4월 30일 / 4판 1쇄 발행
2021년 6월 25일 / 5판 1쇄 발행

엮은이 | 이 명 수
펴낸이 | 김 용 성
펴낸곳 | 지성문화사
등 록 | 제5-14호(1976.10.21)
주 소 | 서울시 동대문구 신설동 117-8 예일빌딩
전 화 | 02)2236-0654
팩 스 | 02)2236-0655

정 가 | 16,000원